엄마표 영어
이제 시작합니다

한 그루의 나무가 모여 푸른 숲을 이루듯이
청림의 책들은 삶을 풍요롭게 합니다.

7세까지 영어 노출 제로
16세에 해외 대학 입학한 비밀

엄마표 영어 이제 Start Up 시작합니다

누리보듬(한진희) 지음

청림Life

| 프롤로그 |

'엄마의 확신'이
엄마표 영어를 성공으로 이끈다

반디(우리 아이를 이 책에서는 '반디'라고 부르겠다)는 세상의 잣대로 바라보면 '보통'에도 미치지 못하는 부모에게 태어난 아이였다. 세상에서 가장 아름다운 이름인 '엄마'가 내 몫이 되기에는 부족했는지, 반디는 긴 기다림 끝에 우리 부부에게 와주었다. 이토록 귀한 아이가 '내일'을 위해 '오늘'을 포기하게 만드는 세상이 안타까웠다. 나는 반디가 다가올 '내일'을 두려워하지 않고 살아가기를 바랐다.

왜 다른 집처럼 학원이나 과외, 그 흔한 학습지 하나 하지 않느냐고, 초등학교 들어가기 전에는 영어를 쳐다보지도 않더니 갑자기 무슨 '엄마표 영어'냐고 주변에서 모두 나를 말렸다.

"이제 초등학교 겨우 졸업했는데, 홈스쿨로 아이 앞길 망칠 거예요?"

"엄마가 영어 잘해야 엄마표 영어 하는 거 아니에요?"

많은 사람들에게 긴 시간 동안 노골적으로 부정적인 시선을 받았다. 상처

받지 않았다면 거짓말이겠지만, 나는 반디에게 늘 말했다.

"엄마는 지금의 네 모습을 가까이서 지켜보는 것이 정말 행복해."

"우리의 선택은 최선을 넘어 최고였어."라고 나에게 말해주며 자신의 '선택'을 만족해하는 반디. 나는 이것만으로도 충분했고, 주변의 편견을 이겨낼 수 있었다.

초등학교 1학년을 시작으로 열다섯 살까지, 총 8년 동안 아이와 함께 '엄마표 영어'를 실천하며 전력 질주할 당시에는 잘 몰랐다. 7살까지 '영어책 한 권 펼쳐보지도 않은' 아이가 '엄마표 영어'만으로 영어 해방을 이룰 수 있다는 사실을. 열여섯 살 반디가 호주의 대학에 입학하고 나서야 지나간 시간들을 찬찬히 돌아볼 수 있었다. 특별한 방법을 쓰지 않았는데도 아이의 영어가 쑥쑥 자랐던 이유는 무엇일까? 과학적 근거 없이 배짱 하나만으로 시작한 우리의 엄마표 영어. 시간을 되돌아보니 잡히는 것이 있었다. 바로 '간절함'과 '절실함'이었다.

완벽하게 자유로운 영어를 통해 아이가 언어의 한계에 갇히지 않는다면, 드넓게 펼쳐진 세계를 무대로 살아갈 수 있겠다 싶었다. 하지만 공교육에서 해결될 일은 아니라고 생각했다. 그렇다고 똑같은 목표만 지향하는 영어 사교육 현장을 기웃거릴 수는 없었다. 사교육을 피하고 싶은 절실함과 우리만의 영어 목표를 성공시키고 싶은 간절함으로 '엄마표 영어'의 길을 선택했던 것이다.

열여섯 살, 반디가 호주의 대학에 입학할 때 미성년자였기 때문에 보호자 자격으로 나도 유학길에 동반해야 했다. 한국에서 오십 년을 살았던 나는 아이의 낯선 학교생활을 쫓아가기가 버거웠다. 아이는 집 밖을 나가면 딴 세상을 살다 오는 것 같았다. 실제로 딴 세상이었다. 그렇게 엄마의 영향력을 벗어나 완전히 독립하게 된 아이는 공부에 빠져 정신없었다. 아이 밥 해주고 빨래해주는 것이 일상으로 익숙해진 어느 날이었다. 책상 앞에 앉아 있는 아이 뒤통수를 바라보았는데 문득, '자신만의 길'을 걸은 끝에 만난 '행복한 오늘'에 감사하게 되었다.

그때 내가 할 수 있는 일이 떠올랐다. 기억이 더 희미해지기 전에 반디와 함께 해온 엄마표 영어에 대한 생각과 자료를 정리하는 시간을 가지는 것이었다. 지난 시간을 되짚고 옛 자료를 정리하느라 고단했지만, 개인적으로 큰 의미 있는 결과물을 얻게 되었다. 전체적인 이야기가 마무리되고 글을 다듬어 나가며 욕심이 생겼다. 우리의 일반적이지 않은 선택들 중 이미 끝을 본 '홈스쿨'과 '엄마표 영어'가 다른 누군가에게는 서툰 이정표가 되지 않을까 하는 것이었다.

블로그에 첫 포스팅을 했을 때가 2015년 2월 25일이었다. 반디가 유학 3년 차에 막 들어서는 시기였다. '홈스쿨'과 '엄마표 영어'로 주제를 나누어 글을 올렸는데, 블로그 방문자들은 엄마표 영어로 아이가 8년 만에 영어 해방을 선언하기까지 어떤 과정을 거쳤는지 많은 관심을 가졌다.

어느 날부터인가 방문자들은 블로그에 조심스럽게 자신의 속마음을 털어놓기 시작했다.

"아이 영어, 도대체 어떻게 해야 하나요?"

"홈스쿨, 돌이키기 힘들 땐 어떻게 해야 하나요?"

"초등학교 2학년인데 엄마표와 학원, 둘 중 뭐가 더 좋을까요?"

엄마들의 고민은 다양했다. 모두 의구심과 두려움, 막막함이 느껴지는 글들이었다. 자신이 고민하고 있는 '엄마표'를 누군가 실천했고 완성했다는 반가움과 궁금증에서 나온 말들이었으리라. 엄마들이 쓴 글에는 간절함과 절실함이 묻어났다. 오래 전 나도 느꼈던 감정들이었다. 누구보다 그 감정을 공감하는 나는 영어와 홈스쿨 때문에 힘들어하는 엄마들을 위해 적극적인 '엄마표 안내자'가 되기로 마음먹었다.

　엄마표 영어에 있어서 '엄마의 확신'은 매우 중요하다. 매순간 수없이 아이와 대화와 타협으로 '밀당'을 해야 하기 때문이다. 확신 있는 엄마만이 아이를 이해시키고 설득할 수 있다. 아이들은 엄마의 굳은 의지를 정확히 알아차린다. 자신이 하고 있는 활동에 대해 믿음이 생기고 안정이 된다. 엄마의 혼란 또한 아이들은 금방 알아차린다. 엄마가 흔들리면 아이들도 함께 흔들린다.

　'하루 3시간 제대로 엄마표 영어'라는 주제로 글을 쓰고 강연을 하면서 엄마들이 나름의 방법으로 현실에 맞서고 노력하고 있음을 알게 되었다. 꿈을 이루기 위해서는 누군가 '정답'으로 정해놓은 길만 걸어야 하는 것은 아니다. 각자 나름의 길을 만들고, 그 길로 나아가도 꿈을 이룰 수 있다고 믿는 사람들을 온 마음으로 응원하고 싶다. 투박하고 외로운 '엄마표'의 길을 지나온 사람이기에 지금 시작하는 엄마들에게 작게나마 힘이 되기를 바라는 마음으로 용기 내어 이 책을 내놓는다.

　내가 이 책에 풀어놓는 이야기는 '언어적 영재성도 없는 평범한 아이가 영어를 잘하지도 않는 부모 밑에서 어떻게 목표를 향해 전진할 수 있었는지'에 대한 기록이다. 보이는 것을 눈으로만 읽지 말고, 그 안의 세월도 함께 느끼며 천천히 꾹꾹 눌러 읽어주기를 바란다.

한진희

| contents |

프롤로그 '엄마의 확신'이 엄마표 영어를 성공으로 이끈다 004

PART 01
7세까지 영어 노출 제로, 16세에 해외 대학 입학한 엄마표 영어 비법

초등 입학 전, 영어 때문에 초조한 엄마에게
시작을 위해 8세까지 기다렸던 이유 016 영어, 분명하고 구체적인 목표를 세워라 018 일반적인 방법에 내 아이를 맞추지 마라 021 문제는 영어를 접하는 '방식'이다 023 영어는 학문이 아니라 '도구'다 024 정답은 책 읽기다 026

늦지 않았어, 8살 엄마표 영어!
초등 6년, 아이의 영어 뇌가 깨어난다 028 늦었다고 포기하지 말자 030 엄마표 영어의 최선과 속도는 모두 다르다 032

엄마표 영어, 이렇게 준비하자
엄마의 확신이 먼저다 035 세상에서 가장 어려운 아이와의 '밀당' 037 영어와의 첫 만남, 영어학습 CD-ROM 038 엄마표 영어 계획, 큰 그림을 그려라 039

소리와 텍스트를 함께하는 집중듣기
집중듣기란 무엇일까? 042 집중듣기는 듣기일까, 읽기일까? 044 얼마나, 어떻게 '집중'해야 할까? 046 책을 꼭 소리 내서 읽어야 할까? 050

영상과 함께하는 흘려듣기
영어 소리에 충분히 노출하기 054 흘려듣기란 무엇일까? 056 내 아이에 맞는 흘려듣기 환경 만들기 057

엄마표 영어 단어 학습법
엄마표 영어는 단어 공부를 따로 하지 않아도 된다? 060 단계별 단어 학습법 061

리딩 레벨 업그레이드 하기
엄마표 영어 성공의 관건 067 리딩 레벨을 잡아야 영어가 잡힌다 068 리딩 레벨 알아보기 071
AR 지수란? 075 렉사일 지수란? 078

PART 02
단계별 엄마표 영어 실천법

1단계 : 듣기 습관 기르기

집중듣기, 흘려듣기를 습관화하자
멀티미디어 영어 동화 사이트 활용하기 083 집중듣기 : 글자와 소리 맞추면서 보기 084 흘려듣기 : 거실을 영화관으로 만들기 087 흘려듣기를 위한 영상 확보 방법 088

흘려듣기를 위한 추천 영화 092
흘려듣기를 위한 디즈니&픽사 애니메이션 103
흘려듣기를 위한 드림웍스 애니메이션 110

하루 세 시간 영어 듣기의 기적
충분한 시간 확보하기 113 지속적인 흥미 유지와 꾸준함 115 아이에게 맞는 '반복 패턴' 찾기 116

파닉스, 어떻게 할까?
파닉스, 늦게 시작해서 가볍게 넘어가기 118 파닉스는 무엇인가? 120

파닉스 자음 기억법 122
파닉스 모음 기억법 130

2단계 : 본격적인 원서, 챕터북 만나기

아이에게 맞는 책 고르기
원서 읽기로 독서와 영어를 한 번에 잡자 135 스토리북, 리더스북, 챕터북 특성 파악하기 138

집중듣기 : 챕터북 시리즈
아이를 믿고 챕터북 시작하기 140 왜 첫 챕터북은 시리즈가 좋을까? 142

흘려듣기 : 영어 만화 보기
틈새 시간, 만화로 공략하라 144 아이가 거부했던 '연따' 버리기 149

첫 레벨 테스트, 언제 해야 좋을까?
레벨 테스트는 중간 점검일 뿐이다 151 언제, 어디서 받아야 할까? 152 아이는 자신감을, 엄마는 확신을 얻다 154

아이가 좋아하는 챕터북 시리즈 155

3단계 : 미국 교과서, 비문학 원서 활용법

집중듣기 1 : 미국 교과서
첫 사교육 실패기 165 미국 교과서 집중듣기 성공기 168 미국 과학 교과서 활용하기 170

집중듣기 2 : 사회, 과학 등 비문학 원서
비문학 원서로 독후 활동하는 방법 173 비문학 원서, 쉽고 재미있게 활용하기 178

영어 학습서, 어떻게 접근할까?
파닉스와 코스북, 꼭 해야 할까? 184 학과목과 연계한 비문학 지문 활용법 186

4단계 : 원서와 시트콤으로 읽고 듣는 재미 기르기

집중듣기 : 해리 포터
드디어 해리포터를 원서로 만나다 191 영어 해방의 진짜 의미 193

시트콤 드라마 흘려듣기와 영자신문 활용법
흘려듣기 : 시트콤 드라마 198 영자 신문 활용법 : 집중듣기와 학습지 대용 ENIE 203

영영 사전 녹음 : 아이가 만든 오디오북
읽기 교재 선정하기 205 학원 레벨에 너무 목매지 말자 208

집중듣기로 추천하는 유명 작가들의 책 212

5단계 : 영어 일기와 문법책 도전

아이의 첫 영어 글쓰기 : 영어 일기
수정, 첨삭 없이 혼자 쓰는 영어 일기 219 아웃풋, 애쓰지 않아도 저절로 터진다 222 집중듣기, 흘려듣기 정체기 극복법 223

단어와 영문법, 쉽고 재미있게 습득하기
영문법, 어디까지 해야 하나? 225 어휘 학습, 어떻게 해야 할까? 226

우리 아이 첫 문법책 231

6단계 : 뉴베리 수상작과 아웃풋을 만나다

말하기, 쓰기 아웃풋 끌어내기
아웃풋, 스터디 파트너가 필요하다 235 우리 아이, 영어 수다쟁이가 되다 238 쓰기 아웃풋 끌어내는 방법 240 흘려듣기와 학습서, 어떻게 진행해야 할까? 243

집중듣기 : 뉴베리 수상작
문학작품으로 이해력, 사고력 확장하기 244 왜 뉴베리 수상작을 선택했는가? 246

뉴베리 수상작 레벨별 리스트 249
작가별 단행본 소설 리스트 267

PART 03
엄마표 영어의 완성

엄마표 영어 후반전 전략 : 영자 신문
지속 가능한 엄마표 영어는 반드시 있다 278 디베이트 : 청소년 영자 신문 활용 279 공인인증 시험, 지금 꼭 공부해야 할까? 283

원서 읽기의 최종 목표 : 고전문학
고전, 어떤 것을 읽어야 할까? 285 고전, 어떻게 읽어야 할까? 287 잘못 사용하면 악영향을 주는 사이트 288

고전문학 레벨별 리스트 290

영어로부터 자유로운 아이, 스스로 성장하는 아이
16세, 해외 대학 진학을 결심하다 297 망설이는 삶은 언제나 제자리일 뿐이다 301 엄마표 영어로 영어 해방을 이루다 303 영어로 더 넓은 세상을 만나다 309

엄마표 영어의 길에서 엄마의 최선은 무엇일까?

아이의 곁을 지켜주는 것 313 영어, 엄마의 짝사랑이 되어서는 안 된다 315 포기하고 싶지만 포기할 수는 없다 317 영어를 꿈의 수단으로 만들기 319

부록
레벨별·분야별 엄마표 영어책 완벽 분석

1. 챕터북 시리즈 레벨별 추천 리스트 **324**
2. 칼데콧 수상작 레벨별 추천 리스트 **337**
3. 미국 공영라디오방송이 선정한 9~14세 필독서 100권 **362**
4. 타임지가 선정한 청소년책 100권 **376**
5. 타임지가 선정한 어린이책 100권 **386**

에필로그 늦었다고 생각할 때 아이 영어는 가장 빠르게 자란다 **397**

7세까지 영어 노출 제로,
16세에 해외 대학 입학한
엄마표 영어 비법

초등 입학 전,
영어 때문에 초조한 엄마에게

● **시작을 위해 8세까지 기다렸던 이유**

엄마표 영어를 처음 알게 된 것은 반디가 다섯 살 되던 해의 하반기였다. 또래 친구들은 영어를 '왜 배워야 하는지'도 모르는 채 '의무'로 받아들이고 있을 때였다. 방법조차도 잘못된 접근이었다. '영어는 누군가 가르치고 배워야 하는 것'이라는 선입견을 심어주고 있었다. 배우는 것이 영어 하나면 참 좋겠지만, 아이들은 영어 외에도 너무나 많은 것들을 배워야 한다. 그러므로 아이들에게는 '선생님'이라는 존재가 지겨울 수도 있다.

그런데 '엄마표 영어'라는 것을 자세히 들여다보니, 잘못 접근하면 엄마조차도 아이들에게 '선생님'이 될 수도 있는 공부법이었다. 그러면 영·유아기에 엄마와의 관계 형성에 나쁜 영향을 미칠 수도 있을 것 같았다. 이 시기는 엄마가 '그냥 엄마'여야 아이들이 가장 행복하니까.

　엄마표 영어에 대해 공부하기 시작했지만 서둘러 시작할 마음은 없었다. 취학 전에 신경 써야 하는 것들 중에는 영어보다 중요한게 훨씬 더 많았기 때문이다. 말과 글을 통해 세상을 접하기보다 몸으로 직접 체험하며 호기심을 발휘했으면 했다. 반디는 돌멩이 하나, 마른 나뭇가지 하나로도 몇 시간을 노는 아이였다. 비슷한 생각으로 아이를 키우는 몇몇 집과 어울려 온 시내를 놀이터 삼아 놀다 보면 하루가 금방 지나갔다.

　또한 당시 반디의 나이는 '자아존중감'이 형성되는 시기라고 판단했다. 자기 자신을 타인의 사랑과 관심을 받을 만한 가치 있고 소중한 존재라고 생각하며 유능한 사람이라고 믿는 자아존중감. 어린 시절 형성된 자아존중감은 어쩌면 평생의 삶의 모습을 결정짓는다. 스스로 가치 있는 사람이라고 생각할 때 실패해도 다시 일어설 힘이 생기기 때문이다. 세상을 긍정적으로 바라보며 적극적이고 도전적인 자세로 삶을 대하느냐, 부정적인 시각을 가지고 무기력하게 허우적거리느냐는 이 시기에 형성된 자아존중감이 크게 영향을 끼친다고 생각했다.

　이런 연유로 아이가 영어를 포함한 모든 '학습'을 자기주도적으로 해결할 수 있을 때까지, 자신감을 빨리 느낄 수 있을 때까지 기다려주는 쪽을 택했다. 의무가 아니었던 유치원 과정도 서둘러 따르지 않았다. 하고 싶은 것 보다 하지 말아야 할 것에 익숙해지고, 수많은 규칙 안에 자기를 맞추어야 해서 아이만의 개성이 위축될 수밖에 없는, 어쩔 수 없이 만나야 하는 그런 상황을 늦추고 싶었던 것이다.

　교육기관에 처음 맡긴 것은 아이가 여섯 살 때였다. 하지만 그마저도 일곱 살 초반에 그만두었다. 그러다 보니 취학 전 대부분의 시간을 엄마가 가까이에서 지켜볼 수 있었다. 사실 그 시기만큼 생각과 경험을 풍요롭게 나눌 수 있는 시간은 이후에 다시 주어지지 않았다. 억만 금을 주고도 살 수 없는 시간이었던 것이다.

취학 이후로 영어를 미뤘던 중요한 이유 중 또 하나는 취학 전에 우리말에 충분히 익숙해져야 했기 때문이다. 여기서 말하는 '익숙함'은 글자를 터득해서 읽고 쓸 수 있는 것만이 아니다. 탄탄한 우리말이 영어의 뒷심이 되어줄 것이라 믿었다. 따라서 취학 전까지 한글책을 꾸준히 읽어주었다. 잠자리를 마련해놓고 아이가 골라온 수십 권의 책들을 읽었다. 글자를 익히는 것에도 별도로 마음 쓰지 않아 한글 습득, 읽기 독립도 늦었던 반디였다. 목에서 비릿한 향이 올라올 때까지 졸면서 책을 읽어주는 엄마 목소리를 들으며 반디는 온 방 안을 뒹굴뒹굴하다 잠들었다. 이런 책 읽기를 초등 2학년 때까지 했다면 믿어지려나.

나는 아이에게 뭔가를 가르치는 일에는 많이 게으른 엄마였다. 하지만 '아이와 함께하는 것'에는 꽤 정성을 들였던 것 같다. 영어 또한 다르지 않았다. 가르치기보다는 함께하는 방법으로 선택한 것이 '엄마표 영어'였다.

영어, 분명하고 구체적인 목표를 세워라

사람들은 영어를 배우기 위해 시간과 비용, 노력을 투자한다. 아이들이 가장 빠르게 시작하는 사교육 또한 '영어 학습'이다. 하지만 영어 학습에 대한 목적과 목표는 막연하기만 하다. 그냥 "잘했으면 좋겠다." 또는 "잘해야만 한다."

가 전부다. "왜?"라고 물으면 "잘하면 좋으니까, 잘해야만 하니까." 도돌이표가 되어버린다. 분명한 목적과 목표가 없으니 자꾸만 길을 잃는다.

> The limits of my language mean the limits of my world.
> 내 언어의 한계는 내 세계의 한계를 의미한다.

오스트리아에서 태어난 영국의 철학자 루트비히 비트겐슈타인 Ludwig Wittgenstein의 말이다. 반디의 영어 습득 계획을 위해 책을 찾아보고, 검색을 하다가 맞닥뜨린 문장이다. 이 철학자가 어떠한 이유로 이 말을 남겼는지는 알 수 없지만 한 줄의 문장이 주는 힘은 매우 강력했다. 늦은 밤, 잠들어 있는 남편과 아이가 깨지 않도록 불도 켜지 않은 방에서 '내가 왜 컴퓨터와 씨름하고 있는지' 답을 찾은 것 같은 느낌이었다.

당시 언론과 출판, 방송에서는 연일 '글로벌'을 외치고 있었다. 세상이 빠르게 변하고 있었다. 우리 세대는 경제 성장을 위해 불철주야 노력하는 것만으로도 만족한 삶을 살 수 있는 시대였기에 바깥세상에서 만날 한계를 크게 실감하지 못했다. 쉽게 말하면 우리말만 잘하고 성실하면 먹고살기 어렵지 않은 세상을 살았던 것이다. 그런데 어느 순간 세계는 하나가 되고, 지구는 하나의 마을처럼 '지구촌'이라 불린다. 아이가 살아갈 세상이 어렴풋하게 그려졌다. 아이가 극복해야 할 한계는 대한민국 땅덩어리 안에서만 존재하는 것이 아니었다. 세계를 무대로 맞서야 하는 아이에게 '한계'를 없애주고 싶었다. 그리고 이 한 문장은 언어의 확장이, 그중에서도 영어로부터의 자유가 그 분명한 해결책이라는 확신을 주었다.

영어를 배우고 익히는 단계인 '학습'을 넘어서 완벽하게 자기 것으로 만드는 '습득'은 단시일에 완성되지 않는다. 그러므로 중간에 길을 잃지 않기 위해서라도 막연하게 '잘해야 한다'가 아닌, '왜 이런 노력을 해야 하는지' 분명한 목적이 있어야 했다. 목적을 달성하기 위한 구체적인 목표도 세워야 했다.

나와 반디의 목적은 '영어로부터 완벽하게 자유로워지는 것'이었다. 어떻게 하면 영어로부터 자유로워질 수 있을까? 누군가의 눈과 귀, 입을 빌리지 않고 원문 그대로의 지식을 습득할 수 있을 만큼 영어 능력을 키우는 것, 그것이 목적에 다다르기 위한 최고의 목표였다.

지구촌이 된 세계는 번역을 거치면서 가공되거나 변형된 지식이 아닌, 본래 그대로의 지식에 접근하는 데 무한한 자유를 보장한다. 그것을 자신의 것으로 만들고 스스로의 한계를 확장시키기 위해서는 영어로부터 완벽하게 자유로워야 했다. 하지만 누가 그렇게 만들어줄 수 있을까? 아무도 없다.

나는 모든 아이들이 가지고 태어난다는 선천적인 능력을 믿기로 했다. '그 능력이 고개를 들기도 전에 짓밟아서는 안 돼.' 그렇게 애쓰면서 아이가 그 능력을 스스로 키우고 숙성시키는 동안 기다리며 지켜보기로 결심했다.

반디는 초등학교 1학년에 입학할 무렵 엄마표 영어로 처음 영어를 시작했다. 그러나 나는 '영어를 못하는 엄마'였기 때문에 오래지 않아 엄마표 영어의 한계를 마주하게 되었다. 결국 아이 스스로 그 한계를 넘어서 자신만의 방법을 찾아야 했다. 그런 의미에서 반디가 혼자 가야 했던 영어 습득의 길을 '반디표 영어'라 이름 붙였다. 엄마는 시기별, 수준별로 아이에게 맞는 영어 자극들을 찾았고, 아이는 8년 동안 꾸준히 실천했다. 그 결과, 우리가 세운 목적과 목표에 근접하게 되었다. 그리고 유학 생활을 통해 언어의 한계가 허물어지는 것을 온몸으로 체험했다.

아이에게 영어를 잘해야 한다고 다그치는 부모도, 무거운 짐을 짊어지고 있는 아이들도 왜 영어 공부를 해야 하는지, 또 지금 제대로 하고 있는지 분명한 목적과 현주소를 꼭 짚어보기 바란다. 능력은 충분한데 발전이 더디다면 목적이나 목표가 불분명하기 때문은 아닌지 점검해봐야 한다.

일반적인 방법에 내 아이를 맞추지 마라

의심과 두려움 없이 엄마표 영어를 시작하기란 쉽지 않다. 엄마표 영어를 시작했던 2005년에는 지금처럼 많은 사람들이 가는 길도 아니었고 참고할 성공 사례도 부족했다. 중간중간 '과연 가능할까?'라는 의심이 들었고, '내가 틀린 건 아닐까? 혹시 그렇다면 돌이키기에 늦었으면 어쩌나?' 덜컥 겁이 났다. 이렇듯 의심과 두려움은 8년 동안 늘 우리를 긴장시키며 주위를 맴돌았다.

'엄마표 영어'로 불리는 방법이 회자되기 시작한 이후 이십 년 가까운 시간이 지났다. 지금은 관련 책도 다수 출판되었고 이름만 들어도 알 만한 유명 사이트도 있으며 성공 사례도 쉽게 찾아볼 수 있다. 반디가 했던 영어 습득 방법도 책이나 사이트의 내용과 크게 다르지 않다. 그래서 책과 강연, 블로그에서도 '방법론'보다는 '실천 기록'에 초점을 맞추었다. '방법론'은 전문가 수준으로 정리되어 있으면서 아무런 대가 없이 그 정보를 나누어주는 고마운 사이트들이 훨씬 도움이 될 것이라 생각했기 때문이다.

모든 아이들은 다른 성향을 가지고 다른 환경에서 자란다. 때문에 일반적인 상황에 내 아이를 맞추기란 쉽지 않을 뿐 아니라 위험하기까지 하다. 단순하고 무모하게 다른 이들의 방법을 그대로 따라 하지 말라는 것이다. 시작은 '엄마표 영어'였지만 반디가 '반디표 영어'의 길을 스스로 만들고 나아갔듯이, 새로 시작하는 아이들 모두 자신만의 길을 만들고 나아가야 한다. 목표는 모두 같아 보이지만 실천은 아이의 성향이나 환경에 따라 다를 수밖에 없다. 아이들 머릿수만큼이나 다양한 길이 생기는 것이다. 성향이나 환경을 고려해 내 아이에게 맞는 방법을 계산해보자. 이 책은 그 계산에 필요한 데이터를 제공하는 것뿐이다. 반디의 실천 기록을 그대로 따라하라는 것이 아니고 자신의 아이에게 맞는 방법을 찾는 기초 자료로 활용하길 바란다.

　엄마표 영어를 성공했다고 하면 사람들은 부모가 영어를 잘해서 이중 언어 환경을 만들 수 있었던 것은 아닌지 의심부터 한다. 그것도 아니면 아이가 특별한 언어적 재능이 있었을 것이라 넘겨짚는다. "맞벌이라 바빠요." "아이가 여럿이에요." 등 이런저런 이유로 '나는 절대 성공할 수 없다.'고 연막을 치고 스스로를 위로하려는 변명을 늘어놓는다. 하지만 하고자 하면 어떻게든 방법을 찾을 수 있다. 시도하려는 의지나 애쓰려는 노력에 앞서, 도망을 위한 핑계를 먼저 찾지만 않는다면 말이다.

　자신의 한계 안에서도 충분히 행복할 수 있다고, 나중에 영어로 먹고사는 일을 하지 않으면 그만이라 생각할 수 있다. 분명 틀린 말은 아니다. 그런 부모들에게 부탁한다. 아이가 영어를 잘하게 되리라고 크게 기대하지 말고, 아이가 영어를 못한다고 실망하지도 말며, 다그치거나 야단치지 말라고. 비록 방향은 다르지만 아이가 영어에 더 일찍 자유로워질 수 있으며, 영어가 아닌 관심 있고 재능 있는 다른 일에 시간과 노력을 집중할 수 있을 것이다. 세상이 바뀌었다지만 한국에 살면서 영어를 못하는 것이 크게 문제되지는 않을 것이다. 세상의 수많은 일에 영어가 최우선은 아니기 때문이다.

그렇지 않고 자유로운 영어를 바탕으로 아이가 자신의 한계를 확장시키기를 바란다면 영어 사교육 현장만 찾지 말고 용기를 내보기를 바란다. 먼저 부모가 확실한 믿음을 가질 수 있도록 준비하자. 그리고 아이에게 믿음을 주고 함께 손잡고 가보자. 그리 오래지 않아 아이 혼자서도 그 길을 걸어갈 것이고 그렇게 될 수밖에 없다. 특별한 아이들이 아닌, 모든 아이들이 가지고 태어나는 선천적인 능력이다. 믿어도 좋다. 아니 믿어야 한다.

문제는 영어를 접하는 '방식'이다

반디가 다섯 살 때쯤, 우후죽순 생기는 영어 사교육 업체를 비롯해서 언론, 출판에서는 우리 아이들이 살아갈 세상은 이미 영어가 '선택'이 아니라고 단정 지으며 부모들의 불안감을 증폭시켰다. 학교에서 초등학교 1학년부터 영어를 가르친다고 해도 아이들이 영어를 제대로 습득할 것이라 믿는 부모는 단 한 사람도 없는 듯 보였다. 반디는 초등 3학년부터 학교에서 영어를 배웠는데 그 당시 초등 1학년 영어 수업 편성이 논의되고 있었다. 그 논의 또한 부모들의 불안만 가중시켰고 아이들을 더 일찍 영어 사교육에 밀어 넣는 결과만 가져왔다.

덕분에 아이들은 영어에 호기심을 가지기도 전에 왜 배워야 하는지도 모른 채 영어를 의무적으로 마주하게 되었다. 영어 유치원, 영어 학습지, 교구를 이용한 방문 지도, 원어민 과외, 영어 학원 등 누군가 가르치고 그것을 배우는

'학습'으로 영어를 접하는 것이다. 부모 세대가 실패했다고 이미 결론을 내렸던 방법이다.

그렇다면 다른 길, 난세에 영웅이 나듯 영어 조기 교육의 광풍 속에서 나타난 방법, 엄마표 영어에 관심을 가져볼 만하지 않을까? 나는 그렇게 생각했다. 2년 반 동안 엄마표 영어에 대한 자료를 모으고 사례를 찾고 방법을 고민하며 계획을 세웠다. 엄마가 마음의 준비를 하는 동안 반디는 초등학교 입학 전까지 영어에 별다른 관심도 스트레스도 없이, 우리말 책을 집중적으로 읽으며 언어적 감각을 키워나갔다.

영어는 학문이 아니라 '도구'다

'학습學習'은 말 그대로 배워서 익히는 것이다. 하지만 우리 아이들이 학습하는 모습을 보면 배우는 시간은 많은데 배운 것을 스스로 익히는 시간은 턱 없이 부족하다. 배운 것을 되새기고 내 것으로 만들어야 하는데 그럴 시간이 없다. 학원에서는 과제를 통해 스스로 학습하는 시간을 만든다고 말하겠지만 과제를 대하는 아이들의 태도를 아는 엄마들도 그렇게 생각하는지 묻고 싶다.

언어는 '배우는 쪽'보다는 '익히는 쪽'에 무게를 두어야 한다. 배우는 건 단시간에 억지로 욱여넣어도 가능하지만, 배운 것을 익히기 위해서는 시간과 노력이 반드시 필요하다.

아이들은 오랜 시간 자연스럽게 소리에 노출되면서 언어로 소통하는 법을 배운다. 이것은 아이들이 태어날 때부터 지닌 능력이다. 따라서 어른들이 잘못

된 학습 방법으로 서둘러 막아버리지만 않는다면 누구나 이 능력을 발휘할 수 있다.

부디 영어를 '학문'을 위한 '학습'으로 접근하지 말고, 지식을 습득하고 사고를 확장할 수 있는 '도구'로 만들자. 그것이 우리가 살고 있는 세상, 앞으로 아이들이 살아갈 세상에서 가장 정확하고 빠르게 '제대로 된 정보'에 접근하는 방법이다. 우리말을 배우고 사고를 확장하기 위해서 최우선으로 선택하는 것은 '책'이다. 영어도 마찬가지다. 단편적인 지식을 전하는 글에서 벗어나 사고를 키울 수 있는 책을 읽어야 한다.

이 말이 마음에 닿지 않는 부모들은 아이들 가방에서 영어 학원 교재를 꺼내보기 바란다. 보이는 공부를 위한 짧은 호흡의 학습 교재일 뿐, 아이들의 사고 확장에는 도움이 되지 않는 책이 대부분이다.

"우리 아이는 학원에서 원서 수업을 병행하고 있어요."

이렇게 말하는 엄마들이 있을지도 모르겠다. 그렇다면 그 책을 어떤 방식으로 활용하고 있는지, 혹시 '학습을 위한 교재'로만 사용하고 있지는 않은지 자세히 살펴볼 필요가 있다. 그리고 아이가 그 책을 '읽어야 하는 숙제'로 대하는지, '호기심과 흥미'로 대하는지 꼭 파악해보자.

많은 엄마들은 '영어를 배울 때 알맞은 교재가 있어야 한다.'고 생각한다. 내용을 조각조각 분리해서 분석하고 밑줄 그으며 새로운 단어를 암기하고 문법적 해석을 덧붙여야만 안심이 되는 것이다. 하지만 이런 공부법 때문에 아이들은 주어진 내용을 기억하기에도 벅차 쉽게 지치고 포기하고 만다. 대상이 '영어'이기 때문에 포기하는 것이 아니라 영어를 접하는 '방식'이 문제인 것이다. 학교에서 배우는 국어도 같은 이유로 대다수 아이들이 힘들어하고 멀리하고 결국 포기한다. 수능 언어영역이 상위권 아이들의 최고의 변별력 과목이 되지 않았는가. 국어든, 영어든 언어가 '학문을 위한 학습'이 되어서는 안 된다.

정답은 책 읽기다

영어 습득을 위한 '반디표 영어'의 핵심은 '책 읽기', 즉 '원서 읽기'였다. 앞으로 전개될 실천 기록의 대부분도 책과 관련된 내용이 될 것이다.

반디는 책을 좋아하는 아이가 아니었다. 때문에 책을 좋아하는 친구들에 비하면 그 양은 아주 미미하다. 하지만 한결같은 꾸준함이 있었다. 제 나이에 맞는 책을 골랐고 지속적인 업그레이드를 놓치지 않았다. 많지 않은 책이지만 좋은 문장을 담은 책을 골라 읽었다.

초등학교 중간까지는 우리말 책을 접하는 것에도 소홀하지 않았다. 고학년 이후 아이가 본격적으로 영어 원서를 읽는 것에 익숙해지면서 영어 원서는 우리말과 영어, 두 영역 모두에 영향을 미친다는 사실을 알 수 있었다. 제법 독서량이 쌓이자, 반디는 영어책과 우리말 책을 구분하지 않고 읽게 되었으며, 어떤 책이든 공부를 위한 수단이 아니라 '작가의 글' 자체로 흡수했다. 또한 그렇게 받아들인 내용을 스스로 분석하고 가공하여 자신에게 필요한 지식으로 재생산했다. 언어 습득 능력과 사고력이 동시에 향상된 것이다.

책 읽기로 이룬 언어 습득 능력과 사고력은 열여섯 살 해외 대학 진학 후 제대로 된 지식에 접근하고 받아들이는 능력을 키우는 데 든든한 바탕이 되어주었다. 영어로 된 전공 교재를 읽을 때도, 원서나 현지의 기사, 저널 등에서 수많은 정보를 찾을 때도 어려움이나 거부감이 없었다. 짧은 호흡의 학습서로는 기대할 수 없는 결과라 생각한다. 우리나라에서도 시간에 쫓겨 교과서만 공부한 아이들의 독서력이 학년이 올라갈수록 바닥을 보이며 많은 문제점이 드러나고 있다. 책을 가까이 하기 쉽지 않은 환경이지만 결국 책을 놓지 않은 친구들이 원하는 결과를 얻는 것도 부정할 수 없는 현실이다.

영어권 나라의 사람들은 자유롭게 영어를 듣고 말한다. 하지만 그들 사이에서도 지식과 지혜의 정도는 천차만별이다. 자국어와 영어를 공용어로 사용하는 동남아시아 국가에서 6년 이상을 유학한 사람이 '영어' 때문에 4년제 대학 진학이 불가능해서 칼리지에 머무를 수밖에 없었다는 이야기를 들었다. 어느 나라든 단지 학교생활에 만족하고 자신의 내공을 쌓을 수 있는 '책'을 멀리한다면 결과는 당연지사. 우리나라 학생들이 똑같은 시스템에서 한글을 배우지만 대학 입시에서 천차만별의 실력을 보이는 것과 다르지 않다.

나는 영어를 통해 반디가 무차별적으로 공급되는 수많은 정보 중 진짜를 가려내는 힘을 기르고, 그것을 취사선택하고, 자신만을 위한 지식으로 재가공하여 받아들인 뒤, 새로운 정보를 창출해내는 '사고력'까지도 길렀으면 했다. 이 모든 것을 가능하게 하는 언어, 영어가 우리말과 함께 '평생 도구'가 되어 준다면 아이는 예측 불가능하게 성장할 것이다. 그런 기대를 가지고 세운 목표였다.

의심 없이 사고력 향상의 핵심은 '독서'다. 따라서 이 책에서 소개하는 엄마표 영어의 가장 중요한 핵심은 '책(원서)'이다. 나는 반디가 아주 어렸을 때부터 우리말 독서를 소홀히 하지 않도록 신경 썼다. '언어 습득력'과 제 나이에 맞는 '사고력'까지 동시에 향상시킬 수 있는 방법, '책 읽기'에 욕심을 부려야 한다! 사실 이것이 이 책을 통해 전달하고 싶은 이야기의 전부라고 할 수 있다.

늦지 않았어,
8살 엄마표 영어!

초등 6년, 아이의 영어 뇌가 깨어난다

엄마표 영어의 적기는 있을까? 이 질문의 답에는 설왕설래가 있지만 개인적으로 '엄마표 영어의 적기適期는 있다.'는 쪽이었다. 처음으로 이 '적절한 시기'에 대해 생각하게 된 것은 『엄마 영어 방송이 들려요』에 실린 박만규 언어학 교수의 글 덕분이었다. 두 번째로 비슷한 이야기를 들었던 것은 반디가 다니던 초등학교에서 개최한 뇌 과학 관련 강연회에서였다. 약간은 강제성이 있는 자리 채우기로 참석했지만 기대 이상의 강의를 들었다. 당시 영어조기교육이 화두가 되는 분위기였기에 '영어 공부의 적절한 시기'에 대한 이야기가 가장 기억에 남았다. 강의를 듣고 나니 조기교육에 신경 쓰지 않기 잘했구나 싶었다.

2016년 초, 우연히 찾은 기사다. 본문은 '뇌 과학을 이용한 성인 외국어 학습법'에 대한 내용이었는데 그중 일부가 눈에 띄었다. 내가 엄마표 영어를 하면서 믿고 있던 내용이었다.

> 원래 언어와 관련된 연구는 주로 언어학자와 심리학자들에 의해 이루어져 왔지만 최근 언어와 관련된 뇌의 기전이 신경과학자들에 의해 연구되면서 새로운 사실이 많이 밝혀지고 있다. 예를 들면 12세 이전의 뇌는 모국어와 외국어를 같은 뇌 영역을 통해 학습 및 기억에 관여하지만 12세 이후에 새로운 언어를 학습할 때는 모국어를 배울 때 관여하는 뇌 영역과는 다른 곳이 관여된다는 사실이다. 때문에 12세 이후에 외국어를 학습할 때는 우리가 모국어를 배우는 것처럼 자연스럽게 언어를 습득하는 것이 어려워서 효율적인 학습 방법이 필요하다는 결론에 이른다.
>
> – 뇌 과학을 이용한 성인 외국어 학습법(대전일보, 2016.1.14.)

이 내용은 KBS 다큐멘터리 〈첨단보고 뇌 과학〉을 방영할 당시 미국 연구기관의 한국인 김효승 박사에 의해서도 알려진 내용이다. 뇌의 활동 모습과 기능을 보여주는 뇌 영상 기술이 개발되면서 인간의 인지과정과 연관된 신경학적 기반을 찾는 연구가 가능해졌다. 그 결과 언어심리학 연구에서도 다양한 뇌 영상 기술을 통해 뇌의 활동을 관찰한 결과를 점점 더 많이 활용하고 있는 추세였다. 김 박사는 미국 메모리얼 슬로운 캐더링 암센터 실험실에서 이러한 기능성 MRI(자기공명영상)기기를 이용해서 모국어와 외국어에 반응하는 뇌의 활성화를 연구 중이었다. 김효승 박사의 연구 결과는 『뇌과학, 경계를 넘다(신경인문학 연구회 저, 2012)』에 자세히 소개되어 있다.

> 김효승 박사는 사람의 뇌가 어떻게 여러 가지 언어를 배우고 언제 배워야 효과가 있는지 연구한 끝에 흥미로운 결과를 알게 되었다. 12세 이전에 제 2외국어를 배운 경우와 12세 이후에 제 2외국어를 배운 사람이 사용하는 뇌 영역이 각각 다르다는 것을 밝혀낸 것이다. 즉, 어릴 때 제 2외국어를 배운 경우는 모국어 영역과 활성화 부위가 같고 12세 이후에 배운 경우는 뇌에서도 모국어와 제 2외국어의 영역이 확실히 분리되는 것을 관찰했다. '뇌의 영역이 분리되는 시점은 언제인가?'라는 의문에는 아직도 학계의 논란이 많지만, 실험 결과상 12세 이전에 제 2외국어를 배우면, 아이들의 뇌에는 제 2외국어가 아니라 모국어로 인식이 되어 입력된다는 것이 가장 적절한 결론이라고 했다.
> ― 『뇌과학, 경계를 넘다』 '이중 언어 뇌 연구와 한국인의 영어 뇌' 중에서

전문 지식이 없는 내가 이해하기로는, 두 가지 이상의 언어를 12세 이전에 습득하면 모국어와 같은 영역에서 처리가 되므로 제 2외국어를 모국어처럼 받아들일 수 있다는 결론이다. 또한 이 연구는 두 언어를 담당하는 뇌의 영역이 12세 이후로 분리된다는 사실을 보여주고 있다.

늦었다고 포기하지 말자

그렇다면 12세 전후에 언어를 어느 정도 완성하기 위해서 시작은 빠르면 빠를수록 좋을까? 앞에서 언급했지만 반디는 영어를 초등 취학 이후에 시작했

〈또 하나의 우주, 뇌〉 2005년 4월 방영된 Q채널 자체제작 다큐멘터리 3부작

다. 그렇게 결심했던 개인적 확신을 뒷받침해주는 자료들도 있다. 시작도 '적기'가 있다는 것이다.

뇌에서 언어 기능과 연상 사고를 담당하는 측두엽 영역인 칼로좀이스무스 성장률을 보면 4~6세에 0~20%, 7세가 되면 85% 이상으로 최고의 성장률을 나타내며 12세가 될 때까지 계속 80% 이상의 빠른 성장률을 보인다. 하지만 12세가 넘고 16세가 될 때까지는 다시 0~25% 사이로 성장률이 급격히 감소한다. 결론적으로 7세에서 12세까지 최고의 성장률을 보이며 이 시기가 언어 학습의 최적기임을 말해주는 것이다.

엄마표 영어를 진행하는 동안에는 내가 선택한 길에 대한 학문적 근거나 신뢰할 만한 글을 찾을 여유조차 없었다. 아마도 그쪽에 먼저 관심을 가졌다면, 포기할 이유를 만들어 도망쳤을 수도 있었을 것이다. 이 길은 확신을 가지고 시작하는 길이 아니라 확신을 만들어가는 길이기 때문이다.

블로그와 강연을 통해 강조하는 말이 있다. 아이 영어가 늦었다는 생각이

든다면, 이제라도 엄마표 영어를 제대로 하고 싶다면 초등 6년, 전반전을 놓치지 말라는 것이다. 한국의 교육 시스템상 중등교육 6년 동안은 엄마표 영어를 시도하기가 어렵다. 이 시기는 모든 아이들이 한 가지 목표만을 가지고 통일된 방법으로 영어를 '학습'하기 때문이다. 엄마와 아이만의 계획과 최선이 통하지 않는다. 그러니 초등 입학 전후로 시작해서 초등 6년 동안 제대로 된 길에서 전력 질주하면 즉, 우리가 최선을 다할 수 있는 시기에 최선을 다하면 뇌도 도와준다는 것이다.

아무리 적기에 시작했어도 아이들 영어 습득의 발전을 그래프로 나타낸다면, 시간과 노력에 반드시 정비례하지 않는다. 발전을 확인하는 시간보다 기다리는 시간이 훨씬 긴 '계단식 그래프'를 그릴 수밖에 없다. 길고 긴 수평선을 그려야 하는 시간도 있다. 하지만 그 시간의 성실함이 쌓여 엄마도 아이도 모르게 다음 계단을 그린다. 의심과 불안, 갈등은 끝까지 함께할 친구쯤으로 생각하고 최종 목표에 욕심을 집중하고 몰입하자. 그래프를 그리는 동안, 부려야 할 욕심과 부리지 말아야 할 욕심 사이에서 균형 잡는 지혜를 꽉 붙잡기를 응원한다.

엄마표 영어의 최선과 속도는 모두 다르다

'영어로부터의 완벽한 자유'라는 목표는 같아도 가는 길은 아이들 머릿수만큼이나 많은 것이 엄마표 영어다. 아이들은 모두 다른 성향을 가지고 있으며 다른 환경에서 자란다. 일반적인 상황에 내 아이를 맞추기란 쉽지 않을 뿐 아니라 위험하기까지 하다. 엄마표 영어를 완성시키는 일은 한두 해로 끝나는 일이 아니다. 그렇기에 다양한 변수에 잘 대처하며 수시로 계획을 수정하고 다지는 융통성을 발휘하면서 자신만의 길을 만들어야 하기 때문에 막연하게 시작하면 안 된다.

엄마표 영어는 아이들 각각의 성향과 환경에 따라 각자만의 최선과 전력질주법이 있다. 저마다의 최선이 다를 수밖에 없으니 어떤 최선이 정답이라 단정할 수 없다. 다만 엄마표 영어를 잘하고 싶은데 직장맘, 다둥이맘이라 자신이 없는 엄마들, 사교육에 아이를 맡기기는 싫은데 딱히 대안은 없는 엄마들에게 꼭 당부하고 싶다. 엄마표 영어를 실천하는 것에 있어 나름의 최선에 대한 기준을 세우자. 절대 물러서지 않는 '배수의 진'을 어디로 할 것인지를 정해야 한다는 것이다. 배수의 진을 정했어도 수시로 사교육과 타협하고 싶어질 것이다. 그 고비를 넘기는 데 익숙해지자. 각자만의 속도가 있다는 것을 인정했으면 좋겠다. 남들의 속도에 맞추려고 조급해하지 말았으면 한다.

우리나라 학교교육 시스템상 배수의 진을 치고 엄마표 영어에 집중, 몰입할 수 있는 '전반전'은 그리 길지 않다. 딱 초등학교 6년이다. 그 황금기를 이도 저도 아니게 보내면 우리 의지로는 어찌할 수 없는 후반전 6년이 기다린다. 그 끝에서 무사히 대입 시험을 치른다 해도 영어와 무관하게 잘 살 수 있는 길을 찾지 못했다면 전공 공부 이상의 시간과 노력, 비용을 들여 영어와의 전쟁을 다시 시작해야 한다.

힘들어하는 아이도 배려해야 한다. 힘들다는 것에 충분히 공감하고 위로와 용기를 주되 '해야 하는 것'을 참고 이길 수 있도록 독려해야 한다. 시작부터 완성까지 곁에서 아이의 긴 시간을 지켜보는 일은 엄마가 할 수 있고, 엄마가 해야 하는 일이다. 아이의 성향에 따라, 환경에 따라 맞추고 양보해야 하는 것도 있지만, 타협할 수 없는 한 가지는 '해야 하는 것을 게을리하지 않는 것'이다. 반디가 명확한 이유로 거부하는 독후 활동들, 지루하고 재미없어 하고 싶지 않다는 '연따(연속해서 따라 읽기)', 목 아프고 잘하지 못해서 하고 싶지 않다는 '음독(소리 내서 책 읽기)' 등은 마음속에서 치밀어 오르는 무언가를 억누르며 깔끔하게 포기했다. 덕분에 반디의 엄마표 영어 8년은 매우 단순했다. 돌이켜 보니 많은 것을 타협하고 하나만을 지켰다고 생각했는데 그게 가장 중요했다는 것을 시간이 지나고 깨닫게 되었다.

아무리 노력해도 이도 저도 아닌 상황에서 후반전을 맞이할 수밖에 없다. 초등 6년을 엄마표에 공들였어도 '영어 완성'을 논하기에는 애매한 시기이기 때문이다. 제대로 저질러도 후회는 있다. 하지만 그 후회는 행동으로 옮기지 못해서 남는 후회만큼은 아닐 것이라 확신한다.

'제대로 엄마표 영어'로 전반전을 달렸다면 그 어떤 후반전을 마주하더라도 지난 시간에 대한 후회는 없을 것이다. 전반전을 전력으로 질주해서 차곡차곡 쌓은 시간이 있다면 힘든 후반전을 잘 버틸 수 있다. 이것이 바로 쉽게 무너지지 않는 내공이다. 아이들은 결국 대학 입학과 함께 또 다른 영어 전쟁과 맞서야 한다. 전반전을 어찌 보냈는지 그 진가를 확인할 수 있는 때가 결국 오는 것이다. 아직 아이들이 전반전에 있다면, 늦지 않았음이 얼마나 다행인지.

엄마표 영어,
이렇게 준비하자

● **엄마의 확신이 먼저다**

　엄마표 영어를 처음 시작해서 습관이 되고 과정이 편안해질 때까지는 아이가 잘 따라줘야 성공할 수 있다. 그러기 위해서는 엄마가 먼저 '확신'을 가져야 한다. 나에게는 초등학교 취학 전이 확신을 위해 준비하는 시기였다. 아이와 신뢰를 쌓는 일이 중요했다. 또한 중간에 시행착오를 겪을 수도 있겠지만 수많은 정보를 취사, 선택하여 우리만의 방법과 계획을 세워놓아야 했다. 그리고 놓쳐서 안 되는 부분, 영어 학습뿐 아니라 아이와 함께하는 삶을 위해 '올바른 관계 형성'을 만드는 노력이 필요했다.

　아이와 함께 다양한 우리말 책을 접하며 우리가 살고 있는 대한민국 외에도 피부색이 다르고, 사용하는 말과 글이 다르고, 기후나 자연환경이 다른 수많은 나라가 있다는 것을 이야기했다. 나라마다 고유 언어가 있는데 서로 다른 나라 사람이 만나면 어떻게 이야기를 나눌까 자연스럽게 질문도 던져보았다. 아이가 질문에 답하면서 온몸으로, 또 화려한 손동작으로 자신의 의사를 표현하기 위해 애쓰는 것을 '놀이화'하기도 했다. 그러면서 '영어'가 여러 나라 사람들이 의사소통을 할 때 가장 많이 사용하는 '언어'라는 것을 자연스럽게 알게 했다. 영어를 완전히 익혔을 때 누릴 수 있는 것들도 이야기해주었다. 어린 나이의 아이가 어떻게 받아들였는지 정확하게는 알 수 없지만 '피할 수 없는 일'을 받아들이게 하기 위한 엄마의 의도였음을 눈치채지는 못했던 것 같다.

영어를 시작하는 시기를 취학 이후로 미뤄놓고 마냥 기다린 것은 아니었다. 엄마가 그 어떤 노력도 하지 않고 아이가 영어로부터 완벽하게 자유롭기를 바라는 것은 터무니없는 욕심이다. 동네 엄마들과 모여 차를 마셔도 진짜 중요한 정보는 나누지 않는다. 나는 컴퓨터 앞에 앉아 내 것으로 재창출될 수 있는 정보를 모으고 비교하고 선택하고 가공했다. 어렵게 들리지만 시간만 투자하면 아주 단순하고 쉬운 일이다. 동네 엄마들과 모여 차 마실 시간이면 충분하다.

지금은 더욱 쉬워졌다. 손가락으로 마우스 몇 번만 클릭하면 참고할 수 있는 자료가 쏟아진다. 키보드를 잠깐 두드려 궁금한 것을 물어보면 인심 좋은 선배들이 자신의 노하우를 아낌없이 나눠주는 사이트와 게시판이 넘친다. 처음에는 너무 많은 정보의 늪에 빠져 오히려 취사, 선택이 어려울 것이다. 하지만 그 고비를 넘기면 내 아이에게 무엇이 필요한지 금방 찾을 수 있다. 나만의 학습 방법도 계획할 수 있다. IT 강국 대한민국에서 아이를 키우는 '엄마'이지 않은가.

세상에서 가장 어려운 아이와의 '밀당'

지인들에게 자주 듣는 말 중 하나가 "반디는 착하잖아요. 엄마 말도 잘 듣고. 우리 아이는 도저히 이길 수가 없어요. 싸우다가 결국 손들고 말았어요."였다. 물론 반디가 수월한 편이었음을 나도 인정한다. 하지만 반디도 자신의 능력에서 벗어나거나 시간에 쫓기거나 자신에게 맞지 않는 방법을 강요하면 단호하게 거부하는 아이였다. 우리는 절충하는 방법을 알고 있을 뿐이었다.

나는 아이의 행동이나 생각을 바꾸기 위해서 어려서부터 단호하고 분명하게 주지시키는 쪽을 택했다. 그 상황에서 아이를 훈계할 때는 평등한 관계여서는 안 된다고 생각했다. 마음이 약해져 얼렁뚱땅 웃음으로 넘기려 하지도 않았고 감정을 앞세워 짜증스럽게 이야기하지 않으려 노력했다. 평소에는 둘도 없이 가까운 친구였지만 훈육의 시간에는 성을 붙여 이름을 부르며 마주 앉는 것으로 시작했다. 언성을 높이지 않고 아이와 눈을 맞추고 단호하게 분명한 어조로 이야기했다. 하지만 아이가 자신의 생각을 말하는 것은 막지 않았다. 짜증을 내거나 어리광을 부리는 투가 아니라 자신의 의사를 분명하게 말하도록 연습을 시켰다. 반디는 어릴 때는 겁을 먹고 눈부터 붉어지곤 했지만 차근차근 노력한 결과 자기가 할 수 있는 일, 받아들여야 하는 일, 거부하고 싶은 일에 대해 자신의 의사를 분명히 말하게 되었다. 동시에 엄마와 절충안을 찾는 방법도 터득하게 되었다. 이것이 우리의 엄마표 영어, 홈스쿨링이 주변의 염려에 비해 무리 없이 진행될 수 있었던 비법이기도 하다.

영어와의 첫 만남, 영어학습 CD-ROM

영어 습득을 위한 첫걸음은 영어를 놀이로 접할 수 있도록 7세 하반기에 영어 학습 CD를 활용했다. 어쩌다 보니 유치원조차 다니지 않고 종일 집에서 지내야 했던 반디와 컴퓨터에 앉아 유아용 영어 학습 CD를 함께 가지고 노는 것으로 영어의 첫걸음을 뗐다. 대부분 화면 안의 숨은 그림 찾기를 통해 사물의 이름을 알게 하거나, 간단한 퍼즐, 서너 페이지로 된 움직이는 그림책, 익숙한 영어 동요들이 나오는 CD였다. 아이는 소리를 잘 알아듣지 못했지만 신경 쓰지 않고 마우스를 움직여 자신의 선택에 다양하게 반응하는 프로그램을 재미있어 했다.

반디가 가장 좋아했던
『I SPY』CD

엄마가 다른 볼일을 보기 위해 아이를 컴퓨터 앞에 '잡아두는' 개념이 아니다. 엄마는 아이가 CD를 가지고 노는 동안 '늘 옆에서 함께하며' 과장된 리액션으로 흥미를 북돋아야 한다. 무엇을, 얼마만큼 받아들이고 있는지 확인하고 강요하지도 않았다. 아이가 엄마와 함께하는 '또 하나의 놀이'로 느끼도록 했다.

숨은 그림 찾기 방식이었던 『I SPY』 시리즈는 반디가 가장 좋아하던 CD였다. 열 대여섯 개의 숨은 그림을 찾으면 찢어진 보물 지도를 받을 수 있고 지도를 다 모으면 보물이 숨겨진 장소로 모험을 떠나는 내용이다. 여러 번 반복하는 사이 아이는 일부 사물이 영어로 어떻게 불리는지 자연스럽게 알게 되었다.

엄마표 영어 계획, 큰 그림을 그려라

반디의 취학 전 준비 단계는 서두르지 않는 걸음이었다. 다만 엄마가 해야 할 일에 집중했다. 엄마표 영어에 대한 정보를 제공해주는 사이트, 게시판, 블로그들을 들락거렸다. 먼저 이 길을 선택했던 선배들이 아낌없이 나눠주는 경험담을 프린트해서 읽고 또 읽었다. 그렇게 정보들이 쌓이고 쌓여 아이에게 맞는 영어 습득 장기 계획을 완성할 수 있었다. 우리말이 충분히 익숙해진 초등학교 입학 이후 시작점으로 잡고 1차 목표는 차고 넘치게 듣기. 책과 영상을 이용하는 방법으로 계획을 세웠다.

처음 엄마표 영어를 알게 해준 책은 『엄마 영어 방송이 들려요(이남수, 2001)』였다. 서점에서 우연히 발견한 책이었고 두세 번 정독했다. 책의 내용 중 관동대학교 박만규 교수의 '습득'과 '학습'에 대한 글은 아이의 영어 시작을 초등학교 입학 이후로 미루면서도 여유를 가지게 해주었다.

> '습득'은 해당 언어가 계속 흘러나오는 환경 속에서 듣고 말하는 행위를 되풀이하며 자연스럽게 그 언어를 구사하게 되는 것을 가리킨다. 사람의 뇌에는 이런 프로그램이 들어 있어, 대부분 이렇게 모국어 구사 능력을 얻는다. 그런데 불행하게도 '습득'은 사람의 키가 어느 시기까지 성장하다가 멈추는 것처럼 특정 시기에만 활동하도록 되어 있다. 대부분의 학자들은 그 시기를 2, 3세부터 12~14세까지라고 본다. 반면 '학습'은 체계적으로 반복적인 훈련과 연습을 통해서 언어를 획득하는 것을 말한다. 대체로 성인들이 외국어를 배울 때 이 방법을 거치게 된다. 다시 말해 '습득'은 무의식적인 과정을, '학습'은 의식적인 과정을 통해 이루어진다. 말하자면 습득기의 나이에는 '습득'의 방법을 적용하고, '학습'의 방법을 적용하려면 논리적 이해가 가능한 나이에 하는 것이 훨씬 더 효과적이란 얘기다.

이 글은 영어 교육 시기가 점점 빨라지면서 습득기에 학습을 강요받아 '경험적 지식에 의한 논리적 이해'가 부족한 취학 전 아이들의 비효율적인 영어 교육을 염려하는 글이었다. 나는 이 글에 공감하며 주변의 속도에 조급해하지 않기로 했다. 아이가 우리말을 충분히 이해하고 다양한 실제적 체험과 책을 통한 간접 경험을 바탕으로 스스로 생각하는 힘을 길러주는 것이 먼저라고 생각했다.

몇 권의 책과 수많은 사이트와 게시판을 둘러보면서 '반디의 영어 습득을 위한 계획'을 세웠다. 언어는 듣기, 읽기, 말하기, 쓰기가 편안해졌을 때 '습득'

되었다고 본다. 모국어는 태어나 일정 기간 동안 듣기에 익숙해지면, 자연스럽게 말할 수 있게 되고, 문자를 읽게 되며, 마지막으로 쓰기가 되면서 습득이 완성된다. 하지만 모국어도 이중 언어 환경도 아닌 가정에서 듣기에 이어 말하기가 자연스러워지는 것을 기대할 수는 없었다. 모국어가 아닌 언어를 습득하기 위해서는 순서를 바꿔야 했다.

무엇이 먼저인지를 놓고도 여러 의견이 있다. 그렇지만 듣기, 읽기 중 무엇이 먼저인지, 또는 말하기, 쓰기 중 무엇이 먼저인지의 문제였지 충분한 인풋 input이 있어야 아웃풋 output을 기대할 수 있다는 것에는 이견이 없었다. 그래서 우리는 인풋에 해당하는 듣기와 읽기에 많은 시간을 가지기로 했다. 인풋이 차고 넘치면 아웃풋에 해당하는 말하기, 쓰기가 자연스럽게 드러날 것이고 그때 아이에게 맞는 방법을 찾을 수 있으리라 믿었다.

매년 아이의 수준에 맞는 책과 영상을 통해서 '집중듣기'와 '흘려듣기'를 병행하며 듣기와 읽기에 몰입하는 계획을 완성했다. 혹시나 하는 노파심에 다시 말하지만 영어 습득을 위해 정성과 시간, 노력을 들이는 만큼, 아니 그 이상 우리말 독서가 기본이 되어야 한다는 것을 잊지 않았고 실천하기 위해 애썼다.

소리와 텍스트를 함께하는
집중듣기

 **집중듣기란 무엇일까?**

    영어 습득을 위한 8년 동안 가장 사랑했던 실천 방법이 바로 '집중듣기'다. 이 또한 정의를 찾아보는 것부터 시작했는데 하나의 정의로 통일되어 있지 않았다. 어느 커뮤니티에서는 '소리와 텍스트를 함께하는 것'을 집중듣기라 하고 또 다른 커뮤니티에서는 '책을 읽어주는 오디오 소리나 영상에서 흘러나오는 소리에 귀를 쫑긋 세우고 집중해서 듣는 것'으로 정리되어 있다. 연구를 바탕으로 정립된 부분이 아니기에 다양한 해석이 존재할 수밖에 없다.

    정확한 답은 없지만 반디의 실천 경험에서 수없이 언급될 집중듣기는 이런 의미이다.

    "원음의 소리에 맞춰 단어 단위로 텍스트를 따라가며 책을 보는 방법."

연차별 집중듣기 방법을 이야기하면 조금 더 감이 잡힐 듯하다. 크게 1년 차와 2년 차 이후로 나눌 수 있다. 집중듣기 첫걸음 단계인 1년 차, 반디의 초등학교 1학년 동안은 말 그대로 시작이 반인 시기였다. 영어 소리 노출을 습관으로 정착시켜야 하는 시기였고 장기적인 목표의 성공과 실패를 미리 예측할 수 있는 무서운 1년이었다.

일반적으로 이 단계에서는 그림책과 리더스북을 선택한다. 하지만 우리는 경제적인 상황을 포함한 몇 가지 이유로 멀티미디어 영어 동화 사이트를 활용했다. 이 사이트는 움직이는 애니메이션 화면에 맞춰 문장을 읽어주고 화면 하단에는 그 문장에 해당하는 텍스트를 함께 보여주었다. 아이는 그림을 보고 소리에 맞춰 포인터로 단어를 하나하나 짚어나갔다. 컴퓨터 화면으로 영상을 보았기 때문에 거리 확보와 화면 보호 차원에서 포인터는 미술 붓을 이용했다. 처음 몇 개월은 나란히 앉아 있는 엄마 손에 붓이 들려 있었다. 얼마 동안 얼마나 집중했는지에 따라 아이마다 다르지만 오래지 않아 포인터가 없어도 잘 따라간다. 하지만 시시때때로 묻고 싶고 확인하고 싶은 것을 꾹꾹 누르며 그저 곁을 지켜줘야 하는 엄마에게 그 포인터 붓은 묘한 안정감을 주어서 꽤 오랜 시간 붓을 놓지 못했다.

왜 멀티미디어 영어 동화 사이트부터 시작했을까? 앞서 이야기했듯이 반디는 일곱 살에 CD를 장난감 삼아 논 것 말고는 영어와 접할 기회가 없었기에 알파벳도 정확히 구분하지 못했다. 그래서 낯선 소리에 부담을 느끼지 않도록 그림만으로도 내용을 이해할 수 있고 단어나 문장에 해당하는 이미지와 소리를 매칭시키는 매체가 필요했다. 흥미를 유지시키는 것 또한 중요했다. 매일매일 해도 덜 지루하도록 조금 더 동적인 매체가 아이의 시선을 붙잡기에 유리

하지 않을까 싶었다.

엄마표 영어 2단계(당시 반디는 초등 2학년)부터 영어 해방까지의 집중듣기 방법은 한결같다. 매년 아이의 레벨에 맞고 아이가 흥미 있을 내용과 좋은 문장을 담은 책을 선택해서 오디오에 맞춰 책 내용을 눈으로 따라가는 것이었다. 첫 1년을 헛되이 보내지 않았는지 소리에 맞춰 텍스트를 따라가는 동작은 익숙함을 넘어 습관이 되어 있었다. 포인터를 쓸 필요도 없이 한 시간 가까이 오디오를 틀어놓고 책에 적힌 텍스트를 눈으로 따라가며 집중할 수 있었다.

집중듣기를 위한 책도 미리 선택해놓고 해마다 책의 레벨을 업그레이드했다. 이렇게 차근차근 원서 리딩 레벨과 학년 간 차이를 없애는 업그레이드는 엄마표 영어의 성공을 결정하는 핵심 키가 되기에 뒤에 자세히 언급할 예정이다. 어떤 책을 선택했는지 간단한 예를 보자. 상황과 사정에 따라 조금씩 수정되었지만 크게 벗어나지 않았다.

학년별 엄마표 영어책 집중듣기	
1학년	멀티미디어 영어 동화 사이트 집중듣기(그림책, 리더스북 단계라 할 수 있다)
2~3학년	챕터북 시리즈 집중듣기
4학년	작가별 단행본 집중듣기
5~6학년	뉴베리 수상작 집중듣기

● 집중듣기는 듣기일까, 읽기일까?

집중듣기로 책을 보는 방법은 듣기일까? 읽기일까? 논란이 많은 부분이지만 나는 '읽기'라고 확신한다. 혹자는 스스로 읽는 것이 아닌데 읽기라고 할 수 있느냐고 말한다. 그 말에 논리적으로 반박할 수는 없다. 체계적으로 설득할 배경도 없다. 하지만 시작은 읽기가 아니었어도 쌓이고 쌓이면 어느 순간 '이것은 분명 읽기다!' 확신하는 때가 온다. 그것만은 분명히 말할 수 있다.

소리에 맞춰 텍스트를 따라가던 아이가 어느 날 소리보다 살짝 앞질러 텍스트를 읽는 것이 눈으로 확인된다. 그 시기 이후 소리는 단지 거들 뿐이다. 이때가 되면 아이는 오디오 속도를 자신의 읽기 속도에 맞춰 조절한다. 소리가 다소 뭉개질 수도 있지만 그래도 되는 내공은 이미 갖추고 있으니 무리는 없다.

고학년에 들어서면서 원서 또한 혼자 묵독이 가능했지만 지속적으로 집중듣기를 선호했던 이유가 있었다. 집중도를 높이고 읽는 속도를 높여 전체 시간을 줄이기 위해서였다. 왜 전체 시간을 줄여야 할까? 아이가 자신의 나이에 맞는 리딩 레벨로 업그레이드하기 위해서는 해마다 채워야 하는 듣기와 읽기의 '절대 필요량'이 있다고 생각했다. 혼자서 묵독을 하다 보면 속도가 늦어지거나 집중력이 떨어진다. 그런 상황이 자주 발생하면 절대 필요량을 채우지 못하고 나이와 원서 레벨의 차이가 자꾸 벌어질 것이다. 전체 시간을 소홀히 할 수 없는 이유다.

반디는 오디오에서 나오는 속도가 답답하다고 느낄 때 이해 가능한 속도를 스스로 찾아내고 조절했다. 속도를 높이면 소리가 뭉개지고 이해도가 떨어지면 어쩌나 걱정도 되었다. 그러나 소리만 듣는 것이 아니라 텍스트를 함께 따라가기에 이해하는 데 어려움은 없고 이미 '소리는 거드는 상태'라서 뭉개지는 소리가 그다지 귀에 거슬리지 않는다고 했다. 이건 반디가 그 당시 했던 말이다.

처음에는 소리에 맞춰 겨우 텍스트를 짚어나가는 것이니 '읽기'라 우기기

민망할 수 있다. 하지만 한두 해 하다가 그만둘 집중듣기가 아니다. 영어에서 완전히 해방되는 날까지 늘 함께할 것이다. 그 시간이 쌓이고 '소리는 거들 뿐' 수준이 되면 "집중듣기는 읽기다!"라고 말해도 괜찮지 않을까? 그래서 나는 집중듣기를 듣기가 아닌 읽기라 받아들이고 믿었고 끝까지 사랑했다.

얼마나, 어떻게 '집중'해야 할까?

현란하게 움직이는 화려한 화면의 도움을 받으며 1년 차, 초등 1학년 동안의 집중듣기는 어렵지 않았다. 화면만으로도 내용을 이해할 수 있으니 얼마나 알아들었을까 걱정할 수준이 아니었다. 그런데 초등 2학년, 엄마표 영어 2년 차에 챕터북으로 넘어가며 불안과 의심이 한꺼번에 밀려왔다. 챕터북이라는 것이 겉보기에는 종이 질도 안 좋고 흑백에 글씨만 가득, 몇 페이지를 넘어가야 겨우 그림 하나 나오는데 아이가 한 시간 가까이 소리만으로 텍스트를 맞추는 것이 가능할까? 어려워하면 어쩌지? 지겨워하면? 페이지는 제대로 넘기고 있는지, 얼마나 이해하고 있는지 끝없는 의심이 드는 시기였다.

그 의심을 줄이고 아이 혼자 겪어야 하는 시간이 미안해서 아이 옆을 지켰다. 나란히 침대에 엎드려 흘러나오는 소리에 집중하며 눈으로 텍스트를 따라갔다. 그런데 그 시간이 크게 힘들지 않았던 아이와 달리, 오히려 내가 문제였다. 따라가는 것도 놓치고 옆에서 꾸벅꾸벅 졸다가 화들짝 깨면 반디가 슬그머니 지금 읽는 부분을 손으로 짚어주었다. 압박인지, 응원인지. 그렇게 졸며 깨며 1년 가까이 챕터북 집중듣기를 하는 아이 곁을 지켰다. 아이가 혼자 하고 싶어했다면 그 시간에서 해방되었을 텐데, 졸고 있는 엄마라도 옆에 있는 게 좋았는지 집중듣기를 시작하면 꼭 "엄마 빨리 와." 하며 찾았다.

초등 2학년 1년 동안은 30권 이상의 챕터북 시리즈 다섯 세트로 집중듣기에 몰입했다. 대부분의 책은 100페이지가 넘지 않았고 오디오 시간은 한 시간 내외였다. 매일 책 한 권씩! 일단 시작하면 쉬지 않고 끝까지! 우리 집 집중듣기 철칙이었다. 몸도 마음도 편안하고 중간에 방해받지 않는 시간을 정해놓는 것도 중요하다. 집중듣기가 끝나면 추가 공부는 하지 않았다. 내용이나 단어를 묻지 않았고, 책에 딸린 워크지도 시도하지 않았다. 혹시나 하고 추가 공부할 내용을 이것저것 프린트했지만 결국 이면지로 만들고 말았다. 욕심을 부리면 오히려 엇나가는 아이라는 걸 조금 지나 알고는 '안 하길 정말 잘했다.' 싶었다.

아이와 처음으로 "엄마표로 영어하자!"라고 결정하고 함께 구체적인 계획 세우면서 많은 이야기를 나누었다. 그중 집중듣기에 대해서도 약속한 것이 있었다.

"책만 보면 되는 거야. 숙제도 없고 단어 공부도 하지 않아도 되고. 그렇지만 하루 게으름을 피우면 이틀 뒤로 물러난 상태가 되니 매일 한 시간씩은 꼭 해야 하는 거다."

이 말을 얼마나 귀에 못이 박히도록 했는지 어느 날 학교에서 돌아온 아이가 말했다. "오늘 학교 계단에서 엄마가 하는 말하고 똑같은 말 봤어. 오늘 걷지 않으면 내일은 뛰어야 한다." 이 말은 우리가 엄마표 영어를 함께하며 늘 주문처럼 외우는 말이 되었다.

휴일을 제외하고 거의 매일이었다. 집중듣기 한 시간, 흘려듣기 두 시간을 투자했지만 바쁘지는 않았다. 주에 1~2회 하는 피아노 레슨 외에는 다른 과외 활동이 없었기 때문이다. 그 꾸준함이 습관이 되니 뒷심이 만만치 않았다. 집중듣기 때 엄마가 곁에 있어준 것은 2학년 때까지가 전부였다. 그 이후는 혼자 하는 것을 오다가다 지켜보는 정도였는데 걱정되지도 불안하지도 않았다. 습관을 넘어서 당연한 일상이 되어버렸기 때문이다.

원서를 묵독할 수 있었던 시기에도 오디오가 있는 책은 되도록 오디오와 함께 책을 보고, 듣게 했다. 그런데 단행본으로 넘어가도 늘 한 번에 듣는 오디오의 양은 한 시간 내외였다. 재밌으면 잠깐 쉬었다가 조금 더 보았으면 하는 건 엄마의 바람일 뿐이었다. 거의 볼 수 없는 일이었다. 하지만 집중듣기 한 시간만큼은 옆에서 무슨 소리가 나도 무감각한 집중이 가능했다. 아이에게 하루 한 시간 집중듣기는 의무이자 습관, 일상이 되어버렸다. 4학년까지, 일 년에 300일 가까이, 집중듣기 시간을 변동 없이 꼬박꼬박 지켰다. 3학년 이후에는 간단한 학습서를 풀기도 했지만 추가 사항이었기에 듣기 시간은 변함이 없었다. 지나고 보니 그때 쌓아둔 듣기가 어느 순간 임계량을 넘어섰던 것 같다. 그 덕분에 기대 이상의 폭발력을 가진 아웃풋을 보여주었으니 꾸준한 집중듣기가 영어 해방의 가장 큰 밑거름이 아니었나 생각한다.

매일 한 시간의 철칙은 5학년에 들어서며 자의 반 타의 반으로 깨지고 말았지만 집중듣기는 영어에서 해방되는 그 순간까지 계속되었다. 문학뿐 아니라 비문학, 신문기사, 고전으로 이어졌고 묵독으로 책을 읽을 것인지 오디오와 함께할 것인지는 그때그때 아이 스스로 결정했다.

아이의 8년을 지켜보며 내린 결론이 있다. 엄마표 영어의 핵심인 '집중듣기'는 오디오 소리에 맞춰 텍스트를 눈으로 읽어가는 방법이라는 것. 한 번에 한 시간씩 최소 몇 년 이상 지속해야 한다는 것. 이 모든 것에 '집중'이라 자신 있게 말할 수 있을 정도로 욕심내자.

    왜 전반전을 강조했을까? 아웃풋이 연쇄반응을 일으키며 폭발력을 보여줄 수 있는 최소한의 임계량을 채울 시기가 현실적으로 초등 6년밖에는 없기 때문이다. 시간 날 때마다 해도 쌓이기는 하지만 가랑비에 옷 적시려면 시간도 오래 걸리고 중간에 잠깐만 소홀해도 금방 말라버린다. 소나기를 퍼부어 흠뻑 적셔야 단기간에 습관으로 자리 잡고 어지간해서는 마르지 않는 내공을 가질 수 있다. 가랑비에 옷 적시며 쌓은 시간과 소나기를 퍼부어 쌓은 시간이 똑같아도 아이들에게 미치는 영향은 차이가 있지 않을까? 그렇게 믿었고 지금도 그걸 믿는다. 무엇을 '얼마나'도 중요하지만 '어떻게'도 꼭 챙겨야 하는 '집중듣기'다. 아이들마다 집집마다 상황이 다르다는 건 안다. 그 안에 각자의 최선이 있고 각자의 전력 질주가 있다. 그러니 내 아이의 영어 목표만큼 욕심내면 되는 것이다.

    내 아이의 영어에 얼마만큼 욕심을 가지고 있는가? 아이들은 자신의 영어 실력에 어떤 욕심을 품고 있나? 목표에 대한 욕심은 크지만 실천에 대한 욕심이 따르지 않는다면 목표를 바꿔야 한다. 그것이 엄마표 영어는 포기해도 아이와의 관계는 지킬 수 있는 현명한 길일 것이다. 하지만 어정쩡하게 흘려보내면 다시 돌아오지 않는 초등 6년이다. 욕심부릴 수 있을 때 제대로 욕심낸다면 그 끝에서 무얼 만나든 결코 후회하지 않을 것이다.

책을 꼭 소리 내서 읽어야 할까?

아이와 우리만의 방법으로 시간을 쌓아가는 내내 하고 있는 활동이 너무 단출해서 줄곧 불안과 믿음 사이를 오갔다. 그렇게 버텨왔던 8년을 정리한 내용에 관심 가지는 이웃들과 소통하다 보니 뒤늦게 우리가 놓친 것들이 궁금해졌다. 그중 음독, 즉 소리 내서 책 읽기에 대해 많은 분들의 질문을 받았다. 흥미를 유지하며 꾸준히 하기도 또 잘하기도 쉽지 않다는 하소연이 많았다. 우리는 포기했던 부분이라 중요성이나 효과에 대해 깊이 생각해보지 못했는데 궁금해하는 분들을 위해 그 부분의 경험을 정리해봤다.

반디는 1년 차, 6개월쯤 되니 더듬거리며 영어를 읽을 수 있는 것이 재밌었는지 잠깐 소리 내어 책을 읽은 적이 있었다. 스스로 시작해서 결국 흐지부지되었지만. 2년 차에는 챕터북 시리즈를 집중듣기하면서 혀도 입도 영어에 유연해졌으면 하는 바람으로 약간의 의무감을 가지고 연따(셰도잉, 연달아 따라 말하기)도 시키고 문장 단위 읽기, 책 소리 내서 읽기도 시도했었다. 그런데 아이가 '잘 읽는다'는 만족감이 없어서인지 힘들어했고 "하고 싶지 않다."고 분명하게 의사를 표현했다. 어려서부터 자신에게 맞지 않는 활동을 시키면 의사 표현도 분명했지만 설득도 힘든 성격이란 것을 알기에 겉으로는 아무렇지 않은 척했지만 속으로는 '욱' 하면서 마음을 접었다. 때가 되면 해주려나 기대했지만 결국 끝까지 하지 못했다. 대신, 하고 싶지 않아 포기하는 것이 있다면 그만큼 '해야 하는 것'에 더 정성과 노력을 들여야 한다고 인지시키는 것을 잊지 않았다. 그래서 아이는 그나마 만만한 듣기를 더 열심히 했다.

그 시기에 '미믹킹Mimicking' 학원들이 유행하기 시작했다. 미믹킹이란 '말, 소리, 행동, 표정 등을 소리 내어 따라하며 흉내 내는 학습법'이다. 미믹킹 활동을 좋아하거나 책을 소리 내서 읽는 것을 잘 따라 하는 아이들이 효과를 본다는 소식을 여기저기에서 접하다보니 안타까움이 불안으로 이어지기도 했다. 그렇다고 아이가 받아주지 않는 것을 무리해서 밀어붙일 자신이 없었다. 앞으로 가야 할 긴 시간을 생각하면 아직 시작단계인 지금, 튕겨나가거나 지쳐서 포기하면 대책이 없었다. 나 또한 그렇게 소리 내서 읽는 것을 일반적으로 말하는 '읽기reading'라 생각하지 않았다. 음독은 우리 계획에서 도저히 포기할 수 없을 만큼 중요한 부분은 아니었다. 그래서 마음을 접기가 쉬웠을 수도 있다. 내가 생각하는 '읽기'는 '처음 만나는 문장을 바르게 읽고, 이해하는 것'이다. 여기에서 바르게 읽는 방법은 음독보다는 '묵독'이다. 그래서 앞에서도 이야기했듯이 집중듣기를 곧 읽기라 받아들였고 믿었던 것이다.

물론 음독에 대한 긍정적 평가와 경험도 많다. 평창 동계올림픽 유치위원회 나승연 전 대변인은 자신의 뛰어난 외국어 실력이 "어릴 적 책을 소리 내서 읽는 버릇 덕분"이라고 말하기도 했다. 음독은 눈(시각)으로 텍스트를 읽는 것을 입으로 표현하고 다시 귀(청각)로 들을 수 있어 여러 감각을 동시에 활용한다. 이를 통해 뇌를 활성화시키고 집중과 기억에 효과가 있기 때문에 글자 읽기를 배우는 데 음독만 한 것이 없다는 이야기도 수차례 들었다. 한국에서도 천자문을 소리 내서 읽고 서양에서는 어렵고 지루한 라틴어를 소리 내서 읽게 했다더라, 소리 내서 영어 문장을 읽으면 한국어에 익숙한 혀와 입의 근육을 영어 쪽으로도 발달시킬 수 있다더라, 입으로 읽는 소리가 귀의 감각을 일깨우고 소리의 진동을 통해 온몸으로 기억할 수 있다더라, 내가 읽은 영어를 귀로 들을 수 있어 '리스닝listening'에 도움이 된다더라 등 여러 가지 이유로 욕심나는 활동인 것은 분명했다.

반면 아이가 익숙한 언어를 자연스럽게 읽으면서 의미까지 파악하는 단계라면 음독은 무리가 없지만, 낯선 언어를 단순히 글자만 읽는 것은 쉽게 지루할 수 있다는 이야기도 있다. 그렇게라도 읽는 것이 고맙고 신기해서 좀 더 글이 많고 문장 단위 호흡이 긴 글을 주면 읽는 것 자체에 싫증을 내기도 한다는 후기도 있었다. 그 외에도 음독은 단어를 기억하고 글자를 읽는 것에는 효과적일지 몰라도 의미를 잡는 부분에서는 오히려 집중이 분산되어 방해가 될 수 있다, 소리를 내야 하는 에너지를 의미 파악에 사용하는 것이 낫기 때문에 음독보다 묵독이 낫다 등의 부정적인 이야기도 있었다.

긍정적인 면이 있든 부정적인 면이 있든 아이가 하지 않겠다니 긍정은 포기가 되고 부정은 반가워지면서 '반드시' 하지 않아도 되겠다 싶었다. 대신 음독으로 욕심낼 수 있는 효과를 다른 방법으로 대체했다. 바로 집중듣기이다.

시각만 사용하는 묵독보다는 시각과 청각을 동시에 활용하는 집중듣기를 놓지 않았다. 꾸준한 리스닝 효과도 있었고, 하나 이상의 감각을 활용하며 뇌를 활성화시켜 집중과 기억에 도움이 되었으리라 생각한다. 차고 넘치게 듣고 읽으면 영어로 혼잣말을 중얼거리는 시기가 온다. 발음이나 의미에 신경 쓰며 음독하지 않아도 아이가 하고 싶은 말을 마음껏 떠들 수 있게 된다.

아이가 거부하지 않고 힘들어하지도 않고 좋아한다면 음독이 도움 되는 활동이라는 것에는 이의가 없다. 하지만 거부하거나 싫어한다면 소리 내서 읽는 활동이 아이에게 어떤 도움이 되며 그 활동으로 얻는 것이 무엇인지 그 활동을 지속할 수 있는 확신이 있는지 검토가 필요하다.

연따, 문장 단위 따라 읽기, 책 소리 내서 읽기, 단어 한글 뜻 1:1 대응하기,

스펠링 암기, 책 베껴 쓰기, 받아쓰기 등 놓친 것들이 참 많다. 반드시 해야 할 활동이 아니라 생각해서 포기도 하고 타협도 했다. 8년간 실천했던 활동이 단출할 수밖에 없었던 이유다. 어떤 것은 처음부터 시도도 하지 않았고 어떤 것은 시도했지만 아이의 거부로 물러섰다. 하지만 시간이 지나고 보니 놓친 것들에 대한 아쉬움과 후회는 없다.

절대 포기할 수 없었던 것은 이런 것들이다. 아이와 지치지 않고, 흥미를 잃어버리지 않고, 꾸준함을 흐트러뜨리지 않고, 습관으로 일상으로 자리 잡은 소리 노출. 좋은 문장을 담은 검증된 책을 정확한 소리와 함께 읽으며 제 나이에 맞는 독서력(집중듣기)과 청취력(흘려듣기)으로 한 단계씩 성장시키기. 4년 이상 매일매일 세 시간씩 듣기에 몰입할 수 있었던 이유도 버려도 되는 것들은 버리고 놓쳐야 했던 것들은 과감히 포기했기에 가능하지 않았을까 싶다.

영상과 함께하는
흘려듣기

영어 소리에 충분히 노출하기

우리 집 엄마표 영어의 유일한 목표이자 방법은 '소리에 충분히 노출하기'였다. 그래서 집중듣기와 흘려듣기에 공을 들이기 위한 나만의 다짐이 있었다.

1. 한눈팔지 않기!

아웃풋에 해당하는 말하기와 쓰기는 '들어간 만큼 나올 것'이라 믿고 뒤로 미루었다. 어휘나 독해, 문법을 위한 학습서도 욕심나지만 눈 질끈 감고 듣기 이외 다른 것에 한눈팔지 않았다.

2. 미련 없이 곁가지들 쳐내기

엄마표 영어를 시작하면서 앞으로 3년은 매일 세 시간씩 영어 듣기 시간을 확보하자는 계획을 세웠다. 학교에 있는 시간 내내 영어에 노출되는 영어권 나라에 아무런 준비 없이 유학 간 아이들은 최소 2년은 되어야 또래만큼의 영어에 조금은 자유로워질 수 있다고 한다. 그렇다면 한국에서 일부러 만들어야 하는 영어 노출 시간이 적어도 하루 세 시간은 되어야 하지 않을까 싶었다. 그 당시 먼저 이 길을 갔던 선배들도 임계량을 채우기 위해 3년 동안 매일 3시간은 필요하다고 강조했다.

반디는 평범한 아이였고 나의 영어 수준은 완전 바닥이었기에 남보다 더 노력해야 하는 상황이었다. 그래서 3년을 넘기고도 할 수 있을 때까지 해보자 했는데 집중듣기와 달리 흘려듣기는 욕심껏 몰입 가능한 한계가 4년이었다. 아이가 해야 할 일에 쫓기는 불안감 없이 편안하고 여유 있는 세 시간을 확보하기 위해서는 쳐내야 할 곁가지가 많았다. "이때는 이걸 꼭 해야 한다. 이 시기를 놓치면 안 된다."가 얼마나 많은지. 지나고 나니 해도 그만 안 해도 그만인 것들이지만 과감하지 않으면 쉽게 쳐낼 수 없었다. 좀 더 빠른 길이 있지 않을까 조바심 내지 않았다. 사교육을 받으며 듣기, 읽기, 말하기, 쓰기, 어휘, 독해, 문법 등 모든 영역에서 골고루 성장하는 친구들을 곁눈질하지도 않았다.

영어가 들리든 들리지 않든, 시간이 많든 적든 반디는 듣기에 몰입했다. 듣기에 몰입한 시간이 4년이었다. 미련할 정도로 긴 시간이었다. 1학년부터 4학년까지 매일 세 시간씩 '집중듣기 한 시간 + 흘려듣기 두 시간', 의미상 매일이지 무조건 매일은 아니었다. 휴일은 아무 생각 없이 쉬고 슬럼프는 달래고 어르면서 속도를 조절했다. 하지만 4년 동안 우리 계획을 크게 벗어나지는 않았다. 5학년부터는 흘려듣기를 꼭 챙기거나 마음 쓰지 않았다.

흘려듣기란 무엇일까?

집중듣기처럼 흘려듣기의 의미 또한 커뮤니티마다 차이가 있다. 그래서 이 책에서 사용하는 흘려듣기의 의미를 먼저 이야기해야 할 것 같다. 일부는 아이들이 다른 놀이를 하거나 이동 중일 때 배경으로 흐르는 소리 노출을 흘려듣기라 이야기 하는데 우리의 흘려듣기는 학년에 따라 조금씩 달랐지만 핵심은 하나였다. 반드시 영상과 함께했다는 점이다. 우리 집의 흘려듣기를 글로 표현하면 이렇다.

"영화나 TV 등 영상과 흘러나오는 소리를 텍스트 없이 보고 듣는 것."

처음 시작은 영화를 보며 화면에 집중하는 동시에 텍스트 없이 소리를 들었다. 저녁에 나란히 앉아서 자막(한글, 영어 모두)을 모두 가리고 영화 한 편을 보았다. 물론 한 시간 반 이상을 꼼짝도 하지 않고 집중한 것은 아니다. 영화 장면을 흉내 내며 거실을 휘젓기도 하고 이런저런 장면을 우리말로 이야기를 나누면서 보았다. 보고 있는 영화와 관련된 이야기로 흥미를 유도하는 것이 엄마가 할 일이었다. 그냥 소리를 흘린다기보다는 화면과 나오는 소리를 텍스트 없이 집중해서 보는 것이다. 거의 1년 동안 매일 영화 한 편씩이었으니 반복을 싫어하는 아이의 성향 때문에 확보할 수 있는 영화에 한계가 있었다. 또 영화는 틀었다 하면 기본 90분 이상이니 부담도 컸다. 그 한계와 부담을 극복할 수 있었던 것은 2학년부터 병행한 TV 원어 방송 덕분이었다.

다른 이들은 집중듣기 했던 오디오북을 틀어놓거나 이미 봤던 영화를 소리만 따로 녹음해서 흘려듣기로 활용하기도 한다. 우리도 1학년 때 활용한 동화 사이트에서 다운 받은 음원을 CD로 만들어 차를 타고 이동하거나 집에서 뒹굴뒹굴할 때 시도해보았는데 반디가 별로 좋아하지 않았다. 모른 척 슬쩍 틀어놓으면 곧바로 반응이 나왔다. "엄마! 저거 꺼!" 결국은 소리만 틀어놓는 흘려듣기는 하지 못하고 영화나 TV 등 화면과 함께 나오는 소리를 텍스트 없이 듣는 것, 이것이 우리 집 흘려듣기였다.

내 아이에 맞는 흘려듣기 환경 만들기

2년 차부터 병행했던 TV 원어 방송이 익숙해진 이후로는 아이가 집에서 빈둥거릴 때는 TV를 틀어놓았다. 대부분의 아이들이 TV를 보듯이 놀다가 관심 있는 프로그램이나 영상이 나오면 쪼르르 달려가 얼음 상태로 서 있다 장면이 끝나면 다시 제 볼일 보는 식이었다. 일부러 챙기며 보는 프로그램은 되도록 시작부터 끝까지 집중해서 같이 보았다. 그렇게 자연스러운 흘려듣기 환경을 조성했다.

영어 해방의 순간까지 흘려듣기도 지속하고 싶었지만 집중듣기와 달리 흘려듣기는 일정 기간이 지나니 순탄치가 않았다. 고학년이 되면서 시간이 부족했고 TV에 몰입하는 집중력도 저학년에 비해 떨어지는 등 여러 한계가 보였다. 그렇다 해도 반디가 주중에 보고 싶은 것, 볼 수 있는 때 틀어져 있는 TV 채널은 항상 원어 방송이었기에 고학년 이후로도 우리 집 거실 TV는 한동안 원어 방송이 고정이었다.

반디가 한창 TV 만화를 좋아할 때 약속을 하나 했다. 언제든, 얼마든 만화를 봐도 좋지만 영어 채널의 만화를 보기로 했다. 그래서 반디는 초등 입학 이후로는 한국어로 더빙된 만화는 거의 보지 않았다. 아니 보지 못했다. 대신 원어 방송에서 하는 다양한 애니메이션을 실컷 보았다. 가끔 엄마들이 학교에서 아이들이 만화에 대해 이야기할 때 반디가 대화에 낄 수 없어 힘들어하지 않느냐고 묻는다. 쉽게 말해 왕따가 될지도 모른다는 두려움은 없었냐고 말이다. 그 또래의 아이들은 관심사가 통일되기도 힘들 뿐 아니라 한 가지 주제에 대해 오래, 깊이 이야기하지 않는다. 모두가 같아야 한다는 생각에서 벗어나도 충분히 행복할 수 있는 것이 아이들 세계다. 속하지 못하는 것에 대한 두려움, 남과 다른 것에 대한 두려움, 그것을 용납하지 못하는 불안감은 부모의 것일지도 모른다.

저학년 때는 영화를 보며 흘려듣기를 해서 하루에 얼마의 시간을 흘려듣기 했는지 알 수 있었지만 TV를 보기 시작하면서는 시간은 신경 쓰지 않았다. 주말에는 한국 예능 프로를 온 가족이 깔깔거리며 봐도 평일에는 원어 채널을 틀어놓았다. 나는 얼마나 지겨웠을까? 눈은 TV를 보았지만 머릿속은 늘 딴생각이었다.

영어를 흘려듣기하며 익숙해질 때까지는 나름 단계가 있다. 처음에는 소리가 한 뭉텅이로 들린다. 무슨 말인지도 모르고, 문장이 어디에서 끝나는지도 구분이 안 되고 그냥 화면이 재밌어서 보는 단계다. 그러다 어느 순간 소리와 소리 사이의 차이가 느껴진다. 단어와 문장이 분리되어 들리는 것이다. 의미를 아는 것이 아니고 소리가 분리되는 것이다. 그렇게 또 시간이 쌓이면 어느 순간 다른 곳에서 들었던 단어가 들리고, 문장이 나오고, 수없는 반복이 이루어지고 있다는 것을 아이 스스로 깨닫게 된다. "어! 저 말은 지난번 어떤 책에서 들었는데." 어떤 상황이나 장면에서 누가 했던 말인지 기억하면서 의미도 알아가게 된다. 집중듣기와 흘려듣기 시간이 쌓이면서 의도적으로 반복하지 않아도 자연스럽게 반복이 일어나는 것이다. 긴 기다림 다음에는 '알아듣는' 단계로 진입한다. 이 단계로 가기까지 매일 세 시간씩, 4년이 걸렸다.

   그 뒤로 나타나는 현상들은 정말 재밌다. 혼자서 영어로 중얼중얼거리기도 하고 TV 프로그램 재방송을 보며 캐릭터가 할 대사를 미리 말하기도 하고, 1인 다역으로 액션영화 한 편을 찍기도 하고 즐겨보는 프로그램 주제가도 기막히게 따라 불렀다. 아이는 영어로 혼자 놀기의 진수를 보여준다. 인풋이 차고 넘치면 억지로 끄집어내려 애쓰지 않아도 비집고 새어 나오는 지경에 이르는 것이다. 지켜보는 엄마는 열심히 장단 맞춰 칭찬하고 쌓아놓은 걸 터뜨리기 위해 제대로 자극을 줄 만한 방법이나 도움받을 수 있는 전문가를 찾아야 했다. 본격적인 말하기와 쓰기를 목표로!

   흘려듣기도 아이들 성향에 따라 다르게 진행해야 한다. 반디는 그저 소리만 흘려듣는 것이 아니었다. 영상과 함께 텍스트 없는 소리를 때로는 그저 흘리고 때로는 집중하면서 긴 시간 함께하는 것, 그것이 우리 집만의 흘려듣기였다. 그런 환경을 만들어주기에는 원어 방송이 안정적이었다. 지금은 TV 외에도 다양한 방법이 있으니 아이에게 맞는 환경이 무엇일지 연구해보자.

엄마표 영어
단어 학습법

● **엄마표 영어는 단어 공부를 따로 하지 않아도 된다?**

흔히 "엄마표 영어는 단어 공부를 따로 하지 않아도 된다."고 이야기한다. 그 막연한 말이 마음에 들면서도 쉽게 믿기지 않는다. 정말 그래도 되는지 의구심을 떨쳐버리기 힘들기 때문이다. 맞는 말이기도 하고 틀린 말이기도 하다. 듣는 사람은 맥 빠지는 대답이지만 어쩔 수 없다. 영어 습득을 위한 접근 방법이나 목표가 사람들마다 다르다는 것이 대답조차 모호하게 만든다. 그래서 반디의 단어 공부에 대한 연차별 경험을 모아보았다. 먼저 '단어를 안다.'는 것은 어떤 의미인지 잠깐 생각해보자.

1. 스펠링까지 완벽하게 외워야 '안다'의 범주에 넣을 수 있다.

2. 단어를 책(원서)이나 영상(자막 없이 듣는 원어) 속에서 이해할 수 있다면 그 단어의 한글 의미를 한 단어로 말하지 못해도, 스펠링을 정확하게 쓰지 못해도 '아는 단어'라 할 수 있다.
3. 알고 있다고 생각하는 단어를 말이나 글 속에서, 즉 아웃풋에서 제대로 활용할 수 있을 때 '안다'고 할 수 있다.

몇 번이라고 생각하는가? 내 경우에는 1번은 시도하지도, 욕심 부리지도 않았다. 우리는 2번과 3번을 골랐다. 시기와 상황을 고려해서 단어에 접근하는 방법을 선택했고 그렇게 대처했다.

단계별 단어 학습법

1~2단계 : 무조건 듣기

멀티미디어 영어 동화 사이트를 시작으로 챕터북 시리즈까지 집중듣기를 하고, 영화나 원어 TV 채널을 이용해 흘려듣기를 하던 시기다. 하루 세 시간 가까이 무조건 듣기에 몰입했다. 이 시기에는 단어를 별도로 학습하는 것을 의도적으로 피했다. 학습 자체를 듣기 시간으로 몰았다. 하루 세 시간을 확보하고, 또 그것을 습관을 넘어 일상으로 만들기가 쉬운 일은 아니었기 때문이다.

그림과 함께 보는 동화는 반복되는 단어의 의미를 자연스럽게 잡을 수 있었다. 1년 정도 지나니 사이트 워드sight Word 정도는 스펠링은 쓰지 못해도 그림과 소리, 더해서 텍스트까지 매치시키는 것을 확인했다. 아이 또한 부담 없이 듣기만 하는 걸 좋아했다. 영어를 시작하기 전부터 어떻게 진행될 것이라고 설명해주었고 반드시 지켜야 하는 부분이 무엇인지 이해시켰다.

"정말 듣기만 하면 되는 거야? 단어 안 외워도 되고 숙제도 없고? 그냥 듣고 끝나는 거야?" 하고 물었을 때 "매일 글씨랑 같이 책 보는 거 한 시간, 그리고 엄마랑 같이 자막 없이 재미난 영화 한 편 보는 거. 진짜 그것만 하면 돼. 단 매일매일!" 하고 약속했다.

이 시기의 아이를 키운다면 우선 아이의 성향을 눈여겨보자. 그냥 이어서 보는 게 좋은 아이가 있는가 하면 궁금한 건 못 참는 아이도 있다. 아이가 '단어를 물어볼 때' 알려주면 된다. "단어는 알 필요 없어! 열심히 듣기만 해!"가 아니다. 아이가 알고 싶은 단어가 너무 많아 집중듣기의 흐름이 끊긴다면 짚고 넘어가야 한다. 지금 진행 중인 활동의 목적이나 방법을 다시 이해시키며 주객이 전도되지 않을 정도로 받아주는 타협이 필요하다. 몇 개의 단어를 자연스러운 흐름 안에서 물어본다면 부담 없이 뜻을 알려주면 된다. 별도로 스펠링을 외우게 하거나 의미를 암기 시키지 말고 책을 다 보고 묻는 단어 정도만 알려주자. 반디는 그냥 이어서 보는 게 좋은 아이였다.

3단계 : 비문학 지문 활용하기

처음으로 단어를 공부하기 위한 원서 학습서를 시도했다. 문학, 사회, 과학, 수학, 예술, 건강 등 여러 분야와 관련된 지문이 수록되어 있고 지문 속 어휘를 이용한 몇 가지 문제 풀이 활동과 간단한 쓰기를 유도하는 질문이 담긴 책이었다. 8단계까지 난이도가 나뉘어 있었는데 1년 동안 1단계부터 3단계까지 활용했다.

　이 또한 책에 나와 있는 활동을 하는 것으로 끝이었고 스펠링을 외우거나 반복하거나 시험을 보지는 않았다. 두께도 얇고 아이의 리딩 레벨보다 한두 단계 낮은 책을 활용했다. 매일 듣기 세 시간을 유지하면서 일주일에 2~3회씩 추가되는 활동이었다. 아이가 외부 도움 없이 스스로 소화 가능한 수준으로 '짧은 시간'에 끝내고 '쉽게' 느껴야 했다.

4단계 : 영영 사전 녹음하기

　영영사전인 『스콜라스틱 퍼스트 사전Scholastic First Dictionary』의 전체 내용을 직접 읽고 녹음했다. 원래의 목적은 반디가 소리 내서 책 읽기를 좋아하지 않아 포기했던 음독의 대체 활동이었는데 단어 학습 쪽으로 좋은 영향을 주었다. 그동안 쌓아온 듣기를 통해 익숙해진 단어들의 정확한 사전적 의미를 확인하고 활용 예문을 통해 복습할 수 있었다.

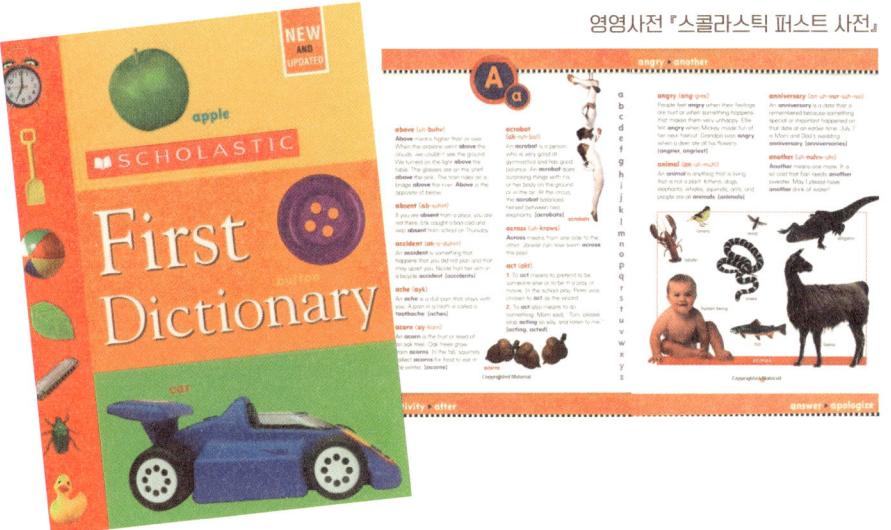

영영사전 『스콜라스틱 퍼스트 사전』

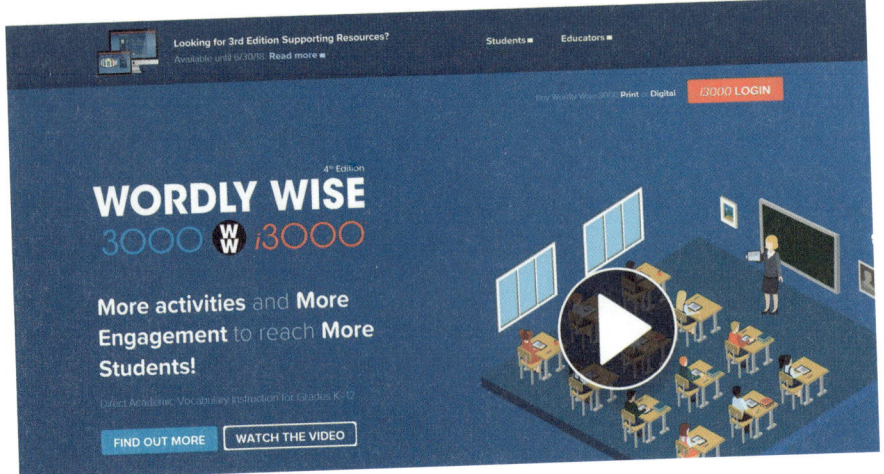

『워들리 와이즈』 홈페이지

5~6단계 : 원서 학습서, 홈페이지 활용하기

『워들리 와이즈 3000 Wordly Wise 3000』 학습서와 홈페이지를 이용한 단어 학습을 꾸준히 이어갔다. 단어의 한글 의미를 일대일로 매치해서 기억하거나 스펠링을 암기하는 활동에는 욕심이 없어서 원서를 선택했다. 이 책의 활용 방법은 PART2에서 자세히 이야기할 것이다. 이 또한 레벨을 낮춰 5학년에 2~3단계, 6학년에 4~5단계를 마무리하는 식이었다. 물론 이것도 듣기 시간은 유지하면서 추가되는 활동이었는데 충분히 소화 가능한 수준이었다.

지금까지 엄마표 영어로 전력질주하던 초등 6년 동안의 단어 학습법을 소개했다. 단어 공부를 따로 하지 않는 시기도 있었고 어휘를 확장시킬 수 있는 방법을 찾아 꾸준히 단어를 다지는 시기도 있었다. 그래서 "엄마표 영어는 단어 공부를 따로 하지 않아도 된다?"는 맞는 말이기도 하고 틀린 말이기도 하다.

단어 하나하나의 의미를 파악하고 스펠링까지 외우는 이유는 무엇일까? 공부하고 있다는 것을 확인하기 위해서? 아니면 시험에서 좋은 점수를 얻기 위해서? 그런 목적이 없었던 우리는 집중듣기나 흘려듣기를 통해 단어가 들어가는 시간을 기다렸다가 들어간 단어를 차근차근 다져 오래 기억할 수 있는 활동이 필요하다 생각했고 그렇게 접근했다.

나는 아이가 처음 만나는 문장에서도 그 단어의 쓰임을 제대로 이해할 수 있고, 아이가 만드는 말이나 문장에서 그 단어를 적절하게 활용할 수 있다면 그 단어는 영원히 아이 것이 되리라 생각했다. 그래서 인풋 시기에는 단어조차 마구마구 들여보냈고 아웃풋 시기에 좋은 단어를 적절하게 활용하는 연습을 했다. 어쩌면 이미 알고 있지만 실천하지 못하고 있는 간단한 방법일 것이다.

아웃풋 시도 초기에는 반디의 쓰기 수준 또한 심각했다. 알고 있는 좋은 단어를 활용하지 못했고 한 단어로 압축 가능한 내용을 두세 줄로 만들었다. 사용하는 단어는 일정 수준을 넘기지 못했고 문장은 장황해졌다. 단어를 알고만 있을 뿐 제대로 활용하지 못했던 것이다. 알고 있는 좋은 단어, 함축적 의미가 담긴 단어를 내 것으로 만드는 데는 연습이 필요했고 시간이 걸렸다.

또한 해당 단어가 나오는 예문을 만드는 것도 연습이 필요했다. 처음에는 단문으로 시작했고, 익숙해지면 하나의 큰 이야기를 꾸미는 식으로 연습했다. 반디는 알고 있는 단어를 적재적소에 활용하는 연습을 통해 그 단어를 자신의 것으로 만들었고 문장이 짧아도 고급스러워질 수 있다는 것을 깨닫게 되었다. 이는 집에서도 충분히 연습할 수 있다.

많은 단어를 알고 있는 것이 중요해서 하루에 몇 십 개, 일주일에 몇 백 개의 단어를 외워야 할 때도 분명 있다. 그런데 그것이 아이의 영어 실력을 높이기 위해서인지 고민해보자. 단어는 인풋도 중요하고 아웃풋도 중요하다. 어떤 아웃풋이든 풍요롭게 차고 넘치는 인풋이 기본이 된다는 것을 잊지 않기를 바란다.

리딩 레벨
업그레이드 하기

● **엄마표 영어 성공의 관건**

　유아기부터 취학 전까지는 영어에 부담 없이 접근해서 친숙해질 수 있도록 만드는 것을 목표로 한다. 이 시기 꼭 기억했으면 하는 속담이 있다. "서두르면 일을 망친다."는 것이다. 제대로 욕심부리며 전력 질주하기 전 워밍업, 딱 그 정도면 좋다. 더 이상 부담 없고 즐거울 수만은 없는 시간들과 마주했을 때 어릴 때 쌓은 시간이 탄탄한 기본이 된다면 그 또한 엄마표 영어의 성공이라 할 수 있다. 하지만 '제대로' 빠져야 하는 시기에도 부담 없고 즐겁게 접근하면 위험하다.

　초등 6년 동안은 말 그대로 '제대로' 빠져야 하는 시기다. 사교육과 엄마표 영어를 접목하는 집도 있다. 지향하는 방향이 너무 달라서 그 사이를 줄타기해야 하는 아이들이 힘들 수 있지만 현실적으로 필요한 부분은 사교육에서, 아이들에게 필요한 내공은 엄마표로 조율하면서 나름의 전력 질주를 했다면 그 또한 엄마표 영어의 성공으로 볼 수 있다.

어떤 시작, 어떤 방법이든 전반전만으로 '끝'을 보기란 쉽지 않다. 완벽한 마무리 없이 현재진행형에서 흐지부지될 수밖에 없으니 목표도 계획도 실천도 만만치 않다. 그러다 보니 엄마표 영어를 내려놓는 시점에는 후회와 안타까움이 남는다. 그래서 더욱 '제대로' 몰입하고 집중해야 한다. 완성까지는 아니지만 그 욕심에 근접할 수 있는 내공을 쌓아야 한다. 이렇게 흔들림 없는 내공을 쌓을 때 놓치면 안 되는 너무도 중요한 부분이 있다. 엄마표 영어의 성공과 실패의 관건이라 말할 수도 있는 '리딩 레벨 업그레이드 Reading Level Upgrade'가 그것이다.

리딩 레벨을 잡아야 영어가 잡힌다

아이와 엄마표 영어를 진행하며 '리딩 레벨 업그레이드'는 고민을 넘어 부담이었지만, 어떻게든 놓치지 않으려 했다. 매 학년 리딩 레벨을 원어민 또래와 동일하게 맞추는 것이 목표였다. 인풋에 몰입하는 시기에는 듣기와 읽기에 한해서 제 나이에 맞는 수준의 원서를 목표로 하고 차근차근 리딩 레벨을 업그레이드해야 한다. 그렇지 못하면 엄마표 영어의 성공 여부를 결정하는 또 다른 조건인 흥미 유지에 어려움을 겪게 된다. 아이의 생각이나 관심 수준은 고학년인데 영어 리딩 레벨이 따라주지 않아 그림책이나 리더스북 또는 초등 저학년용의 챕터북을 듣고 봐야 한다면 어떻게 될까? 안 그래도 어려운 다른 나라 말이니 흥미는 멀리 도망가고 아이들이 집중해서 책을 보기도 어렵다. 또래에 맞는 재미를 찾아주어야 한다.

그래서 일 년 동안 목표 수준에 맞추고 다음 수준까지 끌어올리기 위해 듣기 시간을 충분히 확보해야 했다. 한눈팔 시간조차 없다. 원서 리딩 수준과 학년 간 차이를 없애는 것이 가장 중요한 해마다의 목표였기 때문이다.

3~4년까지는 아웃풋에 해당하는 말하기와 쓰기를 현지 또래와 비슷하게 맞출 수는 없지만, 인풋에 해당하는 듣기와 읽기는 가능하다고 미리 경험한 선배들이 말했고 나도 믿었다. 또한 엄마표 영어를 시작하면서 아이에게 영어를 직접 가르치려 시도하지 않았던 이유 중 하나도 이 목표 때문이었다. 엄마가 직접 가르치기 위해 아무리 밤새워 공부해도 아이의 속도를 따라가지 못할 것은 자명했다. 잘못하면 엄마가 감당할 수 있는 수준에서 레벨이 멈춰버리는 무서운 상황이 벌어질 수도 있다. 차라리 처음부터 손을 대지 않고 아이를 믿어볼 수밖에 없었다. 아이가 최대한 듣기에 집중하도록 돕는 일이 엄마가 할 수 있고 해야 할 일이라고 믿었다. 그래서 직접 영어 공부를 해서 가르치는 것보다 쉬운 엄마표 영어에 대해 깊이 공부했던 것이다.

매년 2월 말에 아이의 리딩 레벨을 높이는 것이 목표였다. 겨울방학을 알뜰하게 이용해서 크게 무리 없다 생각되면, 제 학년 레벨의 책을 시도했다. 물론 책은 반드시 아이와 함께 골랐다. RL 5.0 이상의 원서를 소화할 수 있게 된 후에는 책의 리딩 레벨에 상관 없이 RL 7.0대까지는 읽을 수 있었다. 음성 지원이 되면 집중듣기를 하고, 안 되면 혼자서 묵독을 하는 방법이었다.

챕터북 시리즈든 미국 교과서든 작가별 단행본이든 뉴베리 수상작이든 잡아놓은 기준 안에서 책을 선별하고 선택했다. 원서 읽기를 통해 영어를 습득한 아이치고는 읽은 책이 그리 많지 않다. 그럼에도 불구하고 끝을 볼 수 있었던 건 차근차근 제 연령에 맞는 책, 좋은 문장을 담은 책을 골라 업그레이드하고 그 레벨 안에서 집중하며 필요한 양을 채워나간 실천 덕분이었을 것이다.

시간 날 때마다 가랑비에 옷 적시는 방법으로 갈 수도 있다. 하지만 가끔 읽고 잊어버리는 과정이 반복되면 리딩 레벨이 앞으로 몇 발자국, 뒤로 몇 발자국 또는 제자리걸음하게 되고, 곧 또래들과의 차이를 느끼기 시작한다. 차라리 아예 시작이 늦어서 다른 아이들과의 차이를 따라 잡기 위해, 자신의 학년보다 낮은 레벨의 책을 단시일에 집중해서 몰아보는 편이 더 낫다. 단시일에 학년 이하의 책을 해결하고 제 나이 수준의 책으로 자리를 잡았던 아이들을 가까이에서 지켜본 결과 깨달았다. 물론 남다른 노력과 시간 투자는 필수다. 꾸준히 했지만 가랑비였기에 리딩 레벨 업그레이드가 자꾸만 늦어지는 경우도 있다. 그렇게 되면 아이도, 지켜보는 엄마도 서서히 지칠지도 모른다.

원서 읽기를 통해 영어를 습득하려면 제 또래에 맞는 리딩 레벨 업그레이드는 정말 중요하다. 모국어가 아닌 언어로 제 또래의 리딩 레벨을 따라가기 위해서는 반드시 채워야 할 시간과 필요량이 분명 있다. 그것을 소홀히 하면 나중에 회복하기 쉽지 않다. 너무 흠뻑 젖어 잠깐 한눈팔아도 쉽게 마르지 않는 소나기 전략이 필요하다. 그 전략을 쓸 때를 절대로 놓치지 말자. 그럼 목표에

학년별 추천 리딩 레벨

2학년	RL 2.0~3.0	3학년	RL 3.0~4.0
4학년	RL 4.0~5.0	5학년	RL 5.0 이상

훨씬 근접해 있는 아이들의 모습을 만나게 된다.

리딩 레벨 알아보기

챕터북을 고르다 보면 RL, 즉 리딩 레벨Reading Level이란 말을 자주 접하게 된다. 대부분 미국의 학년을 기준으로 책 뒤에 표시되어 있다. 예를 들어 RL 2.5는 2학년에 올라가 5개월이 지난 미국 어린이의 평균 읽기 능력을 표시하는 숫자라고 이해하면 된다. 텍스트의 난이도, 어휘의 양, 내용의 수준 등을 기준으로 하는데 많은 책을 접하다 보면 책의 레벨을 측정하는 단체나 기준이 하나가 아니고 그 또한 절대적이지 않다는 것을 알게 된다. 그렇지만 엄마가 책을 고를 때 충분히 참고가 되는 사항이다.

집중듣기는 오디오에 글자를 맞추는 것이 전부라 생각해서 실제 리딩 레벨보다 높은 수준을 욕심낼 수도 있다. 약간 높은 것은 무리 없지만 집중듣기도 아이가 70% 이상 내용을 이해해야만 지속적으로 흥미를 유지할 수 있다. 한두 해만 하고 그만둘 일이 아니기에 서두르다 계획을 망치지 않았으면 한다. 간단하게 반디가 보았던 챕터북을 포함해서 일부 책들의 리딩 레벨을 확인해보자.

반디가 어릴 때는 지금처럼 선택의 폭이 넓지 않았기 때문에 책을 고르는 일이 쉽지 않았다. 반디는 성향상 주인공이 남자인 책, 미스터리, 추리, 모험 장르의 책은 좋아했지만, 여자아이들의 이야기를 담은 책에는 큰 흥미를 보이지 못했다. 특히 『주니 비 존스Junie B Jones』 시리즈를 읽을 때는 이야기에 집중하지 못하는 모습을 보이기도 했다. 그럴 때마다 나는 힘이 빠졌지만, 그만큼 아이

○ 2학년

『매직 트리 하우스』
Magic Tree House 시리즈
(RL 2.0~3.4)

『직소 존스Jigsaw Jones』 시리즈
(RL 2.5~)

『에이 투 지 미스터리』
A to Z Mysteries 시리즈
(RL 2.2~2.8)

『주니 비 존스Junie B Jones』 시리즈
(RL 2.0~2.3)

○ 3학년

『주디 무디JUDY MOODY』
(RL 3.2~3.7)

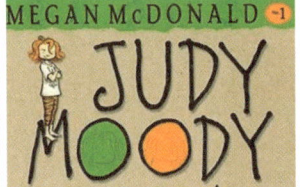

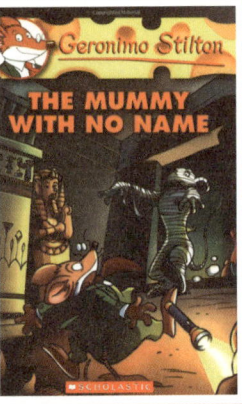

『제로니모 스틸턴』
Geronimo Stilton 시리즈
(RL 3.0)

『캡틴 언더팬츠』
Captain Underpants
시리즈 (RL 3.0)

『아서 챕터Arthur Chapter』 시리즈
(RL 3.0~3.9)

앤드류 클레먼츠의
단행본 시리즈 (RL 4.0~)

『로알드 달Roald Dahl』 시리즈
(RL 3.0~4.5)

4학년

뉴베리 수상작 시리즈
(4학년 : RL 4.0~ /
5학년 : RL 5.0~)

『스파이더윅 크로니클스
The Spiderwick Chronicles』
시리즈 (RL 3.9~4.3)

5학년

『더 스토리 오브 더 월드
The story of the world』 시리즈
(RL 5.0~)

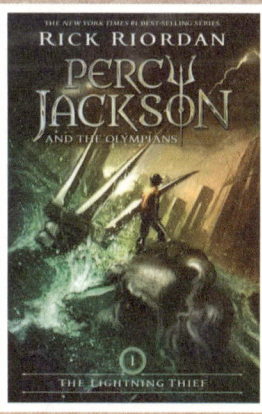

『해리포터Harry Potter』 시리즈
(RL 3.0~)

『번개도둑Percy Jackson &
The Olympians』 시리즈 (RL 5.0~)

7세까지 영어 노출 제로, 16세에 해외 대학 입학한 엄마표 영어 비법를 더 잘 파악할 수 있는 기회라고 생각하며 마음을 다잡았다. 여러 번 시행착오를 겪다 보면 아이가 어떤 책을 좋아하는지 엄마도 한 번에 알 수 있게 된다.

반디는 다섯 세트의 챕터북 시리즈를 읽는 것으로 시리즈 읽기를 끝냈지만 이후 다양하게 쏟아져 나오는 챕터북 시리즈를 보며 아쉬움과 미련이 남았었다. 이번에 책 출판과 강연을 진행하며 다시 원서 시장에 관심을 가지고 들여다보게 되었다. 어마어마한 물량과 다양함에 놀라지 않을 수 없었다. 원하는 책을 보려면 구입밖에 별다른 대안이 없었던 십수 년 전과는 달라졌다. 공립 성격의 도서관에 비치된 영어 도서를 비롯해서 온·오프라인으로 실물 텍스트북을 대여해주는 업체들도 성업 중이고 전자책 형태로 대여해주는 사이트도 쉽게 찾을 수 있었다. 선택의 폭이 넓지 않아 결정하기 쉬웠던 예전과는 달리 원서 선택에도 공부가 더 필요한 상황이다.

엄마표 영어를 제대로 진행하기 위해서는 아이들이 제 나이에 맞는, 좋은 문장을 담은 책을 꾸준히 읽는 것이 무엇보다 중요하다. 영어를 직접 가르칠 수 없는 엄마라도 아이의 성향이나 독서 능력을 고려해서 아이에게 맞는 책을 골라 도서 목록을 만들 수 있다. 이 책의 부록으로 '내 아이만을 위한 추천 도서 목록' 만들기에 참고가 될 만한 정보를 별도로 수록했다. 집중듣기에 제대로 몰입해야 하는 시기라면, PART 2, 3에 정리해놓은 챕터북 시리즈 목록을 특히 집중해서 보기 바란다.

책을 선택할 때 참고하는 '북 레벨$^{Book\ Level}$'에 대하여 자세히 짚고 가야 할 듯하다. 우리가 일반적으로 말하는 리딩 레벨은 두 가지 의미가 혼합되어 있다. 바로 '독서 지수$^{Reader\ Measures}$'와 '도서 지수$^{Text\ Measures}$'다. 영어 독서 능력을 나타내는 '독서 지수'는 테스트를 거쳐 읽는 사람의 독해 능력을 확인한 후 그 사람이 책을 읽고 이해하는 수준을 판별하여 나온 지수이다. 또 한 가지 책의 난이도를 나타내는 '도서 지수'는 텍스트의 난이도, 어휘의 양, 문장 길이 등을 참고해서 어떤 수준의 학생에게 적합한 책인지 출판사나 전문가들이 미리 판단해서 제공하는 수치라고 보면 된다.

예를 들어 "이 학생은 4.4대의 책을 읽고 있다."고 할 때 4.4는 책의 난이도를 나타내는 도서 지수, "이 학생의 리딩 레벨은 4.4이다."라고 할 때의 4.4는 일정한 테스트를 거쳐서 판별된 아이의 독서 능력 수준을 말하는 것이다. 앞에서도 언급했듯이 책의 레벨을 측정하는 단체는 한 곳도 아니고 측정 방법도 모두 다르기 때문에 절대적인 기준으로 삼기에는 무리가 있다. 전적으로 신뢰하기보다는 연령에 맞고 아이의 독서 능력을 고려해 책을 고르는데 참고하자. 영어 원서의 레벨을 분류하는 대표적인 두 가지 지수, AR 지수와 렉사일 지수의 의미와 종류를 알아보자.

AR Accelerated Reader 지수란?

미국의 르네상스 러닝Renaissance Learning, Inc.에서 100만여 권의 도서를 분석하고 3만여 명의 학생 데이터를 기반으로 만든 과학적 지수로 수만 개의 미국 학교에서 사용될 정도로 일반화된 프로그램이다. 리딩 수업을 수준별 그룹으로 진행해야 하는 교사들을 위해 개발된 프로그램이라고 한다. 동화부터 아동용 소설까지 각 권에 대한 독해Reading Comprehension 문제가 마련되어 있어 책을

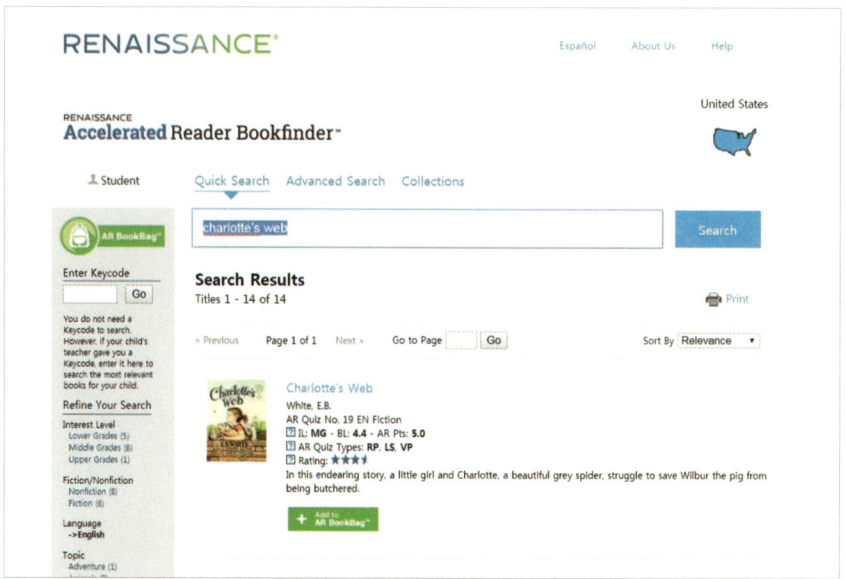

AR Book Finder 홈페이지에서 『샬롯의 거미줄Charlotte's web』을 검색해보았다.
IL, BL, AR Pts 지수를 바로 확인할 수 있다.

읽은 뒤 리딩 테스트Reading Test를 통해 책의 AR 레벨과 자신의 점수를 근거로 AR 포인트를 획득하는 방식으로 스스로 독서 기록을 관리하는 독서 권장 프로그램이다.

이 AR 시스템을 만든 회사의 홈페이지에서 BL^{ATOS Book Level}을 확인할 수 있다. 블로그에서도 그 기준으로 책을 소개했다. BL은 미국의 학년Grades 기준으로 스스로 읽고 이해 가능한 수준의 연령을 숫자로 표시한 것이다.

AR Book Finder 홈페이지

www.arbookfind.com
책의 BL을 확인할 수 있다.

IL Interest Level 지수란?

출판사와 AR 시스템을 만든 르네상스 러닝의 전문가가 책의 주제나 내용을 바탕으로 판단한 인지 발달에 따른 알맞은 연령대를 표시하는 지수이다. 어느 연령대의 아이들이 흥미를 가질 만한 책인지 참고할 수 있다. 참고로 뉴베리 수상작 『샬롯의 거미줄』의 IL 지수는 MG이다.

학년별 IL 지수 표시			
LG	Lower Grades (K~3)	MG+	Upper Middle Grades (6 and up)
MG	Middle Grades (4~8)	UG	Upper Grades (9~12)

MG+ 책은 YA(Young Adult)라 표시하기도 한다.

BL Book Level 지수란?

BL 지수에서 소수점으로 표시되어 있는 숫자 4.4는 초등학교 4학년이 되고 4개월이 지난 아이들이 스스로 읽고 이해할 수 있는 수준의 책이라는 의미다. 이 수치는 미국 학생들을 기준으로 한 것이기에 아이의 영어 실력을 고려해서 참고하면 된다.

AR Pts - 5.0이란?

AR 리딩 퀴즈^{AR Reading Practice Quiz}가 있는 책의 AR 레벨이다. 이 레벨과 테스트를 통해 얻은 점수를 근거로 AR 포인트를 누적하는 방법으로 독서를 권장하고 학교에서 선생님들이 아이 수준에 맞는 리딩 지도를 한다.

AR Quiz Types			
RP	Reading Practice	LS	Literacy Skills
VP	Vocabulary Practice	RV	Recorded Voice

렉사일Lexile 지수란?

미국 교육 연구기관 메타메트릭스MetaMetrics에서 개인의 독서 능력과 수준에 맞는 도서를 골라 읽을 수 있도록 책의 난이도를 측정하고 분류한 평가 지수다. 미국의 많은 주에서 학생들의 읽기 능력을 가늠하는 공신력 있는 지수라 평가된다. 교사들이 학생들의 읽기 수업을 지도할 때 학년별 기준 도서 분류, 교재 선택, 시험 난이도 조정 등에 도움된다고 한다.

일정한 테스트를 거친 학생의 렉사일 레벨이 700~1000L이라면 해당하는 책의 내용을 75% 정도 이해하는 수준이며 해당 레벨의 책을 읽기에 적당하다고 보는 것이다. 반디가 영어 원서를 구입하던 시기에는 한국의 원서 전문 사이트 대부분이 AR 기준의 BL로 리딩 레벨을 표시했지만 요즘은 렉사일 지수로 표기하는 경우도 종종 있다.

미국 학년별 렉사일 측정 기준 Lexile Measures Table을 렉사일 홈페이지에서 확인할 수 있다. 『샬롯의 거미줄』을 검색하니 렉사일 지수 680L으로, 미국 4~5학년을 권장 연령으로 보면 된다.

학년	렉사일 지수	학년	렉사일 지수
1	BR120L ~ 295L	7	925L ~ 1235L
2	170L ~ 545L	8	985L ~ 1295L
3	415L ~ 760L	9	1040L ~ 1350L
4	635L ~ 950L	10	1085L ~ 1400L
5	770L ~ 1080L	11	1130L ~ 1440L
6	855L ~ 1165L	12	1130L ~ 1440L

렉사일 홈페이지

lexile.com
책의 렉사일 지수를 확인할 수 있다. 최신 정보가 업데이트되므로 자주 확인하면 좋다.

단계별
엄마표 영어
실천법

1단계 :
듣기 습관 기르기

집중듣기, 흘려듣기를
습관화하자

● **멀티미디어 영어 동화 사이트 활용하기**

첫 시작이자 첫걸음이었다. 영어 소리 노출을 습관을 넘어 일상으로 만드는 실천들이 자리 잡아야 했다. 첫 1년의 중요성을 놓치지 말고 집중에 집중을 거듭하며 가장 정성을 들여야 하는 시기다. 최우선으로 필요한 것은 충분한 노출 시간이었다. 가랑비에 옷 적시는 방법보다는 소나기를 퍼부어 흠뻑 적시는 방법을 선택했다. 이때 엄마에게 꼭 필요한 마음가짐이 있다. 가르치려 애쓰지 말고, 조바심 내며 확인하지도 말라는 것이다. 눈에 보이지 않지만 아이의 성장을 믿고 기다리는 것이 중요한 시기이기 때문이다.

반디가 초등학교에 입학하고 적응 기간을 거친 뒤 본격적으로 영어 노출을 시작했다. 처음 시작할 시기의 책은 대부분 하드커버 그림책이라 경제적으로 부담스러웠고 내용이 짧아 아쉬웠다. 지금은 활성화되어 있는 영어 동화책 대여 시스템도 찾기 어려운 시절이었다. 그래서 이 길을 걸어간 선배들의 추천으로 알게 된 멀티미디어 영어 동화 사이트를 이용했다. 이 영어 동화 사이트는 2005년 당시 1단계부터 8단계까지 800여 권이 넘는 애니메이션 동화를 제공했고, 1년에 10만 원이 조금 넘는 금액으로 이용할 수 있었다.

알파벳을 쓰기는커녕 구분하는 것도 힘들어했기에 동화 사이트로 시작했다. 낯선 소리가 의미 없는 소음이 아니어야 했다. 화면만으로도 내용이 이해되면 좀 더 집중하지 않을까 하는 기대가 있었다. 둘째, 영상과 소리가 함께 나오니 단어나 문장을 매칭시킬 수 있어 자연스럽게 기억하지 않을까 하는 기대가 있었다. 마지막으로 정적인 책보다는 동적인 애니메이션 동화가 시선을 붙잡기 유리하다 생각했다. 선택 가능한 상황이라면 무조건 아이가 재미있어할 만한 쪽을 택해야 했다. 그래야 매일매일 해도 덜 지루할 것이라 생각했다.

집중듣기 : 글자와 소리 맞추면서 보기

방과 후 특별활동이 없던 반디는 집에 오면 나와 함께 영어 동화를 보았다. 나는 함께 보기는 했지만 아이가 얼마나 이해했는지 확인하지 않았고 가르치지도 않았다. 아이가 동화를 보면서 또는 보고 난 뒤 뜬금없이 하는 말에 적절히 반응만 해주었다. 무엇보다 중요한 '방법'은 이미 약속되어 있었다. 바로 글자와 소리를 맞추면서 보는 것, 집중듣기이다. 움직이는 동화 하단에 나오는 텍스트를 손으로 짚어가며 소리와 맞추면서 보았다. 시력 보호를 위한 거리 확

애니메이션으로 영어 동화를 볼 수 있는 '리틀팍스' 홈페이지.
반디가 처음 만난 동화 속 문장이다. 반디는 한 줄짜리 동화를 시작으로 매일 한 시간씩 집중듣기를 했다.

보와 모니터 보호를 위해 미술 붓을 포인터로 활용했다. 아이가 동화를 제대로 따라가고 있는지 묻고 확인하고 싶은 것을 참으며 아무 말 없이 그저 곁을 지켜야 하는 내게 그 포인터는 묘한 안정감을 주었다.

  1단계는 서너 단어로 이루어진 한 줄짜리 문장이 페이지의 전부인 동화였다. 저녁을 먹기 전 매일 한 시간 동안 소리에 글자를 맞추며 동화를 보고 들었다. 글자와 소리를 맞추는 과정에서 정확한 발음과 억양을 익힐 수 있다. 동화가 끝날 때까지 멈추지 않고 소리에 글자를 맞추어야 하니 모르는 단어를 생각하거나 문장의 의미를 우리말로 해석할 틈이 없다. 이 시간이 쌓이면 아이는 파닉스를 따로 배우지 않아도 어떤 글자가 어떤 소리를 내는지 알게 되고 저절로 글을 읽게 된다. 또한 동화를 문장 단위로 해석하지는 못해도 전체 내용을 파악하게 된다. 무엇보다 이 시간에 익숙해지면 엉덩이가 무거워지고, 집중력이 높아지는 효과도 얻을 수 있다.

  반디는 1년 동안 책을 따로 구입하지 않고 영어 동화 사이트의 다양한 부가 서비스를 이용했다. 동화 사이트는 원문 프린트 기능과 함께 원음 MP3 다운로드 기능도 있었다. 동화를 그림 없이 프린트해서 간단히 제본을 했다. 프린트 하다 보면 잉크 값도 만만치 않았지만 수백 권의 책이 우리 것이 되었다. 다운받은 MP3는 CD로 만들었다. 1년의 유료 가입 기간이 끝난 뒤에는 제본해놓은 책과 CD를 활용해 영상 없이 글자에 집중해서 소리와 맞추는 집중듣기를 계획했다.

집중듣기가 6개월차, 더듬거리며 읽기가 가능해진 반디는 오디오 대신 스스로 읽고 싶어 했다. 5단계를 끝내고 1단계부터 복습에 들어갔을 때는 내용이 짧은 동화를 소리 내어 읽었다. 억양도 발음도 또래에 비해 안정적이었다. 스스로도 신기했는지 얼마 동안 소리 내어 읽는 것을 좋아했다. 하지만 오래지 않아 흥미를 잃어버렸고 이후에도 음독을 거부했기 때문에 이때 반디가 소리 내서 책을 읽었던 유일한 시기였다. 이후 제본해놓은 책들 중 단계가 낮은 것은 읽기 교재로, 단계가 높은 것은 집중듣기로 다시 활용했다. 다운받은

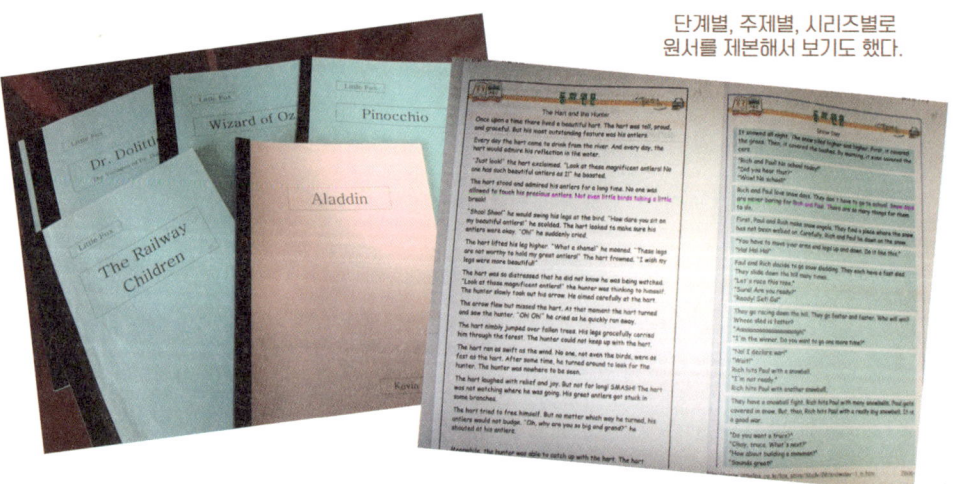

단계별, 주제별, 시리즈별로 원서를 제본해서 보기도 했다.

MP3파일로 만든 CD는 차를 타고 장거리를 이동할 때 틀어주었다. 이미 익숙한 소리와 내용이기에 자연스럽게 흘려듣기 바랐지만 아이가 그다지 좋아하지 않았다. 아니, 싫어했다. 단계별, 주제별, 시리즈별로 정성 들여 제본한 책들은 컬러도 아니고 하드커버도 아니었지만 제본 테이프가 너덜거릴 때까지 보고 또 보던 책들이다. 이 책들은 무슨 미련인지 아직도 버리지 못하고 책장의 한 부분을 차지하고 있다.

리틀팍스 홈페이지
https://www.littlefox.co.kr

흘려듣기 : 거실을 영화관으로 만들기

저녁을 먹고 나면 거실은 영화관으로 변했다. 미리 찾아놓은 영화를 함께 즐기는 시간이다. 〈라이언 킹〉, 〈알라딘〉, 〈타잔〉, 〈노틀담의 꼽추〉, 〈브라더 베어〉 등의 애니메이션을 비롯해서 그 또래 아이들이 관심 있게 볼 수 있는 수많은 영화를 한글자막은 물론 영어자막도 가리고 보았다. 자막을 가리고 알아듣지도 못하는 영어로 영화를 보는 일이 처음부터 쉬운 일은 아니었다. 하지만 아이는 이미 이야기를 알고 있는 경우가 많았고 그렇지 않은 경우는 영화를 보기 전에 내용에 대해서 충분히 이야기를 해주며 흐름을 알게 하는 방법을 택했다. 반디는 화면의 움직임만으로도 재미를 느껴서 자막이 없는 것에 크게 신경 쓰지 않았다.

처음 한두 번은 집중해서, 다음에 같은 영화를 볼 때는 제 볼일을 보다가 관심 있는 부분만 집중하는 식으로 거의 매일 저녁을 영화와 함께 놀았다. 어떤 영화를 볼 것인지는 반디가 선택했다. 이틀 연속 같은 영화를 보기도 하고 몇 개월이 지나 뜬금없이 다시 보기도 했다. 엄마표 영어에서는 이렇게 영상과 함께 흘러나오는 소리를 텍스트 없이 보고 듣는 방법을 '흘려듣기'라 한다. 막연하게 소리를 흘리는 것이 아니라 장면에 따라 나오는 소리를 텍스트 없이 집중하는 효과를 노리는 방법이다. 흘려듣기 또한 집중듣기와 마찬가지로 습관과 실천이 중요하다고 생각해서 반디와 나란히 보았다. 물론 한 시간 반 이상을 꼼짝하지 않고 집중할 수는 없었다. 영화 보는 중간중간 영화에 대해 이야기를 나누고 산발적인 산만함에는 호응도 해주고 아이가 영화에 집중할 수 있도록 도와주는 것이 엄마의 역할이었다.

애니메이션을 먼저 보기 시작한 것은 또래의 아이들이 흥미를 가지고 볼 수 있는 내용이라는 것 외에 다른 이유도 있었다. 실사 영화는 동시녹음이 많은 반면 애니메이션은 후시녹음을 해서 성우나 배우가 정확한 발음으로 더빙을 하기 때문에 전반적으로 안정된 톤이 유지된다. 날것의 현장음이 함께 녹음되는 동시녹음보다는 '분명한 소리 전달'에 대한 만족도가 높았다.

흘려듣기를 위한 영상 확보 방법

앞서 저학년 때는 애니메이션을 비롯한 영화를 통해 흘려듣기를 실천했다고 말했다. 이쯤 되면 궁금한 것이 생길 것이다. 이 방대한 양의 영상을 어떻게 구할 것인가.

반디가 애니메이션을 비롯한 수많은 영화로 흘려듣기에 빠져 있던 시기는 2005~2006년이었다. 처음에는 디즈니 애니메이션을 학습용으로 제작해서 영상과 워크북을 제공하는 세트를 구입했었다. 엄마표 영어의 길이지만 학습에 대한 유혹을 완전히 떨쳐버리지 못했었던 것 같다. 다소 허술해 보였지만 부분 영상을 통해 학습 활동을 제공하는 꽤 두꺼운 워크북이었는데 결과적으로 영화만 보고 추가적인 활동은 하지 못했다.

가장 선호했던 방법은 동네에 하나둘씩은 있던 비디오 대여점을 이용하는 것이었다. 일부 대여점에서는 온라인으로 비디오를 주문하면 집으로 배달해 주기도 했다. 우리가 찾는 영화 대부분이 최신 영화가 아니다 보니 대여료도 저렴했던 것으로 기억한다. 그 당시에도 서서히 사라져가던 비디오 대여점이니 요즘은 찾기가 힘들 것이다. 반디 2학년 때는 케이블 TV에서 완벽하게 영어로 방송되던 디즈니 채널이 있었다. 그 프로그램이 시작되는 매일 저녁 8시 30분마다 그 시간을 흘려듣기로 활용했다. 그 채널을 통해 〈밤비〉, 〈101마리 달마시안〉, 〈정글북〉 등 몇 십 년 전 작품도 자주 만날 수 있었다. 또한 일정 시간을 두고 재방송을 해서 복습의 효과까지 얻을 수 있었다.

요즘은 합법적인 방법으로 인터넷에서 다운로드가 가능해 얼마든지 영상 확보가 가능하다. 영화뿐 아니라 아이들에게 익숙한 캐릭터를 볼 수 있는 TV 프로그램까지, 흘려듣기 환경을 만들기 좋은 세상이다.

국내 포털 사이트, 유튜브 활용하기

고전 영화부터 최근 상영 영화까지 감상할 수 있다. 극장 개봉 작품뿐 아니라 TV 프로그램도 손쉽게 찾을 수 있다. 컴퓨터 화면으로 보는 것이 불편하다면 TV와 연결해서 볼 수도 있다. 포털 사이트에는 대여 방식과 구입 방식이 따로 나누어져 있으니 다운로드할 때 꼭 확인해야 한다. 가격이 비싸다는 단점이 있다.

네이버 영화 다운로드
http://nstore.naver.com/movie/home.nhn

유튜브
https://www.youtube.com

전 세계 TV 채널 홈페이지, 스트리밍 서비스 활용하기

세계 각국의 TV 채널 홈페이지에서 어린이 대상 프로그램을 제공하고 있다. 여러 번 반복해서 볼 수 있기 때문에 편리하다. 반디는 영어로 방송되는 TV 채널을 가장 효과적으로 활용했다. 또한 최근 몇 년 사이 풍부한 콘텐츠, 편리한 활용법을 제공하는 스트리밍 서비스가 활발해져 엄마들의 많은 관심을 받고 있다. 세계적인 업체에서 국내 업체까지 선택의 폭도 넓다.

요즘은 언제 어디서든 흘려듣기 환경을 만들 수 있는 방법이 다양해져서 반갑다. 우리 집에서 가장 자연스럽고 편안하게 영어 소리에 노출될 수 있는 환경을 만드는 방법을 찾아 시도해보기를 추천한다.

미국 공영방송 PBS의 어린이 방송
http://pbskids.org

영국 방송 BBC의 유아 영어 포털 사이트
https://www.bbc.co.uk/cbeebies

영국 방송 Channel Five의 다양한 프로그램
http://www.channel5.com

넷플릭스의 온라인 동영상 스트리밍 서비스
https://www.netflix.com/kr-en/

흘려듣기를 위한 추천 영화

처음에는 흘려듣기를 위해 디즈니를 비롯한 애니메이션을 주로 보았다. 하지만 하루에 한 편씩 보다 보니 오래지 않아 영화가 바닥이 났다. 그래서 엄마, 아빠의 기억 속에도 감동과 웃음으로 남아 있는 실사영화를 찾아보았다. 찾을수록 숨겨져 있던, 잊고 있던 추억의 영화들이 많았다. 저학년 아이들과 흘려듣기를 할 때 영화 선택이 어렵다는 질문을 많이 받았다. 그래서 반디가 1학년부터 저학년 때까지 보았던 영화를 기록해놓은 것을 바탕으로 추천 영화 리스트를 만들어보았다.

영화 제목, 개봉 연도, 제한 등급, 장르별로 구분해서 정리했다. 등급은 한국 기준(전체/12세/15세/18세), 미국 기준(G/PG/PG-13/R/NC-17)이 뒤섞여 있는데 PG 등급 Parental Guidance Suggested 은 연령 제한은 없으나 부모나 보호자의 지도가 필요한 영화이다. PG-13 등급 Parental Guidance-13 은 PG 영화에 속하지만 13세 이하 어린이들에게 주의와 지도가 요구되는 영화, G General Audiences 는 연소자 관람가 영화로 연령 제한 없이 누구나 관람할 수 있는 영화다. 오래된 영화는 정확한 등급을 확인할 수 없는 것도 있지만 대부분의 영화는 가족이 함께 보기에 무리가 없을 듯하다.

가족이 함께 보면 좋은 고전 영화

개봉한 지 50~60년이 넘은 영화들이다. 가볍게 볼 영화들도 있고 함께 보면서 시대적 상황에 대한 설명이 필요한 영화도 있고 고학년이 되어 다시 보게 되는 영화들도 있다. 하지만 모두 놓치지 않았으면 하는 영화들이다. 반디는 〈모던 타임즈〉, 〈십계〉, 〈왕과 나〉, 〈벤허〉, 〈사운드 오브 뮤직〉 등을 좋아했다. 때때로 함께 보는 엄마에게도 깊은 감동과 여운을 남기는 영화들이다.

모던 타임즈
(Modern Times)
1936년 | 전체 | 코미디

바람과 함께 사라지다
(Gone with the Wind)
1939년 | 12세 | 전쟁, 멜로

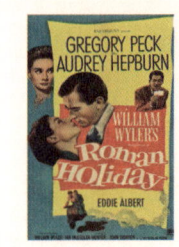

로마의 휴일
(Roman Holiday)
1953년 | 15세 | 코미디, 드라마

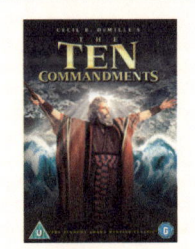

십계
(The Ten Commandments)
1956년 | 전체 | 드라마

왕과 나
(The King and I)
1956년 | 전체 | 뮤지컬, 멜로

자이언트
(Giant)
1956년 | 12세 | 드라마

벤허
(Ben-Hur)
1959년 | 12세 | 드라마, 액션, 모험

티파니에서 아침을
(Breakfast at Tiffany's)
1961년 | 12세 | 드라마, 멜로

앵무새 죽이기
(To Kill a Mockingbird)
1962년 | 12세 | 드라마, 범죄

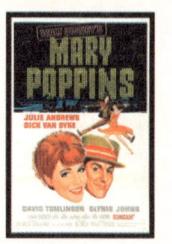
메리 포핀스
(Mary Poppins)
1964년 | 전체 | 가족, 코미디, 뮤지컬

사운드 오브 뮤직
(The Sound of Music)
1965년 | 전체 | 가족, 드라마, 뮤지컬

언제나 마음은 태양
(To Sir, with Love)
1967년 | 12세 | 드라마

시리즈로 세 편 이상 제작된 영화

시리즈라서 최근까지 제작되는 영화도 있다. 모두 우리 모자가 푹 빠져서 보았던 것들이다. 개봉할 당시에 보면 다음 편이 나오기를 기다려야 하지만 우리는 전편을 한꺼번에 몰아볼 수 있어 이해나 몰입도 면에서 큰 도움이 되었다.

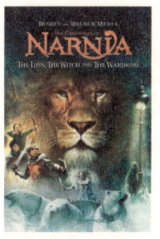

나니아 연대기1
(The Chronicles of Narnia: The Lion, the Witch and the Wardrobe)
2005년 | 전체 | 판타지, 모험

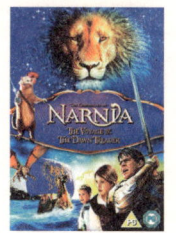

나니아 연대기2
(The Chronicles of Narnia: The Voyage of the Dawn Treader)
2008년 | 전체 | 판타지, 모험

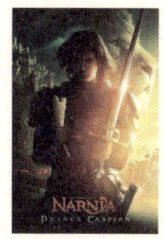

나니아 연대기3
(The Chronicles of Narnia: Prince Caspian)
2010년 | 전체 | 판타지, 모험

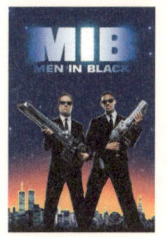

맨 인 블랙 1
(Men in Black 1)
1997년 | 12세 | SF, 액션, 코미디

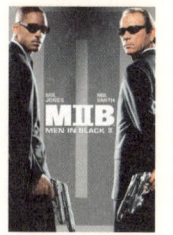

맨 인 블랙 2
(Men in Black 2)
2002년 | 12세 | SF, 액션, 코미디

맨 인 블랙 3
(Men in Black 3)
2012년 | 12세 | SF, 액션, 코미디

반지의 제왕 1
(The Lord of the Rings: The Fellowship of the Ring)
2001년 | 12세 | 판타지, 모험, 액션

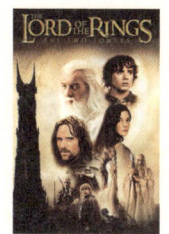

반지의 제왕 2
(The Lord of the Rings: The Two Towers)
2002년 | 12세 | 판타지, 모험, 액션

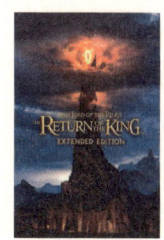

반지의 제왕 3
(The Lord of the Rings: The Return of the King)
2003년 | 12세 | 판타지, 모험, 액션

백 투 더 퓨처 1
(Back to the Future 1)
1985년 | PG | SF, 코미디

백 투 더 퓨처 2
(Back to the Future 2)
1989년 | PG | SF, 코미디

백 투 더 퓨처 3
(Back to the Future 3)
1990년 | PG | SF, 서부, 판타지

슈퍼맨 1
(Superman 1)
1979년 | PG | 액션, 가족, SF, 모험

슈퍼맨 2
(Superman 2)
1980년 | PG | 액션, 판타지, SF, 모험

슈퍼맨 3
(Superman 3)
1983년 | 전체 | 액션, SF, 모험

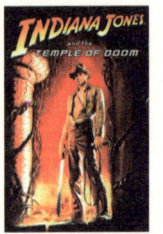

인디아나 존스 미궁의 사원
(Indiana Jones and the Temple of Doom)
1984년 | 12세 | 모험, 액션, 판타지

인디아나 존스 최후의 성전
(Indiana Jones and the Last Crusade)
1989년 | 12세 | 모험, 액션, 판타지

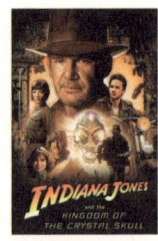

인디아나 존스 크리스탈 해골의 왕국
(Indiana Jones and the Kingdom of the Crystal Skull)
2008년 | 12세 | 모험, 액션

쥬라기 공원 1
(Jurassic Park 1)
1993년 | 12세 | SF, 액션, 모험

쥬라기 공원 2
(Jurassic Park 2)
1997년 | 전체 | SF, 액션, 모험

쥬라기 공원 3
(Jurassic Park 3)
2001년 | 12세 | SF, 모험, 스릴러

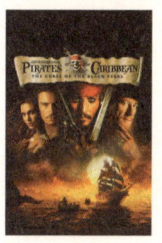

캐리비안의 해적 1
(Pirates of the Caribbean: The Curse of the Black Pearl)
2003년 | 12세 | 액션, 판타지

캐리비안의 해적 2
(Pirates Of The Caribbean: Dead Man's Chest)
2006년 | 12세 | 액션, 코미디

캐리비안의 해적 3
(Pirates of the Caribbean: At World's End)
2007년 | 12세 | 액션, 코미디

캐리비안의 해적 4
(Pirates of the Caribbean: On Stranger Tides)
2011년 | 12세 | 액션, 코미디

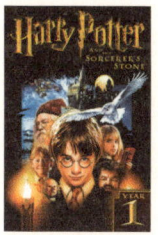

해리포터와 마법사의 돌
(Harry Potter And The Sorcerer's Stone)
2001년 | 전체 | 판타지, 가족, 모험

해리포터와 비밀의 방
(Harry Potter and the Chamber of Secrets)
2002년 | 전체 | 판타지, 가족, 모험

● 단계별 엄마표 영어 실천법

해리포터와 아즈카반의 죄수
(Harry Potter and the Prisoner of Azkaban)
2004년 | 전체 | 판타지, 가족, 모험

해리포터와 불의 잔
(Harry Potter and the Goblet of Fire)
2005년 | 12세 | 판타지, 가족, 모험

해리포터와 불사조 기사단
(Harry Potter and the Order of the Phoenix)
2007년 | 전체 | 판타지, 가족, 모험

해리포터와 혼혈왕자
(Harry Potter and the Half-Blood Prince)
2009년 | 전체 | 판타지, 액션, 모험

해리포터와 죽음의 성물 1
(Harry Potter and the Deathly Hallows 1)
2010년 | 전체 | 판타지, 액션, 모험

해리포터와 죽음의 성물 2
(Harry Potter and the Deathly Hallows 2)
2011년 | 전체 | 판타지, 액션, 모험

찾아보면 후회 없을 영화들

 정리하다 보니 정말 많은 영화를 보았구나 싶다. 대부분 자막을 가리고 보는 흘려듣기 영상이었기에 내용이 어렵지 않은 가족, 코미디, SF, 모험, 판타지 장르의 영화가 많았다. 애니메이션 영화는 발음이 정확하고 소리도 깨끗해서 자막을 가리고 보기에도 무리가 없었다. 하지만 일부 실사영화는 동시녹음이라 대사 전달이 어려울 정도로 잡음이 심했다. 그런 경우 아이가 원하면 한글자막이나 영어자막을 열어놓고 보기도 했다. 하지만 그런 경우는 아주 일부에 지나지 않았다. 한 번 본 영화를 다시 볼 때는 자막을 가리고 보았다.

아래의 영화들은 특별한 기준 없이, 엄마와 아이에게 큰 감동과 재미를 주는 영화라는 점에서 '찾아보면 후회 없을 영화'라고 이름 붙였다. 블로그에 더 많은 리스트를 정리해놓았으니 함께 참고하길 바란다.

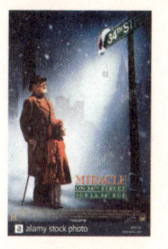

34번가의 기적
(Miracle on 34th Street)
1994년 | 전체 | 가족, 드라마

E.T.
(E.T.)
1982년 | 전체 | SF, 판타지, 가족

가위손
(Edward Scissorhands)
1990년 | 15세 | 판타지, 멜로

굿바이 마이 프랜드
(The Cure)
1996년 | PG-13세 | 드라마

나홀로 집에 1
(Home Alone 1)
1990년 | 전체 | 가족, 모험, 범죄

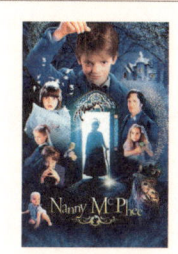

내니 맥피 - 우리 유모는 마법사
(Nanny McPhee)
2005년 | 전체 | 코미디, 가족

네버랜드를 찾아서
(Finding Neverland)
2004년 | 12세 | 드라마, 가족

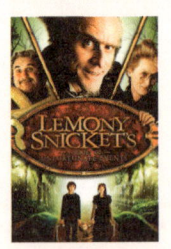

레모니 스니켓의 위험한 대결
(Lemony Snicket's A Series of Unfortunate Events)
2004년 | 전체 | 모험, 판타지, 코미디

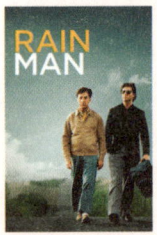

레인맨
(Rain Man)
1988년 | 12세 | 드라마

마스크
(The Mask)
1994년 | PG-13 | 코미디, 판타지, 액션, 범죄

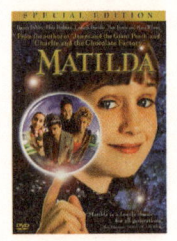

마틸다
(Matilda)
1996년 | 전체 | 코미디, 가족, 판타지

미세스 다웃파이어
(Mrs. Doubtfire)
1993년 | 12세 | 코미디, 가족, 드라마

미이라 1
(The Mummy 1)
1999년 | 12세 | 모험, 판타지, 액션

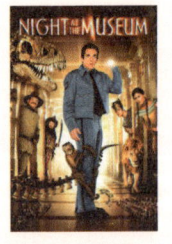

박물관이 살아있다
(Night at the Museum)
2006년 | 전체 | 액션, 코미디, 모험

블라인드 사이드
(The Blind Side)
2010년 | 12세 | 드라마

빌리 엘리어트
(Billy Elliot)
2000년 | 12세 | 드라마, 가족, 코미디

스튜어트 리틀 1
(Stuart Little 1)
1999년 | 전체 | 가족, 코미디, 판타지

시네마 천국
(Cinema Paradiso)
1988년 | 전체 | 드라마, 멜로

아이 엠 샘
(I Am Sam)
2001년 | 12세 | 드라마

어비스
(The Abyss)
1989년 | 12세 | 액션, 모험, SF

에이트 빌로우
(Eight Below)
2006년 | 전체 | 모험, 드라마, 액션

이너스페이스
(Innerspace)
1987년 | PG | 액션, 모험, 코미디

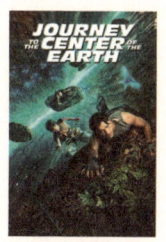

잃어버린 세계를 찾아서
(Journey to the Center of the Earth)
2008년 | 전체 | 모험, 가족, 판타지

죽은 시인의 사회
(Dead Poets Society)
1989년 | 전체 | 드라마

쥬만지
(Jumanji)
1995년 | 전체 | 모험, 판타지, 가족

콘텍트
(Contact)
1997년 | 12세 | SF

토이즈
(Toys)
1992년 | 전체 | 코미디, 드라마

톰 행크스의 빅
(Big)
1988년 | PG | 코미디, 드라마

프리윌리
(Free Willy)
1993년 | 전체 | 가족, 모험, 드라마

후크
(Hook)
1991년 | 12세 | 가족, 모험, 판타지

흘려듣기를 위한 디즈니&픽사 애니메이션

처음에 흘려듣기로 활용했던 애니메이션들이다. 구하기 힘든 옛날 작품들은 TV의 디즈니 영어 채널에서 볼 수 있었다. 이 애니메이션들은 어린이 대상, 즉 전체관람가로 제작되었고 작품 특성상 장르 구분이 쉽지 않다. 따라서 아래 리스트에는 제한등급, 장르를 따로 명시하지 않았다. 아이들이 모두 좋아하는 내용이기 때문에 안심하고 봐도 좋다.

백설공주와 일곱 난쟁이
(Snow White and the Seven Dwarfs)
1937년

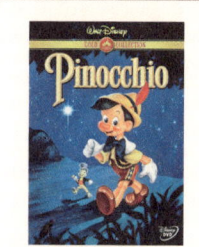

피노키오
(Pinocchio)
1940년

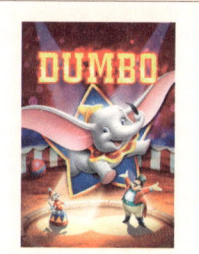

덤보
(Dumbo)
1941년

밤비
(Bambi)
1942년

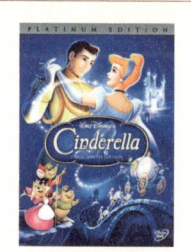

신데렐라
(Cinderella)
1950년

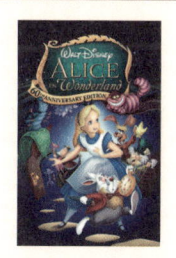

이상한 나라의 앨리스
(Alice in Wonderland)
1951년

피터팬
(Peter Pan)
1953년

레이디와 트램프
(Lady and the Tramp)
1955년

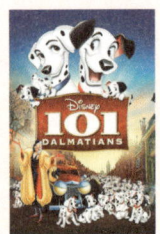

101마리 달마시안
(One Hundred and One Dalmatians)
1961년

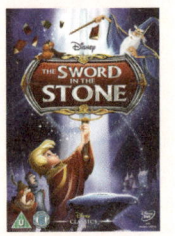

아더왕의 검
(The Sword in the Stone)
1963년

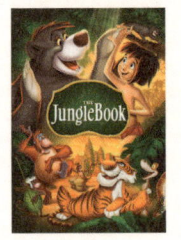

정글북
(The Jungle Book)
1967년

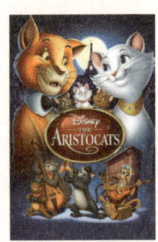

아리스토캣
(The Aristocats)
1970년

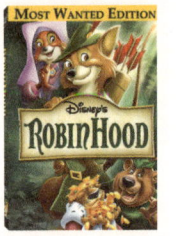

로빈훗
(Robin Hood)
1973년

곰돌이 푸의 모험
(The Many Adventures of Winnie the Pooh)
1977년

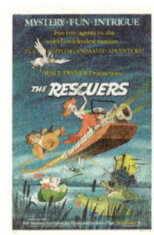

생쥐 구조대
(The Rescuers)
1977년

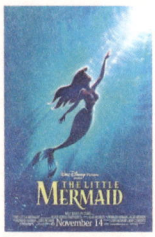

인어공주
(The Little Mermaid)
1989년

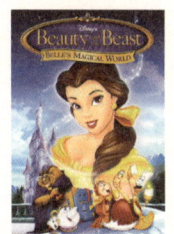

미녀와 야수
(Beauty and the Beast)
1989년

알라딘
(Aladdin)
1992년

크리스마스 악몽
(The Nightmare Before Christmas)
1993년

라이온킹
(The Lion King)
1994년

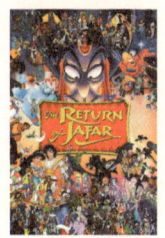

돌아온 자파
(The Return of Jafar)
1994년

구피 무비
(A Goofy Movie)
1987년 | PG | 액션, 모험, 코미디

포카혼타스
(Pocahontas)
1995년

토이 스토리
(Toy Story)
1995년

● 단계별 엄마표 영어 실천법

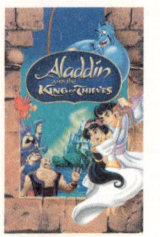
알라딘과 도둑의 왕
(Aladdin and the King of Thieves)
1996년

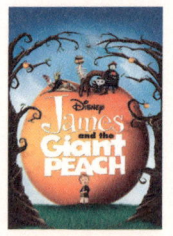
제임스와 거대한 복숭아
(James and the Giant Peach)
1996년

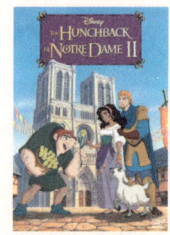
노틀담의 꼽추
(The Hunchback of Notre Dame)
1996년

헤라클레스
(Hercules)
1997년

벅스라이프
(A Bug's Life)
1998년

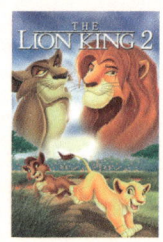
라이온킹 2
(Lion King 2)
1998년

물란
(Mulan)
1998년

타잔
(Tarzan)
1999년

토이 스토리 2
(Toy Story 2)
1999년

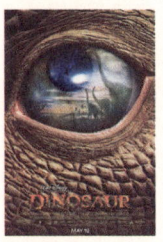

다이너소어
(Dinosaur)
2000년

쿠스코? 쿠스코!
(The Emperor's New Groove)
2000년

아틀란티스
(Atlantis-The Lost Empire)
2001년

몬스터 주식회사
(Monsters, Inc.)
2001년

보물성
(Treasure Planet)
2002년

브라더 베어 1, 2
(Brother Bear 1, 2)
2003년

니모를 찾아서
(Finding Nemo)
2003년

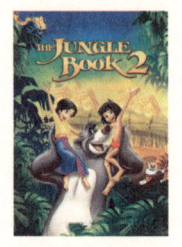

정글북 2
(The Jungle Book 2)
2003년

인크레더블
(The Incredibles)
2004년

● 단계별 엄마표 영어 실천법

치킨 리틀
(Chicken Little)
2005년

발리언트
(Valiant)
2005년

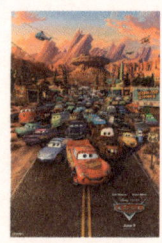

카
(Cars)
2006년

와일드
(The Wild)
2006년

로빈슨 가족
(Meet the Robinsons)
2007년

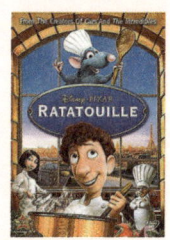

라따뚜이
(Ratatouille)
2007년

볼트
(Bolt)
2008년

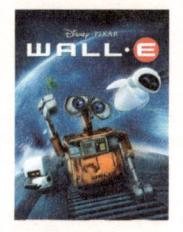

월-E
(WALL·E)
2008년

공주와 개구리
(The Princess and the Frog)
2009년

업
(Up)
2009년

라푼젤
(Tangled)
2010년

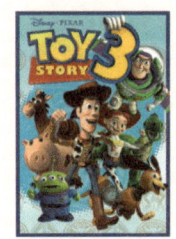
토이 스토리 3
(Toy Story 3)
2010년

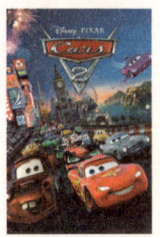
카 2
(Cars 2)
2011년

메리다와 마법의 숲
(Brave)
2012년

프랑켄위니
(Frankenweenie)
2012년

주먹왕 랄프
(Wreck-It Ralph)
2012년

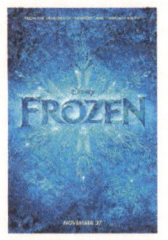
겨울왕국
(Frozen)
2013년

몬스터 대학교
(Monsters University)
2013년

● 단계별 엄마표 영어 실천법

흘려듣기를 위한 드림웍스 애니메이션

디즈니와 함께 애니메이션 제작사의 양대 산맥인 드림웍스의 애니메이션이다. 양으로 보면 디즈니와 비교할 수 없지만 흥행에 있어서는 손색없는 작품들이다. 드림웍스 작품들 역시 디즈니, 픽사 작품들과 같은 이유로 제한등급, 장르를 명시하지 않았다.

앤트
(Antz)
1998년

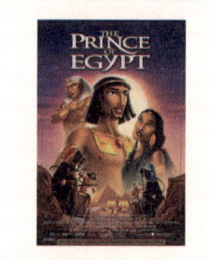

이집트 왕자
(The Prince of Egypt)
1998년

치킨 런
(Chicken Run)
2000년

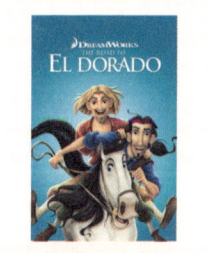

엘도라도
(The Road to El Dorado)
2000년

슈렉
(Shrek)
2001년

스피릿
(Spirit- Stallion of the Cimarron)
2002년

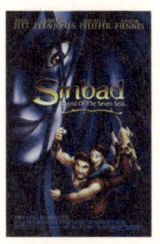
신밧드
(Sinbad– Legend of the Seven Seas)
2003년

샤크
(Shark Tale)
2004년

슈렉 2
(Shrek 2)
2004년

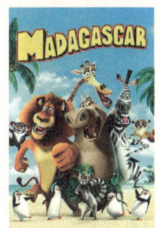
마다가스카
(Madagascar)
2005년

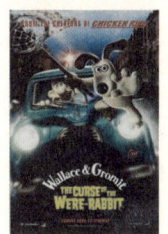
월리스와 그로밋
(The Curse of the Were–Rabbit)
2005년

플러쉬
(Flushed Away)
2006년

헷지
(Over The Hedge)
2006년

꿀벌 대소동
(Bee Movie)
2007년

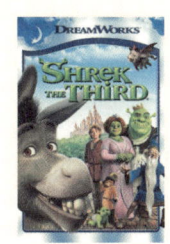
슈렉 3
(Shrek the Third)
2007년

● 단계별 엄마표 영어 실천법

쿵푸팬더
(Kung Fu Panda)
2008년

마다가스카 2
(Madagascar 2)
2008년

몬스터 VS 에이리언
(Monsters VS Aliens)
2009년

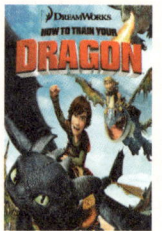
드래곤 길들이기
(How to Train Your Dragon)
2010년

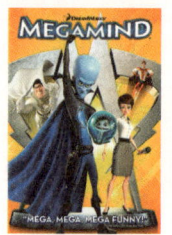
메가 마인드
(Megamind)
2010년

슈렉 포에버
(Shrek Forever After)
2010년

쿵푸팬더 2
(Kung Fu Panda 2)
2011년

장화 신은 고양이
(Puss in Boots)
2011년

가디언즈
(Rise of the Guardians)
2012년

하루 세 시간
영어 듣기의 기적

충분한 시간 확보하기

반디는 8살, 1년 동안 어떤 학습적 시도 없이 집중듣기와 흘려듣기 방법으로 매일 세 시간 가까이 영어에 노출되었다. 이 두 가지 방법의 듣기는 1년으로 끝나는 것이 아니다. 영어로부터 완벽하게 자유로워질 때까지 지속적으로 실천해야 한다. 그렇기에 '습관'으로 만드는 것이 매우 중요하다. 시작은 엄마와 함께하지만 혼자 해야 하는 상황이 되면, '습관이냐 아니냐'가 성공의 중요한 변수가 된다. 영어를 습득하기 위한 긴 시간의 첫 걸음이다. 그 시간을 어떻게 채웠는지 보면 성공과 실패를 예측할 수 있다. 그만큼 무서운 1년이다. 이 시기에 '제대로 듣기' 위해 꼭 지켜야 할 것들이 있다.

가장 중요한 것은 충분한 시간 확보다. 한 시간 이상 책과 함께하는 집중듣기, 한 번에 90분 이상 영상과 함께하는 흘려듣기 모두 하루에 세 시간 가까이 영어 소리에 빠지는 시간을 확보해야 했다. 꼭 필요한 활동 외에는 가지를 쳐 낼 수 있는 시기인 것이 도움이 되었다. 반디의 초등학교 1학년 일과는 단출했다. 일주일에 한 번 수영을 하는 것 외에 다른 활동을 하지 않았다. 9월부터 일주일에 두 번 피아노 레슨을 시작했지만 학원을 가는 대신 방문 선생님의 지도를 받았으니 세 시간을 확보하기가 어렵지 않았다.

반디의 친구들은 학습지 한두 과목, 피아노 또는 미술, 태권도 학원을 비롯해 영어 학원 등을 기본으로 다니고 있었다. 해 질 녘까지 학원을 순회하고 돌아와 저녁을 먹고 나서야 겨우 여유를 가질 수 있지만 휴식을 취할 수 있는 시간은 길지 않다. 학습지나 학원 숙제를 끝내야 한다. 열심히 해도 과제를 끝내지 못하기도 한다. 그런데 시간은 훌쩍 지나 잠자리에 들 시간이다. 이런 일상이라면 아이가 온전하게 세 시간 동안 영어 듣기에 집중할 수 없다.

가까운 지인들에게 이 방법을 설명하면 아이가 학원을 가지 않을 수 없으니 틈틈이 듣기를 하면 어떤지 묻는다. 물론 안 하는 것보다야 낫겠지만 마음의 여유를 가지고 한 시간 이상 집중적으로 듣는 것만큼의 효과는 분명 아닐 것이다. 한자리에서 집중듣기 한 시간 이상, 영상과 함께 흘려듣기 90분 이상을 지속해야 '소나기'라 할 수 있지 않을까?

금방 눈에 띄는 효과가 있는 시기가 아니기에 맘먹고 시작했던 엄마들도 오래지 않아 포기하는 경우가 많다. 결국 불안감과 자기만족으로 학원을 보내고 만다. 단어를 외우고 숙제를 하고 있으면 그나마 안심이 된다. 하지만 몇 개월 지나지 않아 후회하게 된다. 아이가 도통 영어가 늘지 않는다고 하소연한다. 계속 '엄마표'로 할 걸 그랬다고도 한다. 그런데 초등학교 1학년 아이가 영어를 얼마나, 어떻게 해야 실력이 늘었다고 말할 수 있는 걸까? 때때로 그것이 궁금했다.

지속적인 흥미 유지와 꾸준함

효과적인 듣기를 위해 다음으로 중요한 것은 지속적으로 흥미를 유지시키고 꾸준히 하는 것이다. 아이 혼자 듣게 두지 말자. 함께하되 가르치지도 확인하지도 말자. 혼자 몰입할 수 있는 시기가 올 때까지 말동무만 되어주면 된다. 처음 시작할 때 아이 혼자 컴퓨터 앞에 앉아서 알아듣지도 못하는 소리에 집중하기는 쉽지 않다. 아이에 따라 차이는 있겠지만 제대로 실천했다면 오래지 나지 않아 '습관'이 되고 아이는 혼자서도 자연스럽게 '몰입'할 수 있다. 습관이 되면 '꾸준함'은 뒤따라온다. 습관이 될 때까지 기다리지 못하는 건 부모이며 습관이 될 때까지가 가장 힘든 것도 사실이다.

반디가 컴퓨터 앞에 앉아 동화를 보고 듣는 동안 되도록 함께 있었다. 틈틈이 자리를 비우기도 했지만 5분 이내였다. 아이와 함께 앉아 집중듣기를 하는 시간은 고작 한 시간 정도였다. 만들기 어렵지 않은 시간이고 엄마에게도 습관이고 일상이 될 수 있는 시간이다. 엄마표 영어에 대한 부담 중 하나가 '동화 내용이나 문장을 엄마가 정리해줘야 하는 것이 아닐까?'다. 그런 이유로 엄마, 아빠의 영어 실력을 걱정하게 되는데 굳이 그런 활동을 하지 않아도 좋았다. 나는 아이에게 동화의 내용을 이해해야 한다는 부담을 주지 않았고 단어가 어떤 의미를 가지고 있는지 묻지도 않았다. 동화를 보고 아이가 하는 말에 적절히 대응만 해주었다. 가끔 궁금한 단어를 물어보면 간단하게 의미를 알려줬다. '반복'이 중요한 걸 알지만 새로운 동화가 수백 개나 있기에 봤던 동화를 또 보라고 하지 않았다. 반디가 반복을 싫어했기 때문이기도 했다. 내가 재밌는 부분을 흉내 내면 아이도 따라했다. 그 정도면 되었다. 대신 "오늘 하루 게으름을 피우면 이틀 뒷걸음을 치는 거야." "오늘 걷지 않으면 내일은 뛰어야 해."라는 말로 '꾸준함'을 독려했다.

아이에게 맞는 '반복 패턴' 찾기

영어 소리 노출에 있어서 '반복'은 무척 중요하다. 하지만 반복 패턴은 '개인 성향'을 존중해야 한다. 듣기가 어느 정도 진행되면서 반디의 반복 패턴을 확인할 수 있었다. 반디는 즉각적인 반복을 싫어했다. 엄마 입장에서는 영어를 공부할 때 반복이 가장 좋은 방법이라고 하니, 한 번 더 봐주면 훨씬 이해가 잘 될 것 같고 단순한 문장은 기억도 할 것 같은데, 반디는 같은 내용을 반복하는 것을 너무 싫어했다. 그나마 좋아하는 영화는 자주 봤지만 한 번 봤던 책을 다시 보는 데는 6개월 이상이 걸렸다.

그래서 다른 방법으로 변화를 주기로 했다. 동화 사이트에서 보았던 내용을 그림 없이 원문만 인쇄해서 제본한 책을 활용하는 방법도 그중 하나였다. 수백 권이 넘는 동화를 제공하는 사이트는 반디에게 안성맞춤이었다.

흘려듣기 영상을 반복 없이 보기 위해 아이가 흥미를 가질 만한 영화를 미리 찾아야 하는 어려움도 있었다. 애니메이션을 포함해 최근 개봉한 영화까지

본 뒤에는 더 이상 볼 영화가 없어 시간을 거슬러 올라가야 했다. 〈ET〉, 〈백 투 더 퓨쳐〉 시리즈, 〈쥬라기 공원〉 시리즈, 〈인디아나 존스〉 시리즈 등 1980년대 영화부터 〈십계〉, 〈왕과 나〉, 〈사운드 오브 뮤직〉, 〈메리 포핀스〉 등 5~60년대 영화까지 섭렵하게 되었다. 추억으로 남아 있는 수십 년 전 영화를 보는 시간이 나에게도 좋은 기억으로 남았다.

듣기 시간이 쌓이면 의도적으로 반복을 시도하지 않아도 단어와 문장이 무수히 반복되고 있다는 것을 아이 스스로 깨닫게 된다. 즉각적인 반복과 반복 주기가 긴 반복, 어느 것이 좋은 방법이라고 말하기는 어렵다. 결국 집중듣기와 흘려듣기에 익숙해진 아이들이 스스로 선택을 하게 된다. 그 선택을 인정하고 받아주기만 하면 된다. 아이들의 성향과 선택을 무시하고 다른 생각을 강요하지만 않으면, 아이들은 지속적으로 흥미를 유지하면서 꾸준히 할 것이다. 그렇게 1~2년 정도의 고비만 지나면 듣기 세 시간이 습관을 넘어 일상이 될 것이다. 그 뒤에는 더 이상 '엄마표'가 아니라 물 흐르듯 자연스럽게 '아이표'로 넘어간다.

파닉스,
어떻게 할까?

• 파닉스, 늦게 시작해서 가볍게 넘어가기

유아기에 영어를 시작한다면, 영어를 즐겁게 익히기 위해 동요나 챈트 등을 이용한 파닉스를 진행하는 경우가 많다. 하지만 나는 아이가 한글에 익숙해지면 많은 시간과 노력 없이도 파닉스를 이해할 수 있으리라 생각했다. 반디는 한글에 익숙해진 초등학교 1학년 이후에 영어를 시작했다. 그래서 영어의 소리 규칙인 파닉스를 한글의 자모음과 비교해서 몇 개의 단어로 예를 들어 설명해주는 방법으로 파닉스를 가볍게 짚고 넘어갔다.

읽기를 위해 파닉스 다음으로 선택하는 리더스북도 접하지 않았지만 소리에 맞춰 텍스트를 보는 집중듣기가 누적되면서 읽기는 자연스럽게 자리를 잡았다. 파닉스를 완벽하게 익힌다고 하더라도 모든 단어를 규칙에 맞게 읽을 수 없다는 건 이미 잘 알려진 사실이다. 파일을 정리하다가 반디에게 파닉스를 설명하기 위해 나름대로 정리했던 파일을 찾았다. 여기저기 웹 서핑을 하면서 찾은 내용을 초등학교 1학년 아이가 알아들을 수 있도록 전달하기 위해 고심했던 기억이 난다.

1년 차 집중듣기가 6개월 정도 진행되었을 때였다. 이 시기는 반디가 한 줄짜리 동화로 시작해서 두세 줄짜리 동화로 넘어가고 있었던 때다. 간단한 단어는 반복적으로 보아서 의미와 연결할 수 있었다.

단어를 주제별로 묶은 후 하루에 몇 글자씩 예로 들어주었다. 그때 영어에 관심 있는 엄마들이라면 잘 알고 있을 '키즈클럽' 홈페이지의 도움을 받았다. 다양한 파닉스 액티비티 워크시트 Phonics Activities Worksheets를 무료로 다운 받을 수 있는 곳이었다. 잘 만든 화려한 학습지는 아니지만 파닉스 말고도 플래시카드 Flashcards, 크래프트 Craft, 스토리 Stories, 토픽 Topics별 워크지를 인쇄해서 아이

'키즈클럽' 홈페이지의 워크시트.

와 함께 오리고 붙이고 알파벳을 쓰는 연습을 했다.

이 자료는 파닉스를 깊이 있게 다루기 위해서가 아니고 자음Consonants, 모음 Vowels, 쌍자음Blends, 이중 글자Digraphs 등 주제별로 묶어 간단하게 이해할 수 있는 방법이다. 파닉스에 정성을 들일 계획이라면 큰 도움이 되지 않을 자료들이다.

다양한 파닉스 액티비티 워크시트를 제공하는 '키즈클럽' 홈페이지
www.kizclub.com

파닉스는 무엇인가?

의미를 가진 단어를 만들기 위해서는 스물여섯 개의 알파벳을 일정한 순서로 나열해야 한다. 그렇게 나열된 것을 철자(스펠링)라 부른다. 하지만 알파벳이 모여 만든 단어는 알파벳이 가진 소리로 읽는 것이 아니다. 철자와 실제의 음을 연결시켜 영어권 아이들에게 읽는 법을 가르치기 위한 교육 방법이 파닉스다. 같은 글자라도 경우에 따라 발음이 달라지기에 단어를 이용해서 알파벳이 어떻게 발음되는지 익히는 방법이 파닉스다. 전체 영어의 70%가 이 파닉스 규칙에 따른다. 나머지는 영어 문장을 많이 접하면서 자연스럽게 익히는 방법 말고는 없다. 초등학교 1학년 아이에게 파닉스를 이해시키기 위해 했던 말이다. 이 정도가 초등학교 1학년 아이가 받아들이고 이해할 수 있는 설명이라 생각했다.

우리말에 'ㄱ, ㄴ, ㄷ, ㄹ, ㅁ, ㅂ' 등의 자음과 'ㅏ, ㅑ, ㅓ, ㅕ, ㅗ, ㅛ' 등의 모음이 있듯이 영어에도 자음과 모음이 있다. 스물여섯 개의 알파벳 중 'a, e, i, o, u' 다섯 글자가 모음이고 나머지 스물한 개는 자음이다. 다양한 변화가 있는 모음보다는 기억하기 쉬운 자음부터 시작했다.

다음 장에 자음편, 모음편으로 나누어 파닉스 교수법을 정리해보았다. 초등학교 1학년인 반디에게 파닉스에 대해 알려준 것은 이 정도였다. 더 깊이 들어가는 부분은 나에게는 역부족이었고 지속적으로 집중듣기를 하면 글자와 소리에 익숙해질 수 있다고 믿었기에 간단한 부분만 짚고 넘어갔다.

파닉스 자음 기억법

대부분 자음은 한 글자에 한 개의 음으로 기억하면 된다. 따라서 음을 내는 방법이 유사한 두 개의 자음을 묶어서 이야기해주는 것이 기억하는 데 도움이 되었다.

b와 p / c와 g / d와 t / f와 v / s와 z

b [브]	위, 아래 입술을 다물었다가 입 안에 숨을 터뜨리며 목에서 울려나오는 소리(유성음).	bat, bed, bus, ball, bag, box, bug, book, banana, balloon, bicycle, bee, butterfly, bucket, boat
p [프]	발음하는 방법은 'b'와 같으며 목을 울리지 않는 소리(무성음).	pig, pencil, pipe, park, piano, puppy, pillow, pineapple, pear, peach, panda
c [크]	입안을 "크크크~" 하고 웃는 느낌으로 입속에서 숨을 터뜨려 목을 울리지 않는 소리(무성음).	cat, cake, cup, cap, car, camel, can, cut, crab, corn, carrot, crayon, cow
g [그]	발음하는 방법은 c와 같고 목에서 울려 나오는 소리(유성음).	goose, grape, gum, goldfish, goat, guitar

d [드]	혀끝을 윗니 안쪽 잇몸에 대었다 떼며 숨을 터뜨려 목에서 울려 나오는 소리 (유성음).	dog, door, duck, dot, desk, doctor, deer, dove, dinosaur, doughnut
t [트]	발음하는 방법은 'd'와 같으며, 목을 울리지 않는 소리(무성음).	top, tomato, tea, tub, toothbrush, tulip, telephone, turtle, table, tiger, train
f [프]	윗니로 아랫입술 안쪽을 살짝 물고 그 사이로 바람이 빠져나가듯이 숨을 내쉬며 목을 울리지 않는 소리(무성음).	fan, fish, foot, flower, fox, finger, fork, flamingo, fat, fast
v [브]	발음하는 방법은 f와 같고 목에서 울려나오는 소리(유성음).	van, violin, volcano, vase, voice
s [스]	윗니와 아랫니를 가볍게 대고 혀는 어디에도 붙이지 않은 상태에서 숨을 세게 내쉰다. 목을 울리지 않는 소리(무성음).	sausage, spider, snowman, soap, soup, sandwich, snake, sink, sun, Santa, seal
z [즈]	발음하는 방법은 's'와 같으며 목에서 울려 나오는 소리(유성음).	zoo, zebra, zero, zipper, zigzag

나머지 열한 개의 자음

m [므]	위와 아래 입술을 다물고 코를 울린다. 코를 잡으면 소리가 나지 않는 콧소리(비음)	mittens, mouse, mirror, marble, monkey, milk, mushroom, melon, magnet, map, moon
n [느]	입을 약간 벌리고 혀 끝을 안쪽 윗잇몸에 댔다 떼며 코를 울린다.	nose, nut, nest, net, nail, nine, necklace, noodles
l [르]	혀끝을 윗니 뒤에 댔다가 떼며 되도록 짧게 발음한다.	log, lemon, lamb, lion, leaf, ladder, lamp, look, lid
r [뤄]	혀를 입천장에 닿지 않게 안쪽으로 동글게 말아 올리며 발음한다.	rocket, ring, rug, rooster, rabbit, rain, ruler
h [흐]	소리는 내지 않고 목으로 숨을 크게 내쉬며 발음한다(무성음).	hat, house, hamburger, hand, hen, hook, horse, ham, hit, hop

j [즈]	혀를 입천장 앞부분에 댔다 떼며 목에서 울려 나오는 소리로 가볍게 발음한다.	jet, jam, jump, jar, jacket, juice, jeep
k [크]	'c'와 똑같은 방법으로 발음한다.	kite, key, kitten, king, kiwi, koala
q [쿠]	'c, k'의 [크]와 'w'의 [우]를 재빨리 이어서 [쿠].	queen, quilt, question, quick
w [우]	입을 한껏 오므렸다가 한 번에 제자리로 가져가며 [우].	web, watch, wig, witch, wet, west, window, watermelon, worm
x [크스]	'c, k'의 [크]와 's'의 [스]를 재빨리 이어서 [크스].	box, fox, six, mix, ax
y [야]	턱과 혀를 긴장시키고 혀끝으로 아랫니를 밀며 [야].	yak, yo-yo, yawn, yell, year, yard

두 글자로 된 자음

영어는 알파벳 스물여섯 자로 모든 음을 표현해야 하므로 모음이나 자음을 다양하게 조합하여 다른 음들을 만든다. 여기에서는 두 개의 자음이 모여 자음 각각의 음과는 다른 새로운 음을 만들어내는 것에 대해 알아본다.

이곳에 써놓은 한국식 발음은 초등학교 1학년 아이에게 설명하기 위한 것으로, 발음 학습법은 아니다. 앞에서 언급했듯, 파닉스를 정확하게 다 익힌 후에 영어 읽기를 시작한 것이 아니라, 집중듣기를 통해 단어를 더듬거리며 읽기 시작했을 때 간단하게 정리해본 것이다.

나는 아이에게 '영어 발음은 어떤 근거로 발음되고 있을까?' 정도만 설명하고 깊고 어려운 설명은 피했다. 오히려 수년간 집중듣기를 지속한 것이 발음에 큰 도움이 되었다.

ch [츠]	ch의 발음은 [tʃ] [k] [ʃ] 세 가지 종류로 발음되지만 [tʃ]가 대부분이다. [tʃ]는 혀끝을 입천장 앞부분에 댔다 떼며 숨을 터뜨려 [츠] 하고 발음한다.	chair, chop, chick, chain, church, cheese, chimney, cherry, chin, chest, chocolate, lunch, bench, watch, beach, peach, sandwich, punch
ck [크]	자음의 'c'와 'k'와 똑같이 [크] 하고 발음한다.	chick, kick, sick, duck, sack, clock

ph [프]	자음의 'f'와 같이 발음한다. 윗니로 아랫입술을 살짝 물고 그 사이로 숨을 내쉬며 [프] 하고 발음한다.	phone, photo, pheasant, photographer, alphabet, elephant, telephone
sh [쉬]	아이들을 조용히 시킬 때처럼, 조금 짧게 [쉬] 하고 발음한다.	sheep, ship, shop, shell, shirt, shadow, shelf, shark, shoes, dish, push, fish, brush, wash
th [스]	이와 이 사이에 혀를 끼고 숨을 내쉬며 목을 울리지 않는 무성음으로 [스].	three, thumb, think, throw, thunder. thread, mouth, moth, tooth, bath, math, path
th [드]	이와 이 사이에 혀를 끼고 목에서 울려 나오는 유성음으로 [드].	this, that, these, those, the, they, them, weather
wh [우]	'W' 발음과 똑같이 [우].	whip, whistle, white, whale, wheel, whisper, what, where, why, when, whiskey

● 단계별 엄마표 영어 실천법

연속해서 나오는 자음 Consonant Blends

자음이 연속해서 나오면 각각의 자음이 가진 음을 재빨리 이어서 발음한다. 자음 한 글자를 읽을 때의 속도를 100%라고 한다면 두 글자로 된 연속 자음을 읽을 때는 150%의 속도로 발음한다. 이중 특히 구별하기 어려운 발음 중 하나인 'l'과 'r'은 익숙한 단어를 여러 번 발음해보며 스스로 차이를 느끼게 했다.

bl	black, blank, blow, blocks, blouse, blanket, blade, blue		**br**	brother, brush, bring, broom, bread, bricks, bridge, brain, broccoli
cl	clock, class, close, cloud, clown, clam, club, cleaver, clap, climb		**cr**	crab, crow, cream, crown, crackers, crack, crayon, crocodile, cross
fl	flag, float, flute, flower, flamingo, floor, flippers		**fr**	frog, fruit, fry, freezer, frame
gl	glad, globe, glue, glove, glasses, glass		**gr**	grass, gray, grow, grandma, grill, grapes

pl	plate, plant, play, plum, plane	**pr**	pray, prize, press, price, present, princess
dr	drop, drive, dress, drip, drum, drink, draw, dragon, drawer, dress, drill	**tr**	tree, train, truck, tray, trumpet, trip
sn	snake, snow, snail, sneeze, snack, snore, sneakers, snorkeling	**sm**	smile, smoke, smell
sp	spin, spice, space, spider, spoon	**st**	stop, stamp, stand, starfish, stairs, stem, stone, star, steak, stove, stool, storm, stocking
sk	skate, skip, skunk, ski	**sl**	sleep, slide, slip, slippers, sled
tw	twins, twist, twenty	**sw**	swing, swim, sweet, swan, sweater
spr	spring, spray, sprint	**str**	street, string, strong, strawberry, stream, strike, stretch, stroller

● 단계별 엄마표 영어 실천법

파닉스 모음 기억법

모음 다섯 개를 다양하게 조합하여 여러 가지 음을 표현할 수 있다. 먼저 다섯 개의 모음 소리를 각각 알아보자.

a [애]	입을 크게 옆으로 벌리고 아래턱을 내려주며 [애].	ant, cat, apple, pan, hat, bat, ham, tap, bag, can, cap, map, fan
e [에]	우리말의 [에]보다 좀 더 입을 좌우로 벌려서 [에].	egg, bed, pencil, pet, web, elf, nest, jet, legs, net, hen, ten
i [이]	'e' 발음 보다는 입을 작게 좌우로 벌리고 짧게 [이].	pig, dish, igloo, wig, kick, milk, fish, pin
o [아]	'이' 와 '오' 의 중간음 입을 크게 벌리고 [아].	fox, ox, otter, sock, pot, frog, top, clock, doll
u [어]	살짝 놀란 기분으로 [어].	bug, cup, rug, tub, brush, uncle, study, bus, up, nut

단모음과 단어 끝에 e가 붙을 때

앞에 나온 모음만 알파벳이 가진 음을 그대로 발음해준다.

a⋯e [에이]	'a'는 원래 알파벳 음대로 [에이]. 마지막에 나오는 'e'는 모두 묵음 처리한다.	cake, bake, make, skate, gate, lake, tape, plate, cane, game, plane
e⋯e [이이]	'e'는 원래 알파벳 음대로 [이이].	Pete, Steve, eve
i⋯e [아이]	'i'는 원래 알파벳 음대로 [아이].	nine, pine, wine, kite, dice, bike, dime, pipe, slide, fine, site, ride, five, nine, fire
o⋯e [오우]	'o'는 원래 알파벳의 음대로 [오우].	pose, nose, rose, rope, code, hope, robe, note
u⋯e [유우]	'u'는 원래 알파벳의 음대로 [유우], 또는 [우우]로 발음되는 것도 있다.	tube, cube, use, cute, huge

두 개의 모음 Vowel Digraphs이 나란히 올때

ai [에이]	'a'만 알파벳 음 그대로 짧게 [에이]. '에'를 더 강하게 발음한다.	mail, nail, tail, rain, chain, snail, train, pail, brain
ay [에이]	ai와 마찬가지로 a만 알파벳 음대로 [에이]. ay는 단어의 끝에 온다.	day, say, way, pray, tray, clay, pay, hay, spray
ea [이이]	'e'만 알파벳 음 그대로 길게 [이이]. 입을 조금 옆으로 당기며 발음한다.	pea, sea, tea, leaf, seat, seal, bean, peacock, read, meat, lead, beat, steal, peach, beach, eat, meal
ee [이이]	'ea'와 똑같은 방법으로 [이이].	bee, see, tree, meet, cheese, sheep, wheel, queen, feed, beet, feet, three, sleep, jeep, steel, sweet
ey [이이]	'ea'와 똑같은 방법으로 [이이]. ey는 단어의 끝에 위치.	key, donkey, monkey

oa [오우]	'o'만 알파벳 음 그대로 힘주어 [오]를 발음한 뒤 이어서 가볍게 [우].	boat, coat, goat, soap, toast, toad, road
oe [오우]	'oa, oe'와 동일한 방법으로 [오우].	doe, hoe, toe
ow [오우]	'oa'와 동일한 방법으로 [오우]. 보통 단어의 끝에 위치.	blow, slow, yellow, pillow, snow, window
ui [우우]	'u'의 알파벳 음 [유우]에서 뒷음만 취하여 [우우] 하고 발음한다.	fruit, juice, suit
ue [우우]	동일한 방법으로 [우우].	clue, glue, Sue
ie [아이]	'i'만 알파벳 음 그대로 [아이]. '아'를 더 강하게 발음한다.	die, lie, tie

2단계 :
**본격적인 원서,
챕터북 만나기**

아이에게
맞는 책 고르기

원서 읽기로 독서와 영어를 한 번에 잡자

책, 즉 '원서 읽기'는 엄마표 영어의 핵심 실천 방법이다. 원서 읽기로 '독서'와 '영어 습득'이라는 두 마리 토끼를 잡을 수 있기 때문이다. 어떤 책을 어떻게 읽어야 할까? 우선 아이에게 맞는 책을 골라야 한다. 그런데 우리말 책도 아니고 영어 책이다. 우리는 영어 전문 서점도 별로 없는 지방에 살고 있었고, 나는 실력이라고 표현하기도 민망한 수준의 영어 울렁증을 가진 엄마였다. 아이의 나이와 사고 능력뿐 아니라 관심이나 성향을 고려해 책을 고르는 일이 쉽지 않았다. 하지만 적극적으로 시간을 투자하니 도움을 받을 수 있는 사이트와 게시판이 차고 넘쳤다.

대부분 처음에 엄마표 영어를 접하면 걱정 반, 의심 반이다. 엄마표 영어를 계획한다면 부모 중 누군가가 영어를 아주 잘해서 원서를 읽어주거나, 영어로 대화를 나눌 수 있는 '이중 언어 환경'을 제공해야 하지 않을까 고민하게 된다. 그렇다면 금상첨화겠지만 그렇지 않다고 실망하지는 말자. 나는 대입을 위해 치열하게 공부한 적도 없는 학창시절을 보낸 사람이다. 아이에게 내 목소리로 영어 책을 읽어준 기억이 단 한 번도 없다. 반디의 아빠 또한 마찬가지다. 재미있는 부분을 한 문장 정도 흉내 내는 게 전부였다.

내가 할 수 있고 해야 하는 공부는 따로 있었다. 단계별로 나이에 맞고 아이의 성향에 맞는 책을 고르는 공부였다. 뿐만 아니라 '사고 능력'과 '한글 독서 능력'도 고려해야 했고 일단 재미있어야 했다. 그 작업은 하루 이틀에 되는 일이 아니었다. 아이가 영어 동화로 1년 동안 집중듣기를 하는 동안 나는 영어 원서에 관심을 가졌다. 이렇게 아이보다 한 발짝씩만 앞서 준비하면 된다.

우리가 사는 지방에는 영어 전문서점이 딱 하나 있었다. 온라인 서점에서 관심이 가는 책이 있으면 아이와 함께 오프라인 서점을 찾아가 확인했다. 본격적으로 책을 구입한 건 '챕터북'부터였다. 지금까지 보았던 화려한 동화 사이트에 비하면 챕터북은 조금 심심한 편이었다. 삽화가 있기는 했지만 몇 페이지 건너 한 번씩 나오는 정도였기에 일단 아이가 관심을 가지는 책을 구입해야 했다.

반디가 어떤 책을 읽었는지 물어보는 엄마들에게 책 정보가 담긴 사이트를 알려주곤 했다. 그런데 한두 번, 한두 시간 사이트를 둘러보고는 "어렵고 복잡하다. 잘 모르겠다."며 포기하는 경우가 많았다. 그냥 책을 추천해 달라는 소리다. 내가 책을 고를 때보다 종류도 다양하고 양도 많아져 선택이 더 어려워진 것은 사실이다. 해외에서 책을 구입하는 방법도 간단해져서 수많은 선택지가 엄마들을 더 어렵게 만든다.

하지만 국내의 영어 원서 전문 사이트는 설명이 자세히 나와 있고 레벨별 분류도 정확하게 되어 있다. 시간과 노력을 조금만 기울이면 책을 고르는 일이 그리 어렵지 않다. 책이 아이의 성향에 맞는지 판단하는 것은 부모의 몫인데 그것조차 다른 이에게 의지하는 것은 안타까운 일이다.

아래에서 소개하는 사이트들은 8년간 책을 고르고 선택하는 데 도움을 받았던 사이트다. 물론 다른 영어 원서 전문 사이트도 많다. 사람마다 선호하는 방식이 있으니 검색을 통해 많은 곳을 돌아보고 가장 활용하기 편한 곳을 '즐겨찾기'하며 시작해보길 바란다. 집 근처에 원서 전문서점이나 어린이 영어도서관이 있다면 아이와 함께 종종 방문해보자. 도서관의 영어 도서 코너도 예전보다 활성화되어 있으니 관심을 가져보길 바란다.

책을 고르는 데 도움이 되는 사이트

애플리스 외국어사
www.eplis.co.kr

에듀카코리아
www.educakorea.co.kr

쑥쑥몰
eshopmall.suksuk.co.kr

웬디북
www.wendybook.com

스토리북, 리더스북, 챕터북 특성 파악하기

아이에게 맞는 영어 책을 고르고자 영어 원서 전문서점 사이트에 들어갔지만 화면 가득한 카테고리 속에서 내가 원하는 정보를 찾기는 쉽지 않다. 우선 가장 많이 접하게 될 세 가지 분류부터 익숙해지자. 영어 원서는 크게 스토리북, 리더스북, 챕터북으로 분류한다. 영유아용으로 나오는 다양한 크기와 형태의 보드북도 있지만 책이라기보다 장난감으로 접하는 경우가 많다. 영어 소리에 노출하는 시기에 필요한 책들은 대부분 이 세 가지 분류에 속한다. 우리는 챕터북 이전의 책은 따로 구입하지 않고 스토리북이나 리더스 단계에 해당하는 1년 동안은 동화 사이트를 활용하는 것으로 대체했다.

스토리북 & 리더스북

흔히 그림책으로 부르는 것을 '스토리북'이라 생각하면 된다. 그림책이지만 영유아부터 초등학생까지 연령대가 넓다. 우리말 책도 그렇듯이 대부분 취학 전후의 아이들을 대상으로 한다.

다음 단계로 '리더스북'이 있다. 읽기 연습을 목적으로 만든 단계별 책이다. 보통 유치원이나 초등 저학년용으로 생각하면 된다. 스토리북과 리더스북은 레벨별로 연령대가 겹치기도 하고 차이가 나기도 한다.

그런데 이 리더스북이 조금 애매하다. 우리말 책에서는 잘 볼 수 없는 형태의 책이다. 지금처럼 다양하고 체계적인 리더스북이 없었던 당시는 읽기 연습을 목적으로 만든 책이 대부분이어서 내용이 빈약했다. 내용에 흥미를 느낄 수가 없었던 것이다. 반디는 초등학교 입학 후에 영어를 시작하면서 동화 사이트를 통해 스토리북을 해결하고 리더스북을 배제한 채 바로 챕터북으로 넘어갔다. 그래서 이 부분은 각자 책을 확인한 후 아이에게 맞는 결정을 내렸으면 좋겠다. 엄마들이 일반화에서 벗어나 아이에게 맞는 방법을 찾아야 하는 이유이기도 하다.

챕터북 시리즈

어느 정도 읽기에 익숙해진 아이들이 단행본을 읽기 전 단계에서 만나는 책이 챕터북 시리즈이다. 100페이지 내외의 분량으로 챕터를 나눈 책이다. 그림책과 달리 흑백이 많고 삽화가 있어도 몇 페이지를 넘겨야 하나 나오는 정도다.

대부분의 단행본 소설이나 뉴베리 수상작도 챕터별로 나누어져 있어 챕터북으로 불리지만 초기에 접하는 챕터북은 대부분 '시리즈'다. 똑같은 주인공이 매번 다른 에피소드로 활약하는 내용이다. 적게는 20권, 많게는 40권이 넘는 구성으로 어휘, 문장, 문법 난이도에 따라 다양한 레벨이 있다. 학교나 가정의 이야기를 다룬 책도 있지만 모험, 미스터리, 역사, 위인, 판타지, 과학, 공포 등 장르도 다양하다. 각각의 시리즈에 등장하는 독특한 캐릭터들과 기발한 상황을 함께할 수 있어 흥미롭다.

집중듣기 :
챕터북 시리즈

● **아이를 믿고 챕터북 시작하기**

　엄마표 영어 2단계에 진입한 반디는(이때가 2학년이었다) 오디오로 한 시간 분량의 챕터북을 듣고 보기 시작했다. 방법은 1학년 때와 같았다. 오디오 소리에 글자를 맞추는 방법이었다. 일 년이 넘게 집중듣기를 하면서 눈으로만 따라가도 글을 놓치지 않았다. 이 시기 집중듣기의 목적은 의미를 파악하는 것이 아니었다. 오디오를 들으면서 내용이나 단어의 뜻을 찾으며 멈추는 식이 아니었다. 지난 1년 동안의 방법대로 책 한 권을 오디오가 끝날 때까지 멈추지 않고 소리와 글자를 맞추는 방식이었다.

　동화 사이트는 애니메이션과 함께였고 한 권이 그다지 길지 않았지만 챕터북은 달랐다. 삽화도 많지 않고 한 권이 최소 한 시간 가까이 되는 것들이다.

좀 더 집중이 필요했기에 집중듣기 시간을 변경했다. 어둠과 함께 마음이 안정되는 저녁 시간이 좋을 것 같았다. 저녁 식사를 마친 다음 그 어떤 방해도 받지 않을 '여유 있는 한 시간'을 정했다.

오디오를 틀어놓고 아이와 함께 침대 위에 엎드려서 보았는데 지금 생각하니 이 자세는 조금 후회가 된다. 바르지 못한 자세로 책을 보아서인지 반디는 시력이 급격히 떨어지고 말았다. 물론 유전적인 영향이나 다른 요인도 있겠지만 책상에서 바른 자세로 책을 보는 습관을 들이지 못한 것이 후회가 된다.

아이가 한 시간 가까이 집중듣기를 하는 동안 옆에서 지켜보는 엄마가 문제였다. 생각이 단순해 잘 집중하는 아이와 달리 중간중간 다른 생각을 하다가 내용을 놓치는 일이 많았다. 몇 개월이 지나서는 처음 챕터북을 시작할 때의 긴장감이 사라지며 책을 보다가 꾸벅꾸벅 조는 일이 자주 있었다. 졸다가 눈을 뜨면 반디는 자신이 눈으로 따라가고 있는 부분을 슬쩍 손으로 짚어주었다. 졸면서도 매일 아이 옆에서 함께 책을 듣고 보았던 이유 중 하나는 반디가 책 이야기를 할 때 적극적으로 맞장구를 쳐주기 위해서였다.

책을 읽고 난 후 내용을 파악했는지 아이에게 묻지 않았다. 반디는 집중듣기가 끝나고 나서 바로 자기 느낌이나 생각을 이야기하는 성향도 아니었다. 끝나면 그만이었다. 같은 책을 두 번 이어서 보는 일도 없었다. 갑자기 문득 며칠 전에 읽었던 책에 대해 이야기를 꺼내는 식이었다. 책에 대해 대화를 나누며 아이가 어느 정도 의미를 파악했는지 짐작이 가능했다. 나는 미리 책의 줄거리를 파악한 상태였다. 영어를 몰라도 서점이나 커뮤니티를 통해 쉽게 찾을 수 있는 내용만으로도 가능한 대화들이었다.

아이가 집중듣기를 하는 동안 엄마가 함께 있는 것을 원하지 않았다면 나도 그 시간에서 빨리 해방되었을 것이다. 그런데 졸고 있는 엄마라도 자기 옆에 있는 게 좋았는지, 반디는 정해놓은 시간이 되면 준비를 마치고 "엄마! 빨리 와!" 하고 나를 찾았다. 그림책 수준을 막 벗어나 챕터북을 시작하며 안정을 찾아야 하는 시기였다. 한 시간 가까이 글자만 가득한 책을 펴놓고 잘 알아듣지도 못하는 소리와 텍스트를 맞춰나가는 것이 쉬운 일은 아니었을 것이다. 그렇게라도 엄마가 곁에 있는 것이 덜 외롭고 덜 지루한가 싶었다.

반디는 1년 동안 다섯 세트의 챕터북 시리즈를 보고 들었다. 어떤 시리즈는 전체를 보고 난 뒤 처음부터 반복하기도 했고 어떤 시리즈는 한 번을 본 이후 다시는 보지 않았다. 아이들마다 성향에 따라 좋아하는 책이 다르다. 서점 홈페이지에 단계별로 잘 설명이 되어 있으니 시간을 투자해서 아이가 좋아할 만한 책을 골라보고 아이 손잡고 오프라인 서점으로 나들이를 계획해보자.

왜 첫 챕터북은 시리즈가 좋을까?

그림책, 리더스북도 마찬가지지만 영어 동화 한 편을 집중듣기 하는 시간은 그리 길지 않다. 몇 편을 봐야 한 시간을 채울 수 있었는데 챕터북은 달랐다. 한 권의 책이 한 시간 가까이 이어진다. 그런데 검은 것은 글씨이고 흰 것은 종이다. 삽화도 드문드문 있다. 더 집중해서 봐야 하는데 화려함에 익숙했던 아이도 엄마도 정이 가지 않는다. 처음에는 이해하는 수준이 만족스럽지 않을 수밖에 없었다.

챕터북 집중듣기의 목적을 정확한 의미 파악에 두지 않고 소리와 텍스트를 맞춰나가는 활동이 끝나면 그것으로 그만이었다. 내용을 묻지 않아도 뜬금없이 내뱉는 책 내용과 얼마나 집중하고 있는지를 보면 이해도는 짐작할 수 있었다. 전혀 이해되지 않는 지루한 책을 한 시간 가까이 따라가는 아이들은 없을 것이다. 이것이 나 스스로의 위안이었다.

그렇게 몇 권을 진행하다 보면 시리즈의 특징이 보인다. 같은 인물이 등장하고 에피소드는 달라지지만 비슷한 패턴이 반복된다. 익숙한 상황 속에서 같은 단어나 문장들도 자주 등장한다는 것을 눈치챌 수 있다. 같은 내용인 듯 다른 내용이 담긴 시리즈는 뒤로 갈수록 자연스럽게 이해도가 상승한다. 반복되는 단어나 문장도 기억에 남는다. 특히 같은 내용을 반복하는 것을 싫어하는 반디 같은 아이들에게 의도치 않은 반복을 경험하게 할 수도 있다. 그리고 매일 한 권씩 집중듣기를 해야 하는데 매번 다른 책을 고르기란 힘든 일이다.

다섯 편의 시리즈를 활용해서 1년을 채우고 동화 사이트에서 출력해놓았던 상위 수준의 동화 원문을 추가적으로 활용했다. 그렇게 1년을 보내니 챕터북에 익숙해졌다. 이후에 볼 원서는 거의 시리즈가 아닌 단행본이었는데 그 또한 챕터북이었다. 익숙한 형태의 책이었기에 리딩 레벨만 제때 업그레이드하면서 집중듣기를 이어가면 되었다.

흘려듣기 :
영어 만화 보기

● **틈새 시간, 만화로 공략하라**

　초등 1학년 동안 흘려듣기를 하면서 매일 영화 한 편씩을 보았더니 새로운 영화를 구하기가 힘들어졌다. 20~30년 전 영화들 중 엄마와 함께 보기에 무리 없는 것까지 섭렵했지만 1년이 지나니 함께 볼 영화는 바닥이 났다. 그래서 2학년 때 처음 케이블 채널을 설치해서 영어로 방송하는 만화 채널을 보기 시작했다. 지금은 대부분 한국어 더빙 방송으로 대체되었지만 2006년 당시에는 디즈니 채널 두 곳을 비롯해서 카툰네트워크, 니켈로디언 등 서너 곳의 방송이 한글 자막과 함께 영어 그대로 방송되고 있었다.
　TV 프로그램은 영화와 달리 30분 단위로 끊어져 방송된다. 두 시간 가까이 흐름을 이어가는 것이 아니라 틈새 시간을 공략하기에 좋았다. 아이들을 대상으로 하는 만화는 주인공은 같지만 에피소드가 매번 바뀌어서 반복을 싫어하는 반디에게도 안성맞춤이었다. 재방송을 많이 해서 자동 반복의 효과도 있었다. 시간차를 두고 같은 에피소드를 대여섯 번 보는 일도 자주 있었다. 그럴 때 아이는 좋아하는 캐릭터의 다음 대사를 혼자 중얼거리기도 했다. 자유로운 시간에는 영어 만화 채널을 틀어놓았다. 한글로 자막이 나왔지만 도화지로 자막 부분을 가리고 보았기 때문에 전체 화면을 포기해야 하는 불편함은 있었다. 반디는 블록놀이를 하고 그림을 그리고 미니카를 가지고 놀다가도 익숙한 내용이 나오면 TV 앞으로 달려갔다. 처음에는 틀어놓은 대로 보다가 시간이 지나니 선호도가 분명해졌고 방송이 나오는 시간을 기억해서 만화를 찾아보게 되었다. 그 당시 반디가 챙겨보았던 프로그램들이다.

니켈로디언의 〈스폰지밥 네모바지 Spongebob Squarepants〉

노란색 해면동물 '스폰지밥'과 친구들이 사는 '비키니 씨티'라는 해저도시에서 일어나는 이야기.

카툰네트워크의 〈파워퍼프걸 Powerpuff Girls〉

파워퍼프걸의 멤버인 블라섬, 버블스, 버터컵이 도시의 평화를 방해하는 악당과 맞서는 슈퍼 히어로 장르의 만화.

카툰네트워크의 〈틴 타이탄 Teen Titans〉

배트맨의 조수였던 로빈, 녹색 소년 비스트 보이, 사이보그, 외계에서 온 소

〈말괄량이 삼총사〉
〈틴 타이탄〉

디즈니채널의 〈피니와 퍼브〉
카툰네트워크의 〈파워퍼프걸〉

니켈로디언의 〈스폰지밥 네모바지〉

녀 스타파이어, 붉은 마왕 트라이곤의 딸 레이븐이 함께 힘을 합쳐 위기에 처한 도시를 구하는 이야기.

디즈니채널의 〈피니와 퍼브 Phineas and Ferb〉

피니와 퍼브, 두 형제가 기발한 발명품을 만들며 펼쳐지는 모험 이야기. 그리고 그들의 계획을 방해하려는 두펀 스머츠 박사의 음모가 흥미진진하게 펼쳐진다.

〈말괄량이 삼총사 Totally Spies〉

샘, 알렉스, 클로버는 평소에는 평범한 여고생들이지만 사실은 비밀 국제기구 소속의 스파이 요원의 신분을 감추고 있다. 삼총사가 국제적 범죄와 맞서 싸우는 이야기를 담은 만화.

애니멀 플래닛 Animal Planet

미국 디스커버리 네트워크 계열 방송국의 동물 전문 방송. 동물 다큐멘터리가 대부분인데 반디가 가끔 관심을 가졌던 채널이다.

디스커버리 Discovery

과학, 역사, 자연 분야에 관련된 다큐멘터리와 논픽션 프로그램을 중심으로 방영하는 채널이다. 이 채널 프로그램 중 〈호기심 해결사 Myth Busters〉와 〈인간과 자연의 대결 Man VS Wild〉은 반디가 고학년까지 관심을 가지고 보았다.

'애니멀 플래닛' 로고

'디스커버리 채널' 로고

　영어는 언어다. 언어는 환경에 영향을 받는다. 의도적이든 의도적이지 않든 노출 시간이 중요하다. 자연스러운 환경이 필요했고 원어 방송은 아이들에게 그런 환경을 제공할 수 있는 최고의 도구였다. 아이가 자연스럽게 TV를 보고 즐기는 사이 영어의 소리에 익숙해지고 처음에는 뭉텅이로 들리던 문장이 하나하나 분리되기 시작하면서 단어와 단어 사이의 차이를 인지하게 된다. 어느 날부터는 화면을 보고 웃는 것이 아니라 대사를 듣고 이해하며 웃는 날이 온다. 단언할 수 없지만 이 부분은 어른들에게는 가능하지 않은, 아이들이 가진 재능인 듯하다. 나 또한 대부분의 시간을 아이와 함께 TV를 보았지만 반디에 비해 영어 능력에 큰 효과를 보지 못했다. 결국 아이가 웃을 때 같이 웃을 수 없는 엄마가 되어버렸다.

　반디가 고학년이 되면서 만화 채널을 보는 시간이 현저히 줄어들었다. 축구에 빠졌던 홈스쿨 시작 시기에는 축구 채널을 보느라 디즈니 채널마저 보지 않았다. 영어 만화 채널을 이용하는 적당한 때가 있고 그때를 놓치면 기회가 없겠다는 생각이 들었다. 반디의 영어 습득에 가장 큰 영향력을 준 것은 '책'과 '영상'이다. 그중 영상은 아이가 학년이 올라갈수록 단위 시간이 긴 영화보다 틈새 시간을 활용할 수 있는 영어 채널이 부담 없고 효율도 높았다.

다양한 방법으로 아이에게 영상을 통한 영어 환경을 만들어줄 수 있다. 그 방법을 찾는 것이 엄마의 역할이라 생각한다. 아이를 붙들고 단어 외우기를 시키고 학원 숙제를 도와주는 것보다 쉽지만, 중요한 일이다.

● **아이가 거부했던 '연따' 버리기**

1년 6개월 이상 거의 매일 세 시간 가까이 영어 소리에 노출되었던 반디는 곧잘 영어로 중얼거리곤 했다. 대부분 TV에서 나온 등장인물 흉내였다. 일반적인 엄마표 영어에서는 이런 시기에 '연따'를 시도하라고 한다. '연따'는 오디오에서 흘러나오는 소리를 거의 동시에 뒤쫓으며 '연속해서 따라 말하는 것'을 뜻한다. '연따' 또는 '셰도잉 Shadowing'이라고도 한다. 입과 혀를 영어에 맞춰 움직이는 연습이라 생각하면 된다. 소리의 의미를 알아야 하는 것은 아니고 소리를 그대로 흉내를 내는 것이다. 이 과정을 통해 영어의 억양을 연습하는 효과를 얻을 수 있다. 여기에서 말하는 억양은 소리의 높낮이, 강약, 빠르기를 모두 포함한다.

아이가 거의 동시에 따라 말해야 하기 때문에 속도가 빠른 오디오는 피했다. 집중듣기를 했던 첫 챕터북 시리즈 『매직 트리 하우스 Magic Tree House』의 속도면 가능할 것 같았다. 반디에게 방법을 설명하고, 이미 집중듣기가 끝난 『매직 트리 하우스』의 첫 권부터 다시 시작했다. 다른 말이지만 이 방법 또한 아이들이 성인보다 더 잘하는 것 같다. 아이에게 시키기 전에 나도 연습 삼아 해보았지만 서너 문장을 넘기지 못하고 소리를 놓치고 말았다. 여러 번 도전했지만 내 소리에 묻혀 오디오 소리를 놓치기 일쑤였고 나도 모르게 소리의 의미를 쫓아서 도무지 진행이 되지 않았다. 그래서 큰 욕심을 부리지 않고 아이에게 시도했는데, 의외였다. 아이는 첫 시도에서 책 절반을 따라갈 때까지 정확한 발음은 아니지만 그런대로 따라가 주었다. 좀 더 소리에 집중하기 위해 이어폰을 사용하기도 했다.

'연따'를 할 때는 아이는 책을 보지 않고 오디오에서 나오는 소리만을 흉내 내면서 따라했다. 이렇게 소리에 집중해서 따라 말하면 나는 그 책을 펴놓고 보았다. 엄마와는 달리 반디는 간발의 차이로 소리를 따라가는 것에 어려움이 없었다. 하지만 발음이 정확하지 않고 많이 뭉개졌다. 절반을 따라 하면 잠깐 쉬었다가 나머지를 마무리하는 식이었다. 그런데 시리즈 절반쯤 왔을 때 반디는 '연따'에 흥미를 잃고, 하고 싶지 않다는 의사를 표현했다.

내가 책을 잘못 선택해서인지 방법이 틀린 것인지 아이의 성향 때문인지 지금도 정확히 알 수 없다. 이 책을 읽는 독자 중 '연따'에 도전하는 분이 있다면 좀 더 많은 경험을 찾아본 뒤에 시도하길 바란다. 또한 반드시 이 과정을 거쳐야 한다는 부담을 가지지 않았으면 한다. 억지로 연습시키지 않아도 아이의 중얼거림을 자주 접하게 될 것이기 때문이다.

첫 레벨 테스트,
언제 해야 좋을까?

● **레벨 테스트는 중간 점검일 뿐이다**

취업을 위해 학벌과 스펙에 매달리듯, 부모들도 아이의 영어 학원 레벨에 전전긍긍하는 시기가 있다. 학원에서 인정한 레벨이 곧 아이의 영어 실력이라 생각하고, 그 레벨을 확인하지 않으면 불안해한다. 학원의 레벨이 아이의 영어 실력을 확인하는 가장 정확한 지표는 아니지만 엄마표 영어를 하는 친구들도 2년에 한 번 정도 학원 레벨 테스트를 받는 것도 나쁘지 않다는 생각이다. 가장 '트렌디trendy'한 방법으로 현재 상태를 점검할 수 있기 때문이다. 언제가 좋을까? 아이의 진행 상황에 문제가 있다고 생각할 때는 절대로 해서는 안 된다. 아이 컨디션이 가장 좋을 때, 아이가 스펀지처럼 잘 흡수하고 있다는 생각이 들 때 해야 한다. 엄마는 확신을, 아이는 자신감을 얻을 수 있다.

반디는 초등학교 3학년부터 학교에서 영어를 배우기 시작했다. 그래서 대부분의 반디 친구들은 2학년이 되면서부터 영어 사교육을 시작했다. 아이들의 실력은 점점 차이가 났고 어느 학원의 어떤 레벨이면 어느 정도의 영어 실력을 가지고 있는지 가늠할 수 있게 되었다. 드디어 영어 학원 레벨에 목매는 시기가 된 것이다. 친구 엄마들은 집에서 영어를 공부하는 반디를 진심으로 염려하는 마음에서 영어 학원 레벨 테스트를 권했지만 그때마다 이런저런 핑계로 거절을 했다. 우리의 엄마표 영어는 듣기, 읽기, 말하기, 쓰기 등 종합적인 부분에서 레벨 테스트가 이루어지는 학원식 진행이 아니었기 때문이다. 듣기와 읽기에만 1년 넘게 집중하기도 했지만, 앞으로 학원을 보낼 것도 아니고 장기적인 우리만의 계획을 가지고 있었기에 레벨 테스트는 의미 없는 일이라 생각했다.

언제, 어디서 받아야 할까?

레벨 테스트는 진행하고 있는 영어 습득 방법이 잘 적용될 수 있는 학원에서 받는 것이 중요하다. 그 무렵 우리가 살고 있던 지방에 리딩을 주목적으로 하는 어학원이 문을 열었다. 반디의 학습 방법을 어느 정도 알고 있던, 중고등학생 대상으로 영어 과외를 하는 반디 친구 엄마가 조심스럽게 어학원 레벨 테스트를 권했다. 반디의 공부 방법에 대한 정확한 진단이 가능할 것 같다고 조언하며, 잘못된 방향이라면 늦기 전에 바로 잡으면 좋겠다고 했다. 나 또한 그 어학원을 설립한 분이 쓴 책을 읽은 후였고, 일부분 그 의견에 동의했기에 고민 끝에 아이와 함께 어학원을 찾았다.

영어 학원을 가본 적이 없는 우리 모자는 학원 입구에 있는 책을 보고 눈이 휘둥그레졌다. 친구 엄마가 왜 이 어학원을 추천했는지 알 수 있었다. 20여 분을 기다리는 동안 단계별로 나뉜 책을 훑어보았다. 아이에게 몇 권의 책을 슬쩍 권했더니 별 어려움 없이 묵독을 했다. 얼마나 이해했는지 물어보지 않아서 정확하게 알 수는 없지만 집중도를 보아 대략 눈치챌 수 있었다. 꽤 괜찮은 레벨이 나올 것 같았다. 테스트 전에 지금까지 어떻게 영어를 공부했는지 상담을 했다. 다른 사교육 없이 집에서 듣고 읽는 것이 전부라 하니 좀 의아해하며 간단한 테스트를 했다.

반디가 K(미국 유치원 단계)레벨을 거쳐 1단계까지 무리 없이 소화하니 선생님은 "언어적 센스가 있다."는 말과 함께 엄마는 나가 있으라 했다. 한 시간이 훨씬 지나 반디가 얼굴이 벌겋게 상기된 채 밖으로 나왔다. "엄마 같이 들어오래." 읽기 레벨 결과는 미국 초등학교 2학년 3개월 수준이었다. 미국의 같은 또래 아이들과 비슷한 수준으로 읽고 이해 가능하다는 결론이었다. 초등학교 저학년은 읽기 레벨이 높아도 단어 레벨이 낮은 편인데, 반디는 단어 레벨도 2학년 수준으로 나왔다는 말씀을 해주셨다.

또한 선생님은 단 한 번도 단어를 따로 공부하지 않았다는 내 말을 믿지 않았다. 듣기 레벨 또한 연령대보다 높아 단계를 높여 한 번 더 테스트를 하는 바람에 시간이 더 걸렸다면서 놀라워하셨다. 하지만 상대적으로 말하기와 쓰기가 너무 약하다고 했다. 그 부분은 우리도 알고 있었다. 선생님께서는 부모가 이중 언어를 사용해서 아이와 영어로 대화를 하는 줄 아셨단다. 그런 아이치고 말하기가 너무 서툴러 의아했다는 것이다.

인풋이 잘 되어 있어서 그 부분은 금방 따라갈 수 있다는 말씀과 함께 지난 시간 어떤 방법으로 영어 공부를 했는지 무척 궁금해 하셨다. 나중에 반디에게 들으니 인터뷰하는 동안에도 정말 영어 학원을 다니거나 과외 없이 엄마와 집에서 책만 읽었는지 여러 번 물어보았다고 했다. 이때만 해도 엄마표 영어로 아이들이 영어를 공부하는 일이 흔하지 않았고 그 효과가 널리 퍼지기에도 이른 시기였기에 학원 측에서 꽤 놀랐던 것 같다. 하지만 그 후 엄마표 영어를 진행하는 아이들 중 학원 레벨 테스트에서 반디와 비슷한 경험을 한 사례를 쉽게 찾아볼 수 있게 되었다.

아이는 자신감을, 엄마는 확신을 얻다

학원을 나오는 발걸음이 무척 가벼웠다. 믿고 있었지만 문득문득 꿈틀대던 불안감이 일순간 사라졌다. 아이는 자신의 영어 실력에 '자신감'을 얻었고 엄마는 지금 가고 있는 길에 대한 '믿음'이 생겼다. 아직 말하기도, 쓰기도 엉망이지만 궁극적인 목표가 회화나 영작이 아니기에 아직은 그 시기가 아닐 뿐 잘 가고 있다는 확신이 들었다.

영어 공부의 최종 목표는 학교 공부 선행도, 수능도 아니었다. 학원에서 다른 친구들보다 높은 레벨을 받는 것은 더더욱 아니었다. 영어로부터 완전히 자유로워지고 의미가 변질되지 않은 원어로 지식 습득이 가능해질 때까지 어떻게 해야 하는지 분명해진 날이었다. 추천해주었던 엄마에게 무척 고마웠고 이후 다른 엄마들의 시선은 더 이상 염려가 아닌 부러움으로 바뀌었다. 다른 아이들은 영어 학원 과제와 레벨 테스트로 스트레스가 쌓여가고 있던 초등학교 2학년 여름이었다.

아이가 좋아하는 챕터북 시리즈

반디가 챕터북을 읽던 2006년은 단계별로 시리즈가 수입되던 초창기였다. 물론 지금만큼 풍부하지 않지만 더 안 좋은 환경에서도 엄마표 영어의 길을 갔던 선배들에 비하면 원서나 영화 등의 자료를 구하는 것, 경험을 참고하는 일도 수월했음을 인정한다. 우리는 선택의 폭이 넓지 않다는 이점으로 당시 가장 선호도가 높던 시리즈들을 선택했다.

반디는 한 해 동안 이 다섯 세트의 시리즈를 순서대로 진행했다. 처음부터 책을 다 구입한 것이 아니라 한 시리즈를 구입해서 다 볼 때쯤 다른 시리즈를 구입했다. 몇몇 시리즈는 전체를 다 보고 나면 처음부터 다시 시작해서 한 번 더 보았고, 어떤 시리즈는 딱 한 번만 보기도 했다. 이것도 반디의 선택이었다.

『매직 트리 하우스Magic Tree House』 시리즈

챕터북 집중듣기 첫 시리즈는 『매직 트리 하우스』였다. 초등학교 3학년 남자아이가 여동생과 함께 매직 트리 하우스를 통해 시간 여행을 하는 내용이다. 각 권마다 새로운 에피소드가 시작되고 끝나는 패턴인데 시대적 배경과 뿌리가 되는 내용은 논픽션에 가까웠다. 덕분에 읽고 나면 간단하지만 배경을 얻을 수 있었다. 반디는 책의 내용보다 시대적 배경이나 역사적 사건을 더 재밌어했고 나도 배경에 관한 정보를 찾아 따로 이야기해주곤 했다. 초등학교 2학년을 대상으로 하는 설명인 만큼 쉽고 간단한 내용이었다.

반디가 구입했던 시리즈는 스물여덟 권이었는데 계속 이야기가 추가되어 현재는 사십 권이 넘는다고 한다. 리딩 레벨도 차이가 있다. 1~28권까지는 리딩레벨 2.0~3.4 수준, 29권부터는 3점대 후반이다. 이 시리즈는 '논픽션 가이드북'도 별도로 출판되어 있다. 책을 읽은 뒤 내용과 관련된 역사, 지리, 과학 등에 대해 더 알기 위한 책이다. 본책에 비해 페이지 수도 많고 리딩 레벨도 4점대 후반에서 5점대 초반으로 높은 편이다.

『매직 트리 하우스』를 볼 수 있는 사이트

『매직 트리 하우스』 공식 홈페이지
www.magictreehouse.com

랜덤하우스의 어린이책 카테고리
www.randomhousekids.com/brand/magic-tree-house

『주니 비 존스 Junie B Jones』 시리즈

엉뚱하고 호기심 많은 유치원 여자아이의 일상을 들여다볼 수 있는 내용의 시리즈다. 앞의 열일곱 권은 유치원 시절의 이야기, 그 뒤는 초등학교에 입학한 주니의 좌충우돌 이야기가 담겨 있다. 쉽고 간단한 문장을 사용하며 대화체를 그대로 인용해서 간단한 회화 문장을 익히기도 좋았다. 그래서인지 문법적 오류가 종종 보이지만 그건 어른의 시각이고 책을 읽는 연령의 아이들에게는 그다지 문제될 것이 없어 보였다. 반디는 다른 네 개의 시리즈에 비해 이 책에는 그다지 관심이 없었다. 당시 스무 권이 넘는 세트를 구입했는데 한 번 보고는 더 이상 보지 않았다. 리딩 레벨 2.0~3.0 수준이다.

『주니 비 존스』 홈페이지

책 정보와 게임, 액티비티들이 담겨 있다.
http://juniebjones.com

『직소 존스 미스터리Jigsaw Jones Mystery』 시리즈

'직소Jigsaw'라는 별명을 가진 주인공 테오도르 존스가 친구이자 파트너인 밀라와 함께 미스터리한 사건들을 퍼즐조각 맞추듯 풀어가는 어린이용 추리소설이다. 어른이 보기에는 심각하지 않은 사건이지만 두 아이의 예리한 추리와 나름 촘촘한 논리적 서술이 주인공의 시점이어서 반디가 재미있어했다. 반디는 이런 부류의 미스터리, 추리물에 집중력을 보였다. 전체적인 리딩 레벨은 2.5~3.5 수준이다. 뒤로 갈수록 리딩 레벨이 높아지지만 익숙한 등장인물과 비슷한 패턴으로 이어지는 시리즈의 특성 때문인지 힘들어하지 않았다.

작가 제임스 프렐러James Preller의 홈페이지

작가의 소식과 정보, 작품 설명을 볼 수 있다.
www.jamespreller.com/jigsaw

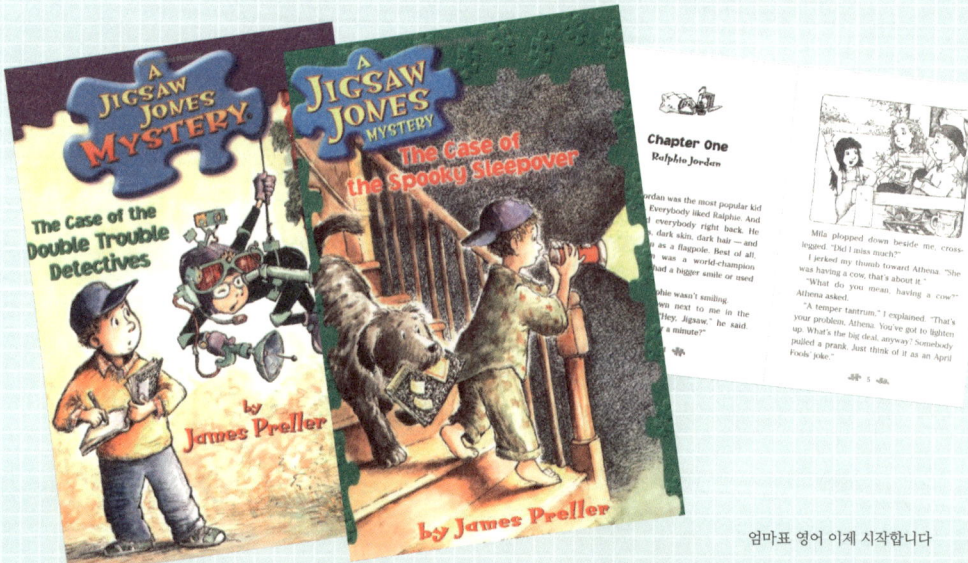

『에이 투 제트 미스터리 A to Z Mysteries』 시리즈

코네티컷의 작은 마을에 사는 초등학교 3학년 꼬마 탐정 삼총사가 알파벳 순서에 따라 벌어지는 사건을 푸는 추리소설이다. 스물여섯 권의 제목 첫 글자가 A에서 Z로 이어지는데 등장인물을 이해하기 위해 순서대로 읽는 것을 추천한다. 『직소 존스 미스터리』와 달리 유괴범이나 대형 사건도 등장하며 내용이 꽤 심각한 편이다. 그래서인지 이야기 속에 등장하는 어른들이 아이들의 의견을 존중하는 선에서 도움을 주는 장면도 자주 등장한다. 책 말미에는 다음 권에 벌어질 사건에 대한 예고나 암시가 있는 것도 재미난 발상이었고 책 앞쪽에 그려져 있는 마을 지도를 보며 삼총사가 다녔던 길을 찾아보는 재미도 있었다. 리딩 레벨은 2.2~2.8 수준이다.

작가 론 로이 Ron Ray는 세 개의 미스터리 시리즈를 썼다. 『에이 투 제트 미스터리』를 완결하고 삼총사의 동생들을 주인공으로 출판한 시리즈가 『캘린더

『에이 투 제트 미스터리』 시리즈

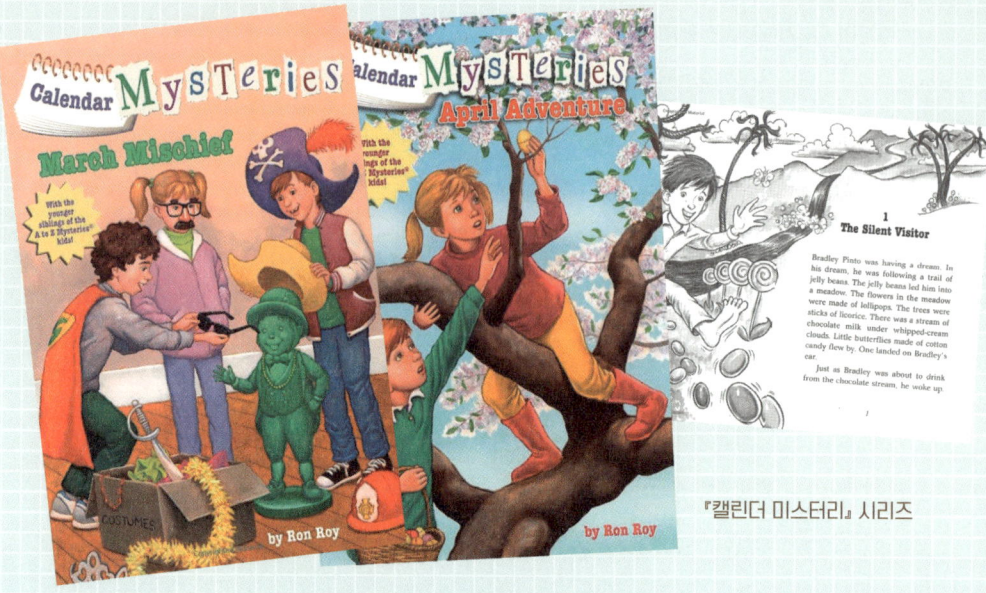

『캘린더 미스터리』 시리즈

『캐피털 미스터리』 시리즈

미스터리Calendar Mysteries』이다. 제목에서 눈치챘겠지만 각 권의 제목이 1월January에서 12월December까지 열두 달로 시작한다. 주인공이 1학년이니 리딩 레벨도 그 전 시리즈보다 낮은 수준이다.

또 하나의 시리즈는 『캐피털 미스터리Capital Mysteries』이다. 이 또한 제목에서 유추할 수 있듯이 미국의 수도인 워싱턴을 배경으로 한다. 워싱턴 하면 떠오르는 대표적인 장소인 백악관, 링컨 기념관, 스미소니언 박물관 등이 사건의 배경이다. 주인공들이 4학년이라 내용이나 리딩 레벨 수준도 3.5~4.1 정도다.

> **작가 론 로이Ron Roy의 홈페이지**
>
> 작가의 소식과 정보, 작품 설명을 볼 수 있다.
> www.ronroy.com

『아서 챕터Arthur Chapter』 시리즈

아이들에게 익숙한 캐릭터 아서Arthur의 일상을 담은 책이다. 학교와 집에서 일어나는 에피소드를 다루고 있다. 이 책은 미국 아이들이 학교에서 배우고, 익히는 표준 어휘들을 학습할 수 있도록 고안된 교재라고 한다. 앞의 시리즈보다 리딩 레벨이 조금 높고 글도 많은 편이지만 속도가 빨라 오디오 시간은 거의 비슷했다. 아서 시리즈는 다양한 레벨이 있다. 리딩 레벨 1.4~2.9의 아서 스타터를 시작으로 리딩 레벨 1.5~2.5의 리더스북, 리딩 레벨 1.6~3.2에 해당하는 아서 어드벤처가 있고 반디가 보았던 챕터북은 리딩 레벨이 3.0~3.9 정도였다.

PBS 어린이방송에서 제공하는
아서 챕터 게임, 비디오

『아서 챕터』 시리즈

아서가 우리에게 친숙한 이유는 TV 시리즈로 유명하기 때문이다. 1996년 시즌 1을 시작으로 현재 시즌 20까지 이어지며 230여 개의 에피소드가 나왔다. 그래서 작가인 마크 브라운^{Marc Brown} 홈페이지보다 TV 시리즈를 방영했던 PBS Kids의 아서 홈페이지에 유용한 정보들이 많이 있다.

「아서 챕터」를 볼 수 있는 홈페이지

미국 공영방송 PBS의 어린이 방송 PBS Kids의 아서 홈페이지
pbskids.org/arthur

작가 마크 브라운의 홈페이지
marcbrownstudios.com

3단계 :
**미국교과서,
비문학 원서
활용법**

집중듣기 1 : 미국 교과서

● **첫 사교육 실패기**

2년 동안은 꾸준히 집중듣기와 흘려듣기를 진행하며 집어넣기만 하는 시간이었다. 3학년이 되면서 학교에서 공식적으로 영어 수업이 시작되었지만 우리의 목표나 실천 방법은 달라지지 않았다. 집중듣기를 위한 책의 종류를 다양화하는 시도를 했을 뿐이다. 그 당시 유명 영어 학원들에서 '미국 교과서'에 관심을 가지기 시작했다. 이름만 들어도 아는 영어 학원을 다니는 친구들 가방에는 화려한 색의 무거운 미국 교과서 한두 권쯤은 들어 있었다. 미국 교과서를 활용해서 과외 수업을 한다는 선생님들도 하나둘씩 늘어나고 있었다. 서서히 아웃풋을 기대해도 좋지 않을까 하는 조급한 마음에 영어 사교육을 처음으로 시도했다가 실패한 것이 바로 이때다.

우리는 도심에서 조금 떨어진 신도시에 살았다. 신도시가 들어선 지 1년쯤 지났으니 아직 모든 면에서 어수선한 상황이었다. 주변 환경이 여의치 않아 차로 30분 이상 걸리는 시내 학원에 아이를 보내는 집도 있었고 실력 있는 선생님들을 모셔오기 위해 오랜 시간 공을 들이는 집도 있었다. 시내 중심에 살고 있는 반디 친구는 유명 영어 학원을 다니면서 미국 교과서를 이용한 과외 지도를 받고 있었다. 이 친구는 일주일에 닷새를 영어 사교육에 투자하고 있었다. 나는 그 친구가 공부하는 미국 교과서의 화려함에 마음을 빼앗겨 집중듣기에 활용하기 위해 그 당시 가장 유명했던 『리터러시 플레이스Literacy Place』를 구입했다.

아이의 수준이 올라갈수록 책의 내용을 파악하기 힘든 엄마는 불안해진다. 2학년 1년 동안은 리딩 레벨이 그리 높지 않은 챕터북의 내용을 대충 파악할 수 있었기에 아이와 책에 대해서 이야기를 나누었지만 이제는 달랐다. 반디는 그때까지도 내용이나 단어를 확인하지 않고 집중듣기를 계속했다. 이미 습관이 되어 리딩 레벨이 올라가는 것에 거부감이 없었지만 나는 어려워진 단어와 문장구조가 부담스러웠다. 그 불안을 해결하고자 시내에 사는 반디 친구 엄마를 통해 미국 교과서로 과외 수업을 하는 선생님께 반디를 부탁드렸다. 아이에게 필요해서가 아니라 엄마의 불안감에 첫 사교육을 시도했던 것이다.

하지만 일주일에 두 번씩 선생님께서 먼 길을 찾아오신 보람도 없이, 반디는 두 달을 채우지 못하고 수업을 포기했다. 한 달 동안 별다른 반응이 없는 반디를 보며, 처음이라서 그러려니 애태우면서 지켜봤다. 그런데 다시 한 달이 지나고 반디는 이 수업을 하지 않겠다고 선언했다. 이유는 분명했다. 자기는 같은 내용을 반복하는 것이 너무 싫은데 선생님은 같은 이야기를 몇 번이나 되풀이하면서 수업을 하고, 내용을 확인하고 단어를 외우게 시켰으며, 수업이 끝나고도 숙제가 남는 것이 싫다고 했다. 반복하지 않고, 내용을 확인하지 않고, 별도의 단어 공부와 숙제가 없었던 지금까지의 진행 방법과 완전 반대였던 것이다. 나는 반디에게 솔직하게 말했다. 엄마가 더 이상 반디의 영어 공부를 도와줄 수 없으니 선생님의 도움을 받아 말하기, 쓰기를 시도해야 할 때라고 아이를 설득했다. 또 아이가 이야기하는 부분을 선생님께 전달하고 반복도 숙제도 조절하면 어떻겠냐고 설득했다. 하지만 아이는 한 번 말을 뱉어낸 이후 요지부동이었다. 그나마 띄엄띄엄 반응하던 것도 더 이상 하지 않으며 '저항'했다. 결국 엄마의 욕심일 뿐이라는 결론에 도달했고 죄송하게도 과외 선생님과의 인연은 끝이 났다.

그때 나는 스스로에게 화가 났다. 지금까지 고집했던 방법 때문에 아이가 영어를 학습으로 접근하지 못하는 건 아닐까 걱정이 되었다. 수업을 정리하고 아이와 함께 우리가 지나온 2년과 앞으로의 계획에 대해서 많은 이야기를 했다. 아이는 앞으로 엄마가 도움을 주지 못해도 집중듣기를 게을리 하지 않을 것이며 TV도 더 집중해서 볼 것이고 간단한 학습서를 활용해 영어를 '학습'으로 접근하는 것을 따라주겠다며 약속했다. 다행히 구입해놓은 미국 교과서『리터러시 플레이스』는 오디오도 함께 있어 집중듣기와 간단한 활동으로 활용할 수 있었다. 그때 구입했던『리터러시 플레이스 2』에 이어『리터러시 플레이스 3, 4, 5』도 학습적 효과보다는 다양한 책을 접하고 생각을 풀어가는 목적으로 꾸준히 읽었다.

미국 교과서 집중듣기 성공기

3년 차 집중듣기는 미국 교과서를 듣는 것으로 진행했다. 우리나라 초등학교 교과서 대부분이 국정 교과서인 것과는 달리, 미국은 학교마다 각 출판사가 심혈을 기울여 만든 교과서를 선택해서 사용한다. 미국의 초등학교 교과서를 만드는 대표적인 출판사는 스콜라스틱 Scholastic 하커트 Harcourt, 맥그로힐 McGraw-Hill, 호튼 미플린 Houghton Mifflin, 스콧 포스맨 Scott Foresman 등이 있다. 우리나라 영어 학원과 엄마들이 관심을 가지는 교과서는 읽기와 쓰기를 가르치기 위해 만들어진 『리터러시 Literacy』시리즈로 우리나라의 국어 교과서에 해당된다. 대부분 본 책과 오디오를 비롯해서 복습을 위한 '프랙티스 북 Practice Book'도 함께 나온다. 영어 원서 전문 사이트에 미국 교과서 카테고리가 따로 있으니 출판사별로 교과서의 내용이나 활용 방법을 확인해보자. 반디는 스콜라스틱 출판사의 『리터러시 플레이스』를 활용했다. 당시 수입된 미국 교과서 중 가장 유명한 것

반디가 집중듣기로 활용했던 『리터러시 플레이스』의 그레이드 2부터 그레이드 5까지의 표지. 그레이드 2와 3은 두 권으로 구성되어 있다.

이었다. 그레이드 Grade 1~5까지 동화를 비롯해 수필, 시, 기사 등 다양한 장르를 아우르는 책이었다.

반디는 오디오를 이용한 집중듣기로 내용을 파악한 후 이야기 마지막에 있는 'Think About Reading'의 질문에 대해 생각해보는 시간을 가졌다. 이 부분에는 질문형 문장을 모아놓았는데 챕터북을 읽으면서 구어체보다는 문어체에 익숙했던 반디가 질문 문장에 관심을 가지고 흥미를 느낀 계기도 되었다. 책에는 단순한 내용 이해를 위한 질문부터 생각을 요구하는 질문까지 포함되어 있었다. 이 부분은 나와 우리말로 이야기하는 정도로만 소화했다. 엄마가 내용이 파악되지 않는 경우가 많았기에 거의 스스로 묻고 스스로 대답해야 했다. 엄마는 아이의 말에 장단을 맞춰주는 정도였다. 책을 읽고 자신의 생각을 표현하는 것을 목표로 했기에 대답이 맞고 틀리고는 문제가 되지 않았다. 『리터러시 플레이스』에는 본문과 연관된 주제의 다른 책이나 작가를 소개하는 부분도 있었다. 그것을 토대로 꼬리에 꼬리를 물고 찾아가다 비버리 클리어리 Beverly Cleary 나 앤드류 클레먼츠 Andrew Clements, 엘윈 브룩스 화이트 E. B. White 등 유명 작가들을 알게 되었다. 그들의 책을 읽으면서 자연스럽게 단행본의 길에 들어설 수 있었던 것도 큰 수확이었다.

『리터러시 플레이스 2』를 하기 위해 '프랙티스 북'도 함께 구입했었다. 반디에게 복습용으로 풀어보라고 했지만 강제 사항도 아니었고 정답지가 따로 없어 확인할 수 있는 것도 아니어서 제대로 활용하지 못했다. 이후 그레이드 5까지는 본책과 오디오만 구입해서 집중듣기와 생각 풀어내기에 주로 활용했다. 초등 3학년 말, 그레이드 3까지는 우리만의 방법으로 활용했고 이후에는 학년에 맞게 읽어나갔다.

미국 교과서는 색깔도 화려하고 하드커버로 되어 있으며 두께도 만만치 않아 가격이 비싼 편이다. 하지만 유명 출판사에 의해 검증된 내용이고 학교에서 선택하는 교과서이니 욕심이 났다. 내용 또한 유명한 책의 일부를 발췌한 부분이 많아 그 책에 대한 흥미를 유발하기도 좋고 책과 작가를 알아가는 재미도 있었다. 하지만 집에서 이 책이 가진 장점들을 충분히 활용하기란 쉽지 않았다. 교재로 사용하는 학원에서도 고학년용까지 지속하는 경우는 드물다. 큰 욕심을 부리지 않는다면 중고시장에서 많이 거래되는 저학년용으로 가볍게 접근하여 활용할 수 있을지 먼저 확인하기 바란다.

미국 과학 교과서 활용하기

미국 과학 교과서는 3단계가 아닌, 더 높은 단계와 연령대에서도 활용이 가능하다. 반디는 과학 교과서를 열네 살에 처음 접했다. 중학교 과학을 영역별로 집중 공부하기 위해서였다. 이때 스콧 포스맨 출판사의 고학년용 과학 교과서를 저렴하게 구할 수 있었다. 바로 『스콧 포스맨 사이언스Scott Foresman Science』교과서이다. 이런 비싼 원서들은 내구성이 좋아 상태가 좋은 중고를 구하기가 쉽다. 반디는 한국의 교과 과정에 따른 단원을 마무리할 때마다 같은 주제의 색인을 찾아 원서로 그 내용을 확인하는 좋은 기회를 가질 수 있었다.

반디는 한 단원을 마무리하면 해당 파트의 과학 원서를 읽고 그 내용을 자신만의 방법으로 노트에 정리했다. 이때는 유학에 뜻이 없었는데도 아이가 원서에 관심을 가졌던 이유가 있었다. 미국 과학 교과서는 초등 5~6학년 교재였

주제별, 학년별
『스콧 포스맨 사이언스』

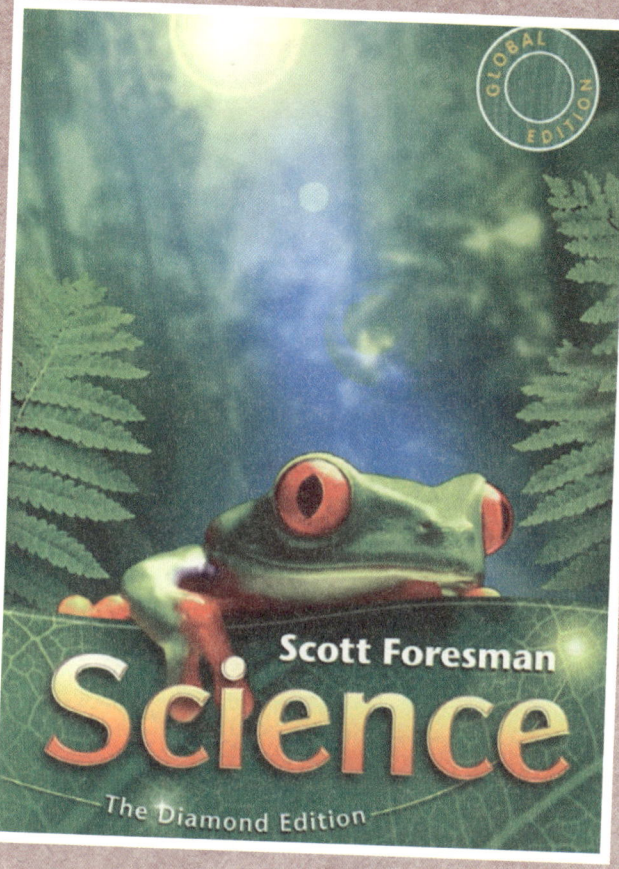

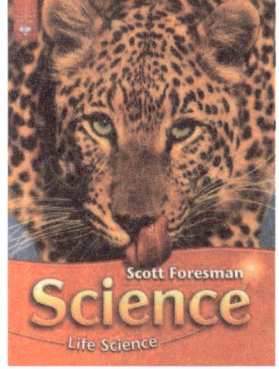

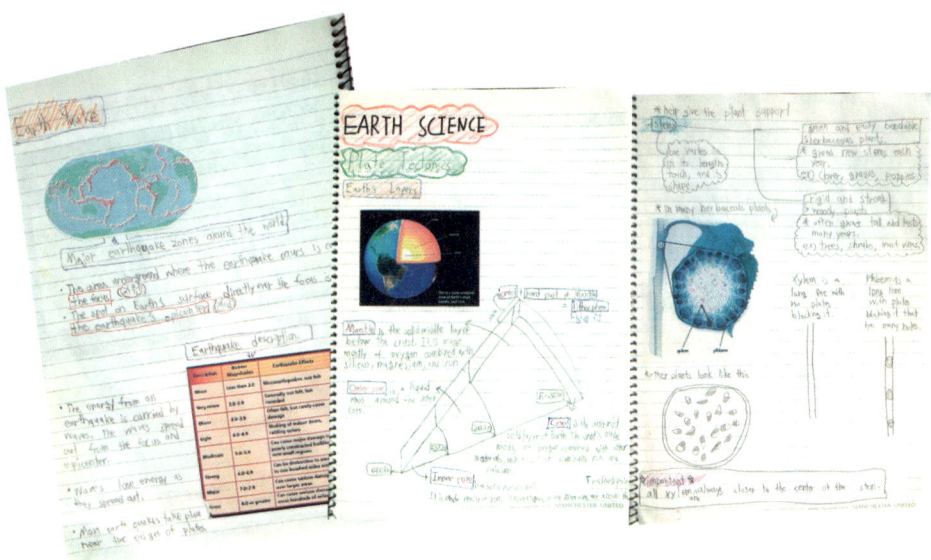

읽기를 마친 뒤 자신만의 방법으로 각 단원을 정리한 반디의 노트

는데 우리나라 중학교 과학 교과서에 등장하는 한자가 많은 과학용어보다 영어로 표현된 용어가 더 쉽게 이해되었기 때문이다.

생물 파트를 원서로 처음 접했을 때 'cell(세포)'에 대한 설명이 있었다. 설명에 '적혈구'와 '백혈구'라는 단어가 나왔다. 반디는 그 단어의 뜻도 알고 있고, '적' '백' '혈'도 그럭저럭 알았지만 '구'가 애매했단다. 그때 "'구'가 그냥 'cell'이었네." "'파동'이 그냥 'wave'네."라고 하던 반디의 말이 놀라웠다. 관련된 용어인 '횡파' '종파' '매질'을 영어로 어떻게 표현하는지 찾아보고 무슨 말인지 이해가 되었다고 했다. 여하튼 우리는 그런 신선한 깨달음을 나누며 5~6학년 과학 교과서를 추가로 집중듣기 했다.

집중듣기 2 :
사회, 과학 등 비문학 원서

● **비문학 원서로 독후 활동하는 방법**

3학년 때 집중듣기로 사회, 과학 등 비문학 영어 원서를 처음으로 시도했다. 『리터러시 플레이스』에는 비문학도 포함되어 있었는데 문학적 글에만 익숙했던 반디가 의외로 비문학에도 흥미를 느꼈다. 그래서 사회, 과학 등 교과 관련 논픽션 책을 집중듣기 리스트에 포함시켰다. 챕터북을 구입하는 대신 어렵지 않게 과학이나 세계사에 접근할 수 있는 책을 골랐다. 대부분의 책을 오디오와 함께하는 방법은 변함이 없었다. 이 시기 집중듣기로 활용했던 비문학 도서를 소개한다.

'Myself' 시리즈 중 『My five sences』

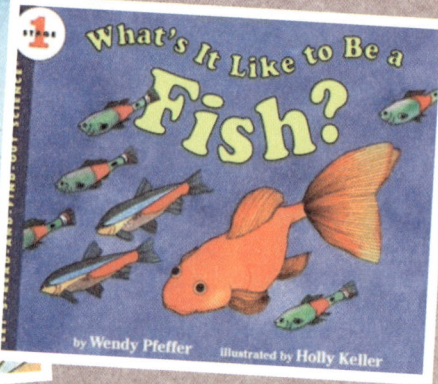
'Animals' 시리즈 중
『What's It Like to Be a Fish?』

'World around' 시리즈 중
『Sounds All Around』

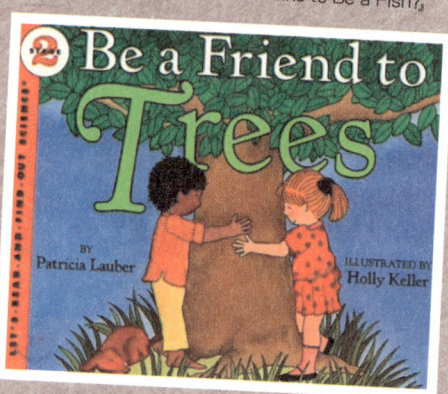
'Plants' 시리즈 중 『Be a Friend to Trees』

'Outer space' 시리즈 중
『Is There Life in Outer Space?』

'Weathers and seasons' 시리즈 중
『Feel the Wind』

『렛츠 리드 앤 파인드 아웃 – 사이언스 Let's Read and Find Out – Science』

닭이 먼저일까? 달걀이 먼저일까? 아무리 생각해도 답이 나오지 않는 것처럼 반디가 대학 전공을 기초과학으로 정할 정도로 과학에 호기심이 생긴 계기는 분명하지 않다. 유아기부터 알게 모르게 몸으로 체험하고 그 체험을 놀이와 연관시키며 시간을 보냈기 때문이었을까? 어쨌든 우리는 과학 관련 원서는 일반 문학과는 다르게 접근했다. 많은 책을 봤다는 것이 아니고 우리만의 독특한 독후 활동을 한 정도다.

반디가 2학년 때, 『원리가 보이는 과학(웅진)』 시리즈의 원서를 구입했다. 내용과 분량이 리더스북 수준이었는데, 이 책은 과학이 별도의 과목으로 분리되었던 초등 3학년에 활용한 첫 비문학 책이 되었다. '세상에서 가장 잘 나가는 과학 동화'라는 별칭을 가진 책으로, 사진이 아닌 그림동화 형식이며 저학년의 과학적 흥미를 높일 수 있는 내용들이 담겨 있다. 백 권이 넘는 구성이지만 당시 국내에서는 1, 2단계를 섞어 32권을 오디오와 함께 판매하고 있었다. 그때까지도 집중듣기가 최우선이었기에 오디오와 함께 있는 구성을 구입했다. 주제별로 동물, 식물, 지구, 우주 등으로 분류되어 있었다.

그냥 읽고 지나가기에 아쉬움이 남는 분야별 책은 영어 습득보다 아이의 관심 영역을 넓히는 데 도움이 된다. 그래서 각 권을 읽은 뒤 연관된 과학적 지식이나 참고할 만한 사이트를 찾아볼 수 있도록 미리 준비했다. 우리말로 추가적인 정보를 찾고 우리말로 아이와 대화가 가능한 이런 주제의 책은 특히 마음에 들었다. 이야기가 있는 책은 듣고 보는 것으로 끝내고 단어조차 관심을 가지지 않았지만, 이 시리즈 2단계는 과학 분야 책답게 과학적 용어가 포함되어 있어서 우리말로 한 번씩 짚어주기도 했다.

우리가 살았던 도시는 과학의 도시답게 일 년 내내 과학 행사가 넘쳤고 인접한 연구 단지 내 연구소들의 견학이나 체험도 활발히 이루어졌다. 그 중심에 국립중앙과학관이 있었다. 반디가 유아기부터 놀이터처럼 이용하던 곳으로 초등 저학년 때는 과학관에서 무료로 제공하는 교육 프로그램에 참여하기도 했다. 홈페이지에 아이들을 대상으로 과학 지식을 설명하는 동영상이 있었고 도움도 되었다. 지금은 사라졌지만 국립중앙과학관 홈페이지의 디지털 교육관은 놀이하듯 신나게 과학을 체험할 수 있는 곳이었다. 반디는 '만화로 배우는 과학' 코너를 특히 좋아했는데, 읽은 책과 관련된 영상을 함께 보면서 이야기를 나누었다.

국립중앙과학관 홈페이지
www.science.go.kr

산이 어떻게 생성되는지에 관한 내용을 읽은 후에는 버튼 하나로 지각 변동 과정을 볼 수 있는 국립중앙과학관 전시실을 찾았다. 화석과 관련된 책을 보고 난 후에는 과학 행사장에서 나눠준 공룡화석 발굴 키트를 이용해 정성 들여 깎고 다듬어 책장에 전시해둔 공룡화석을 가지고 이야기를 나누고 근처 지질박물관에 찾아가고 한국지질자원연구원에서 만든 어린이박물관 홈페이지에 들어가 보았다. 날씨와 관련된 내용을 읽은 뒤에는 어린이 기상 교실 홈페이지를 보았다.

한국지질자원연구원 어린이박물관 홈페이지
museum.kigam.re.kr/child

 어린이 기상 교실 홈페이지
www.kma.go.kr/child/main.jsp

　우주나 행성, 별에 대한 책을 읽은 뒤에는 한국천문연구원에서 운영하는 천문우주지식정보 사이트를 함께 둘러보았다. 이곳 홈페이지의 '어린이 천문학' 코너가 참 유용했던 기억이 있는데 안타깝게도 지금은 없어졌다. 천문우주지식정보 사이트의 별자리 이야기 코너는 각 별자리 그림과 함께 그 별자리에 대한 전설을 설명해서 마치 한 권의 책을 보는 느낌이다. 이 부분만 인쇄해서 별자리 전설 책을 만들기도 했다.

 한국천문연구원 천문우주지식정보
https://astro.kasi.re.kr:444/index

　직접 별을 보기 위해 시립천문대도 종종 찾았다. 학교에 입학하기 전에는 늦은 밤까지 친구들과 함께 노는 놀이터였는데 그때와는 다르게 볼거리를 관찰하는 시간을 가졌다. 둥근 돔의 커다란 천장이 열리면 어마어마한 크기의 망원경으로 달도 보고 토성, 목성도 보고 별자리도 보고 밤하늘을 수놓는 별과 노는 것을 즐겼다.

　대부분의 연구소나 기관 홈페이지에는 어린이를 위한 카테고리가 따로 마련되어 있다. 어렵지 않게 아이 수준에 맞는 내용에 접근할 수 있다. 아이와 독

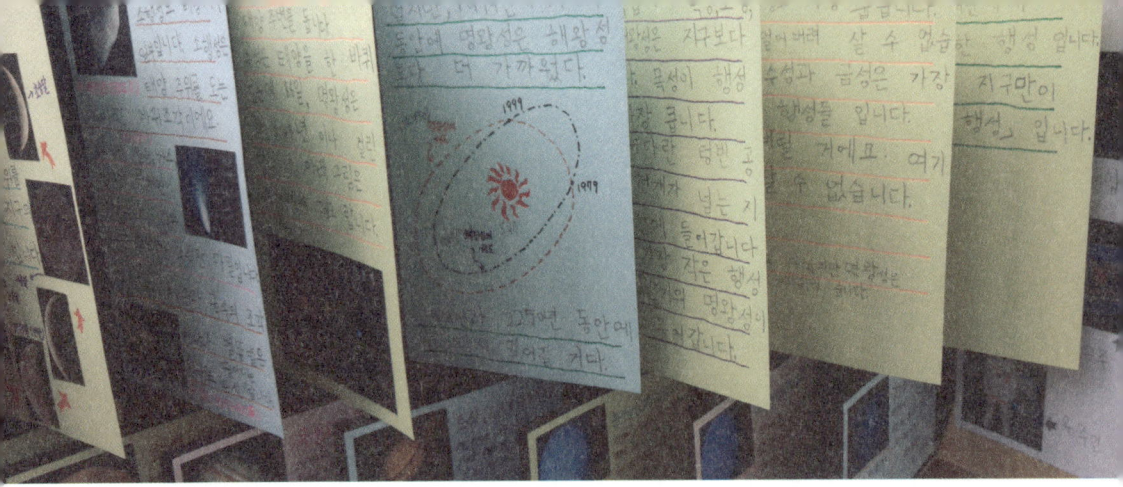

『렛츠 리드 앤 파인드 아웃』 시리즈를 읽은 후 반디가 손수 만든 책.

후 활동으로 활용할 내용을 미리 찾아볼 수도 있어 시간이 절약된다. 이 모든 활동의 목적은 과학 기관을 놀이터 삼아 방문했던 것일 뿐, 아이가 책의 내용을 전부 기억해주기 바란 것은 아니었다. 아이가 책을 읽고 '더 알고 싶은 지식에 어떤 경로로 접근해야 하는지'를 알려주고 싶었다.

위의 사진은 반디가 명왕성이 태양계에서 퇴출당한다는 소식을 듣고 태양계에 관심을 가지며 만들었던 '우리만의 책'이다. 『렛츠 리드 앤 파인드 아웃 시리즈』를 참고하여 책을 꾸며보았다.

비문학 원서, 쉽고 재미있게 활용하기

『포 코너즈 - 사이언스 Four Corners - Science』

세계적인 출판사 피어슨 에듀케이션 Pearson Education 과 디케이 DK 가 손잡고 만든 단계별 시리즈 『포 코너즈Four Corners』는 '지구 끝, 지구 구석구석'이라는 의미를 담은 책이다. 전 세계 여러 나라의 문화와 풍습을 비롯해서 과학 지식이 총망라되어 있다. 선명한 사진이 시선을 끈다. 수학, 과학, 사회, 문화, 예술 등 다방면의 지식과 정보를 담고 있으며 단계별로 유아부터 초등 고학년까지, 단어 수와 문장의 구성에 따라 7단계의 난이도로 나누어져 있다. 글 또한 논픽션에서 접하는 여러 형식을 골고루 만날 수 있다.

1. 리포트 Report	사물에 대한 분류와 설명들을 다루는 보고서 형식
2. 익스플러네이션 Explanation	어떤 사실에 대한 해설을 다루는 설명문 형식
3. 바이오그라피 Biography	특정 인물에 대한 서술을 다루는 전기문 형식
4. 퍼셰이시브 Persuasive	사실과 의견이 포함되어 읽는 사람을 설득하는 논설문 형식
5. 리카운트 Recount	사건에 대해 1인칭이나 3인칭 관점으로 기술하는 서술문 형식
6. 레퍼런스 Reference	백과사전이나 지도 같은 사실적인 참고문 형식
7. 프로시져 Procedure	어떤 일에 대한 진행 순서 기술

이 시리즈는 200여 권이나 된다. 반디는 미들 프라이머리 A Middle Primary A 단계(그레이드로 따지면 3학년)부터 관심을 가졌고 전체 시리즈를 구입하지는 않았다. 부담되지 않는 페이지와 선명한 사진, 글씨 등에 마음을 빼앗겨 과학 관련 책만 선택해서 구입했다. 우리가 구입할 당시에는 오디오 지원이 되는 책도 있었다. 가능하면 오디오 지원이 되는 책들을 골랐다. 그렇게 단계별로 낱권으로 구입한 책들을 초등 3학년부터 고학년까지 아이의 리딩 레벨에 맞춰 보았다.

『포 코너스 - 사이언스』
시리즈

『매직 스쿨 버스 - 사이언스』
시리즈

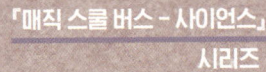

『매직 스쿨 버스 - 사이언스 Magic School Bus - Science』

　프리즐 선생님과 호기심 많은 아이들이 다양한 모험과 사건을 해결하는 과정에서 자연스럽게 과학의 원리를 전달해주는 책이다. 이 시리즈만큼 접근 방법이 다양한 책도 없는 것 같다. TV 시리즈를 비롯해 영상, 중고급 리더스북, 챕터북에 이르기까지 연령대에 맞춰 과학과 영어를 동시에 욕심부리기 좋은 최고의 시리즈이다. 반디는 리더스에 해당하는 키즈 버전부터 그 위 단계까지 번역한 책을 2학년 때 보았다. 원서 챕터북 시리즈를 3학년 말쯤 시도해볼까 계획했지만 반복을 싫어하는 아이라 같은 내용이 아니라는 설득에도 아랑곳하지 않고 결국 거부했다. 그래서 책은 포기하고 DVD를 구입해서 가끔은 영문자막을 켜두고 보았다. 영상을 통한 흘려듣기의 기본 원칙은 한글자막도 영문자막도 가리는 것이었다. 하지만 나는 "이 DVD는 지식 전달의 목적이 강한 책이라 용어가 낯설다."는 핑계로 자막에 온 신경을 쏟고는 했다. 그런 나와는 달리 이미 영어에 익숙해져 있는 반디는 굳이 자막을 따라가지 않고 화면과 소리에 집중하며 보았다.

스콜라스틱 출판사의 「매직 스쿨 버스」 콘텐츠 소개

 게임과 액티비티가 들어 있다. 일부 영상은 유튜브를 이용해 다시 볼 수 있다.
www.scholastic.com/magicschoolbus

「더 댄저 존 - 사회학」
시리즈

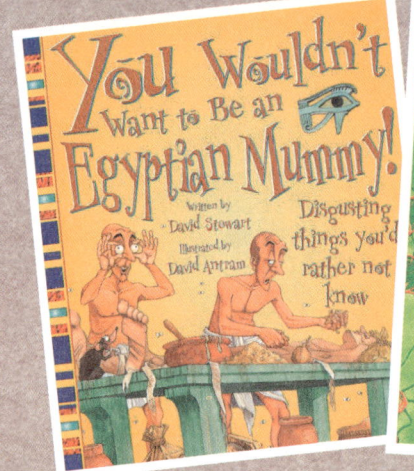
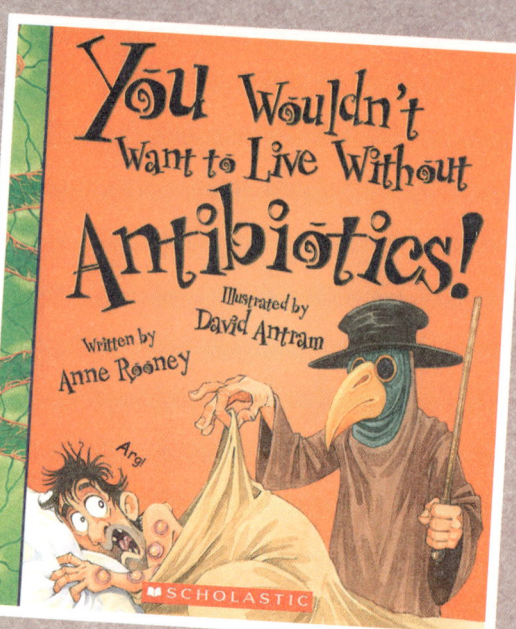

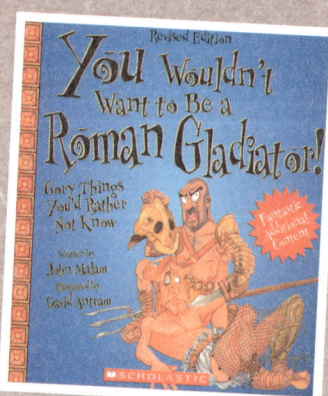
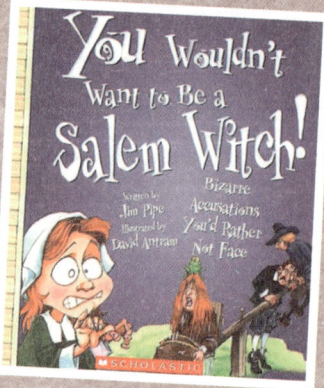

『더 댄저 존 – 사회학The Danger Zone - Social Science』

비문학 중 세계사와 관련된 원서다. 우리가 구입한 책은 본책 40권에 단어장이 따로 포함되어 있었는데 단어장을 열어본 기억이 없다. 엄마표 영어 3년 차였으니 책으로 하는 집중듣기 이외의 추가 활동이 없었기 때문이다. 당시 출판사의 홍보를 빌리자면 영국의 초등학교에서 역사 교과서로 채택한 최상의 논픽션 책이었다. 빙하시대부터 현재까지의 역사적 사건과 인물을 만화와 함께 설명했다. 개인적으로는 전하고자 하는 내용이 많아 조금 산만하다는 느낌도 있다. 주로 집중듣기로 활용했는데 일부는 오디오를 지원하지 않아 중간중간 오디오를 멈추고 봐야 하는 불편함이 있었다. 빙하시대 매머드와 만나고 피라미드와 만리장성의 건축 현장을 엿볼 수도 있고 클레오파트라와 투탕카멘을 만날 수도 있었다. 저학년을 막 벗어난 반디가 이 책으로 세계사의 흐름을 알기는 어려웠고 시간 순서에 상관없이 역사적인 사건과 인물을 만날 수 있는 기회로 접근했다.

책을 보고 난 뒤 관련 시대나 인물 등에 대한 배경지식을 넓히는 학습 효과도 기대했지만 당시 함께 읽었던 『렛츠 리드 앤 파인드 아웃』과 달리 책 한 권을 듣고 보는 데 시간이 꽤 걸렸다. 또 아이가 세계사의 전체적인 흐름을 이해하기 어려울 것 같아 뒤로 미루었는데 결국 시도하지 못하고 말았다. 이후에 소개할『더 스토리 오브 더 월드 The story of the world』에서 몇몇 사건과 인물을 다시 만나는 것으로 가벼운 복습을 했다. 혹시 여유 있게 이 책을 시도해볼 의사가 있는 초등 3~4학년 이상 친구라면 그 배경지식에도 관심을 가져보면 좋을 것 같다. 국내에는『if 세계사』라는 이름으로 번역·출판되었고 미국에서는 영국과 달리『You Wouldn't Want to _____ Series』라 불린다.

영어 학습서,
어떻게 접근할까?

● **파닉스와 코스북, 꼭 해야 할까?**

학습서의 기본인 파닉스와 코스북에 대해서 이야기해보자. 이 시기 아이들에게는 독이 될 수도 있는 영어 학습서가 엄마 입장에서는 꽤 매력적이다. 아이가 원서로 된, 정답 확인이 가능한 책으로 공부하기 때문이다. 그래서 영어 학습서의 매력에 잘못 빠지면 '책보다 학습서'라는 주객이 전도되는 현상이 생기기도 한다.

2년 동안 집중듣기로 듣고 보았던 책들은 대부분 문학 분야 책이었다. 내용을 확인하거나 단어를 기억하는 학습적인 시도 없이 꾸준히 집어넣기만 하는 단계였다. 3학년 때 과목과 연계된 비문학 쪽 책에 관심을 가지면서 학습서를 시도해보기로 결심했다. 학습서는 유아 단계부터 다양했지만 일단 파닉스와 코스북은 제외했다.

반디는 한글에 익숙해진 초등학교 1학년 이후에 영어를 시작했기에 영어의 소리 규칙이랄 수 있는 파닉스에 대해서는 한글의 자모음과 비교해서 설명해 주니 어렵지 않게 알아들었다. 그 뒤로 소리에 맞춰 텍스트를 보는 집중듣기가 누적되면서 읽기는 자연스럽게 자리를 잡았다. 그래서 파닉스만을 위해 학습서나 교재를 사용하지는 않았다. 영유아 단계부터 영어를 시작하는 아이들 대부분이 파닉스로 공부를 시작하지만 아이가 한글에 익숙해지는 초등학교 입학 무렵이면 많은 시간과 노력 없이도 쉽게 이해하고 넘어갈 수 있다. 파닉스를 완벽히 공부한다고 해도 읽을 수 있는 영어 단어는 70% 안쪽이다.

또 하나의 기본적인 학습서는 코스북coursebook이다. 코스북은 난이도에 따라 나누어져 있어 체계적인 학습이 가능하도록 구성된 책이다. 나는 몇 개의 코스북을 서점에서 확인하고는 배우는 사람보다는 가르치는 사람에게 좋은 책이라는 결론을 내렸다. 그 당시 코스북으로 가장 사랑을 받는 책은 『렛츠고Let's Go』시리즈였다. 의사소통을 위한 영어를 가르쳐주면서 문법구조에 맞춘 전형적인 문장에 단어를 바꿔가는 방식이었다. 내가 학교 다닐 때 배웠던 방법과 크게 다르지 않았다. 실제로 의사소통을 할 때는 전형적인 문장을 잘 사용하지 않는다. 그렇기에 문법에 맞춘 정형화된 문장에 단어를 끼워 맞추는 연습으로는 대화를 이어가기 힘들다.

아이들이 우리말을 배울 때, 문법에 맞는 문장에 단어를 바꾸는 방식으로 배우지 않는다. 오히려 그렇게 접근하면 아이가 정확하지 않은 문법으로 말하는 걸 망설이게 되고 자신의 의사 표현을 소극적으로 하게 된다. 영어가 모국어인 사람들도 정확한 문법의 정형화된 문장으로 말하지 않는다. 상대에게 충분히 의사를 전달하지만 문법적 오류를 자주 범한다. 변명 같지만 내가 반디와 함께 4년을 호주에 살면서도 간단한 문장의 말조차 잘 알아듣지 못했던 이유 중 하나였다. 기대했던 대답이 내가 알고 있는 정형화된 문장과는 항상 달랐다. 이런 이유로 반디는 코스북을 하지 않았지만 계속 다양한 코스북 시리즈가 등장하고 꾸준히 사랑받는 것을 보면 아이 성향에 따라 코스북 형태의 학습서가 맞는 아이가 있는 듯하다. 이것 또한 일반화에 맞추지 말고 내 아이 성향에 맞게 조절하면 좋겠다.

학과목과 연계한 비문학 지문 활용법

우리는 앞서 말한 이유로 파닉스와 코스북을 하지 않았고, 3학년이 되어 학과목과 연계한 비문학 지문이 들어 있는 학습서를 처음으로 접하게 되었다. 대부분의 학습서는 한 시리즈가 단계별로 구성되어 아이에게 맞는 수준별 학습이 가능하다. 비문학 학습서를 시도하는 적기는 꾸준한 집중듣기로 리딩 레벨 3.0쯤 되는 책을 아이가 무리 없이 듣고 읽을 때라고 생각한다. 학습서 레벨은 리딩 레벨보다 좀 더 아래인 것을 선택해야 아이가 어렵지 않게 받아들일 수 있다.

대체로 학습서는 지문에 해당하는 본문이 한두 페이지 나오고 본문을 읽고 푸는 문제가 여러 형태로 나온다. 학습서이기 때문에 채점을 해보는 것이 좋다. 아이가 많이 틀리면 단계를 낮추는 것도 방법이다. 학습서들은 종류에 따라, 출판사에 따라 정답이 책에 첨부되어 있거나 별도로 판매하거나 홈페이지에 제시해놓는다. 학습서를 선택할 때 정답을 확보할 수 있는 방법도 미리 확인해보자. 국내 수입된 인기 도서는 수입사 홈페이지에 지문 내용의 번역본까지 친절하게 올라와 있다. 지문을 읽어주는 오디오 파일이 있으면 활용하는 것을 추천한다. 대부분 비문학 지문이기에 고유명사가 많이 들어가 정확한 발음으로 익히는 것이 도움이 된다. 집중듣기 방법을 활용해 본문을 이해하고 모르는 단어는 따로 찾지 않고 전체 내용을 이해하고 문제를 푸는 방법으로 진행했다.

학습서는 영역에 따라 독해, 쓰기, 문법, 어휘, 듣기 등으로 나뉘며 영역별로 수많은 시리즈의 다양한 단계가 갖춰져 있다. 반디가 활용했던 영역은 독해와 어휘 부분이었다. 독해도 지문의 내용에 따라 일반적인 논픽션이 실려 있는 책과 과학, 사회, 수학, 인물 등 과목별로 세분화되어 있는 책으로 구분된다. 3학년부터 시작한 학습서는 초등 고학년까지 한 해에 하나 또는 두 개의 시리즈 중 아이에게 맞는 단계를 선택해서 시간을 많이 들이지 않는 방법으로 활용했다. 학습서는 욕심을 부리지 않는 것이 중요하다. 아이가 충분히 소화할 수 있는 단계를 비교하고 확인한 후 선택해야 한다. 특히 초등 3학년 정도까지는 영어 습득을 위한 전체 시간에서 학습서가 너무 많은 부분을 차지하지 않도록 하는 것이 좋다.

『보케블러리 커넥션 – 단어 Vocabulary Connections – Vocabulary』

A단계부터 H단계까지, 총 8단계로 구성되어 있다. 문학, 사회, 과학, 수학, 예술, 건강 등 여러 분야에 관련된 지문을 수록하고 지문 속 어휘를 이용한 다

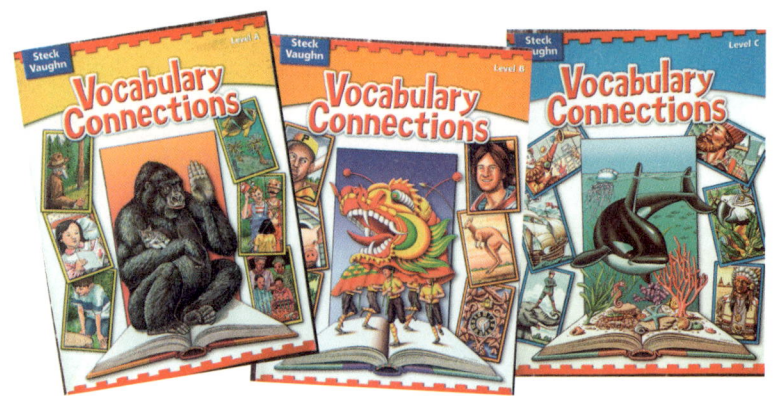

양한 문제를 풀 수 있도록 구성되어 있다. 이전에 반디는 생각나는 단어나 문장을 낙서처럼 끄적거리곤 했는데, 이 책의 활동을 통해서 질문에서 요구하는 바를 찾아 쓰는 연습을 시작했다. 반디는 1년 동안 A단계부터 C단계까지 활용했다.

『콘텐트 리딩 – 수학, 사회, 과학 Content Reading – Mathematics, Social Science, Science』

수학, 과학, 사회 등 과목별로 세분화되어 있는 학습서로 이 또한 단계가 나누어져 있어 아이의 수준에 맞는 책을 선택하면 된다. 반디는 A단계부터 과목에 따라 C 또는 D단계까지 활용했다. 한쪽 페이지에는 지문을, 다른 페이지에는 지문과 관련된 문제를 담고 있다. 지식 전달을 위한 생활 속 문장을 사용해 단순하고 이해하기 쉽다. 수학의 개념 설명은 우리의 실생활이나 역사적인 사실과 연관시켜 엄마들이 선호하는 창의력이나 사고력 문제에 해당하는 유형이 많다. 사회는 우리의 사회 과목에 해당되는 내용이다. 고대 문명부터 시작

해서 미국의 역사와 관련된 사건이나 인물들이 많이 등장한다. 반디가 활용한 단계까지는 상식적인 내용에서 크게 벗어나지 않고 관련 자료를 쉽게 찾아볼 수 있었다. 과학 또한 주로 실생활과 연결된 정보를 담아 종합적이고 사실적인 지식 습득을 위한 첫걸음으로 유용하게 활용할 수 있었다.

　이 학습서를 진행하는 동안 내가 도움을 줄 수 있는 건 사회와 과학 상식을 찾아 정리해서 학습서를 마친 뒤에 읽어보거나, 서로 이야기를 나누는 것이었다. 대부분 유명 인물이나 역사적 사건들에 대해 그 또래가 이해할 정도의 수준을 찾으면 되기에 어렵지는 않았다. 이 학습서들은 어떤 것은 오디오가 있고 어떤 것은 오디오가 없었다. 가능하면 오디오를 함께 들었지만 여의치 않으면 혼자 읽으면서 진행했다. 정답지는 판매처나, 카페, 블로그를 통해 쉽게 구할 수 있었다.

　반디가 활용했던 학습서 외에도 많은 시리즈들이 있는데 이 또한 영어 원서 서점 사이트를 방문하면 학습서 카테고리에 단계별, 영역별로 자세한 정보가 나온다. 사람들이 블로그나 카페에 학습서 활용법을 자세히 올려놓은 것도 많다. 시간과 노력을 투자하는 만큼 양질의 정보를 찾을 수 있을 것이다.

4단계 :
원서와 시트콤으로 읽고 듣는 재미 기르기

집중듣기 :
해리 포터

● 드디어 해리포터를 원서로 만나다

　영어 습득을 위한 장기 계획을 세울 때『해리 포터』를 원서로 읽는 것이 1차 목표였다. 그리고 그 목표를 4단계에서 이루었다.
　반디가 태어난 다음 해, 나는 우연히 읽은『해리 포터』책에 빠져 있었다. 아이가 낮잠을 자는 시간 틈틈이 번역본을 읽고 또 읽었다. 반디가 말귀를 알아들으면서부터 해리에 대해 또 해리의 친구들과 그들의 모험에 대해 이야기처럼 들려주었다. 영어 습득 계획을 짜면서 엄마표 영어를 하는 많은 가정에서 아이가『해리 포터』를 원서로 읽기를 바란다는 것을 알게 되었다. 나도 다르지 않았다. 언젠가 반디가『해리 포터』를 원서로 읽어주기를 바랐고 그것을 기대하며 취학 전부터 원서를 하나둘씩 사 모았다. 반디가 다섯 살이 되면서부터

『해리 포터』영화를 함께 보았다. 일곱 살 때는『해리 포터』게임 CD를 구입해서 아이와 시간 가는 줄 모르고 몰두하기도 했다. 2011년 아이가 홈스쿨을 하던 첫해 여름,『해리 포터』의 영화 마지막 편을 보고 오랜 시간 우리 모자를 울고 웃기던 해리 포터와 아쉬운 이별을 했다.

반디가『해리 포터』원서를 집중듣기로 읽었던 때는 4학년이었다. 저학년 때도 책장 한 귀퉁이를 차지하고 있는『해리 포터』원서를 수시로 꺼내 보곤 했다. 4학년이 되면서 아이에게『해리 포터』원서로 집중듣기를 해보면 어떨까 조심스럽게 권해 보았다. 아이는 책 두께 때문에 조금 망설이는 듯했지만 워낙 엄마를 통해 많은 이야기를 들었고 영화도 몇 번 보았던 터라 선뜻 해보겠다고 했다.

아이가 오디오를 틀어놓고 소리에 맞춰『해리 포터』의 문장을 쫓아가는 것을 보며 무척 뿌듯했다. 이미 알고 있는 이야기이고 영화도 여러 번 보았지만 아이는 엄마에게 듣지 못했거나 영화에서 본 적이 없는 장면들을 책 속에서 찾아내며 재밌다고 말했다. 왜 엄마가『해리 포터』영화를 보고 나면 아쉽다고 했는지 알 것 같다고 했다. 반디는 중간중간 로알드 달 Roald Dahl을 비롯한 작가들의 단행본을 섞어 가며 1년 동안『해리 포터』시리즈를 3편까지 집중듣기로 읽었다. 4편은 초반 부분이 지루했는지 보고 싶지 않다고 해서 강요하지 않았다. 5, 6편에도 그다지 관심이 없었다. 결국 중간을 건너뛰고 다음 해에 마지막 편인 일곱 번째 이야기를 오디오 없이 묵독하는 것으로『해리 포터』원서 읽기는 마무리되었다. 절반의 성공이었지만 만족스러웠다.

영어 해방의 진짜 의미

우리 모자에게 남다른 추억으로 남아 있는 책 『해리 포터』의 마지막 편을 나는 번역본으로, 반디는 원서로 읽었다. 이야기 속 수많은 캐릭터들 중 유난히 반디와 나의 의견이 달랐던 인물이 스네이프였다. 당시 반디는 "그 어떤 인물보다 스네이프가 좋아."라는 말로 캐릭터에 대한 이해를 표현했는데, 나는 그만큼의 반전 매력을 느끼지 못했다. 단지 나는 『해리 포터』 전권을 읽는 내내 "과연 이 사람은 진짜 악인일까?" 하며 헷갈렸을 뿐이었다.

그런데 반디와 내가 서로 캐릭터를 다르게 이해한 이유를 알게 되었다. 바로 내가 읽은 번역본의 '오역' 때문이었다. 반디와 내가 읽었던 부분을 비교하면 이렇다.

"But this is touching, Serverus." said Dumbledore seriously.
"이거 참으로 감동적이군, 세베루스." 덤블도어가 진지하게 말했다.
"Have you grown to care for the boy, after all"
"결국, 자네는 그 아이를 좋아하게 되었나 보군?"
"For him?"
"그 녀석을요?"
스네이프가 소리쳤다.
"Expecto Patronum!"
"익스펙토 페트로눔!"
From the tip of his wand burst the silver doe. She landed on the

office floor, bounded once across the office, and soared out of the window. Dumbledore watched her fly away, and her silvery glow faded he turnde back to snape, and his eyes were full of tears.
그의 지팡이 끝에서 은빛 암사슴이 치솟았다. 그것은 교장실 바닥에 내려앉더니, 한달음에 교장실을 가로질러 창밖으로 뛰어나갔다. 덤블도어는 패트로누스가 날아가는 것을 지켜보았다. 이윽고 은빛 광채가 희미해지자, 덤블도어는 다시 스네이프 쪽으로 고개를 돌렸다. 그의 두 눈에는 눈물이 가득 고여 있었다.

"After all this time?" (덤블도어의 질문)
→ "결국 이제야?" (내가 읽은 번역본)
→ "이렇게 오랜 시간이 지났는데도?" (반디가 읽은 원서 해석)

"Always." (스네이프의 대답)
→ "항상 그랬습니다." (내가 읽은 번역본)
→ "언제까지나요." (반디가 읽은 원서 해석)

– 『해리포터와 죽음의 성물 Harry Potter And The Deathly Hallows』 중에서

스네이프는 온갖 모욕과 오명, 고통 속에서도 릴리에 대한 순애보를 가슴에 품고 이중 스파이 노릇을 하며 자신의 마음을 숨겨왔다. 자신이 사랑했던 여인의 아들 해리 포터를 지켜야 했던 그가 죽는 순간, 그 여인의 눈빛을 닮은 해리

의 눈을 담아가는 장면은 『해리 포터』의 가장 큰 감동이었다. 그 감동이 전해져야 하는 명대사, "After all this time?(이렇게 시간이 흘렀는데도 릴리를 사랑하는가?)" "Always.(언제까지나요.)"를 망쳐버린 것은 다름 아닌 '번역본'이었다.

세월이 지난 지금까지도 릴리를 사랑하는지 묻는 덤블도어의 질문, "After all this time?"에 최고의 대답인 "Always."였다. 그런데 이 대사를 각각 "결국 이제야?" "항상 그랬습니다."로 오역하는 바람에 나는 '스네이프가 해리 포터에 대한 감정을 이야기하는 대사'로 오해하고 말았던 것이다. 그로 인해 나는 오랜 시간 지속해온 『해리 포터』 사랑앓이 끝에 억울함이 남게 되었다. 결국 초판 번역본의 오류에 많은 독자들이 이의를 제기했고, 이 부분은 수정되었다.

대사에 얽힌 재미있는 비하인드 스토리가 있다. 스네이프 교수는 시리즈 내내 해리 포터를 괴롭히는 악역으로 그려지다가, 마지막 7편에 가서야 반전의 비밀이 밝혀지는 캐릭터였다. 스네이프 역을 맡았던 배우 앨런 릭먼의 인터뷰를 살펴보면, 해리 포터의 저자 조앤 K. 롤링은 릭먼에게만 '스네이프의 반전이 담긴 작은 정보 tiny piece of information'를 귀뜸했다고 한다. 배우가 그 캐릭터를 연기하는 데 도움이 되는 정보였기 때문이다. 롤링이 앨런 릭먼에게 말한 '스네이프의 반전이 담긴 작은 정보'가 바로 "Always."라는 대사였다는 것은 릭먼이 세상을 떠난 후 롤링의 SNS를 통해 밝혀지게 되었다.

출처 :
조앤 K.롤링의 트위터
(https://twitter.com/jk_rowling)

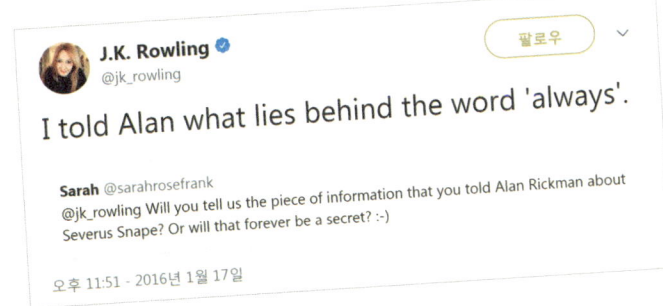

어떤 독자가 롤링의 SNS에 "스네이프에 대해 앨런 릭먼에게 말한 '작은 정보'를 알려줄 수 있는가?" 하고 물었다. 롤링은 작품 전체를 관통하는 단어 "Always."의 숨은 뜻을 릭먼에게만 말했다고 독자에게 대답했다.

워낙 많이 회자된 이야기지만 조앤 K. 롤링은 카페에 앉아 아이가 타고 있는 유모차를 옆에 두고 『해리 포터』를 썼고 1권부터 7권까지의 개요를 들고 여러 출판사를 찾아다닌 것으로 유명하다. 이미 처음과 끝이 완성되어 있는 상태에서 차근차근 출판한 것이다. 『해리 포터』가 3~4편쯤 출판된 2001년에 영화화가 시작되었다. 1편부터 줄곧 악역으로 보였지만 남모르는 아픔을 가지고 있는 스네이프가 마지막에 어떤 반전을 가지고 있는지, 작가는 그 역할을 맡은 배우에게만 확실하게 설명한 것이다.

2016년 1월 앨런 릭먼의 부고를 들었다. 스네이프로 알기 훨씬 전에 본 〈다이하드〉의 한스 그루버, 〈러브 액츄얼리〉의 흔들리는 남편 해리. 많은 영화에서 수많은 캐릭터를 만났지만 쉽게 잊히지 않는 이 세 인물이 동일인이라는 것을 알게 되었을 때의 놀라움을 아직 기억한다. 그리고 그의 유명한 인터뷰를 읽으며, 그에게 있어 『해리 포터』가 어떤 의미였는지 알게 되었고 깊은 감동을 받았다.

> When I'm 80 years old and sitting in my rocking chair, I'll be reading 『Harry Potter』.
> 내가 여든 살이 되면 흔들의자에 앉아 『해리포터』를 읽고 있을 겁니다.
> And my family will say to me, "After all this time?"

> 그럼 가족들이 이렇게 묻겠죠. "이렇게 오랜 시간이 지났는데도?"
> And I will say, "Always."
> 그럼 나는 이렇게 대답할 거예요. "언제까지나요."

앨런 릭먼의 부고 소식을 접하던 반디가 '번역본'에 대한 아쉬움을 이야기해서, 나는 잠시 추억에 잠기게 되었다. 반디와 나는 아주 긴 시간 동안 『해리 포터』와 함께 했던 추억을 이야기하며 한참을 웃고 떠들었다.

이 일을 계기로 반디에게 '영어로부터 자유로워진다'는 것에 대해 다시 한 번 이야기했다. 글쓴이가 전하고자 하는 바를 그대로 이해하고 느끼고 기억하는 것이 얼마나 중요한지에 대해 열변을 토했던 기억이 난다.

반디가 호주에서 공부를 끝내고 4년 만에 집으로 돌아와 책장을 정리하며 많은 책을 처분했다. 진심으로 버리고 싶었지만 차마 버리지 못한 책이 바로 『해리 포터』 마지막 번역본, 『죽음의 성물』 초판본이다. 이 책을 몇 번을 들었다 놓았다 했다. 다시 펼쳐보니 억울함은 퇴색되었지만 아쉬운 마음은 사라지지 않는다. 오역을 바로잡은 책으로 다시 구입할까 고민했지만, 이 한 문장이 우리 모자에게는 너무나 소중한 의미이기에 결국 버리지 못했다.

시트콤 드라마 흘려듣기와 영자신문 활용법

● **흘려듣기 : 시트콤 드라마**

초등학교 3학년 때와 다르지 않게 4학년, 즉 4단계 때의 흘려듣기도 영어 방송을 활용했다. 영화와 달리 방송 프로그램은 러닝 타임이 30분 내외이기 때문에 시간 부담이 덜했다. 방영 시간을 기억했다가 그 시간은 TV를 집중해서 보았다. 반디는 디즈니 채널의 시트콤과 디스커버리 채널의 〈호기심 해결사 Mythbusters〉를 주로 챙겨 보았다.

재방송을 자주 해서 집중력이 떨어지기도 했지만 억지로 반복하지 않아도 자연스럽게 반복되는 효과도 얻을 수 있었다. 반디가 빼놓지 않고 봤던 디즈니 채널의 시트콤 〈잭과 코디 Zack and Cody〉, 〈한나 몬타나 Hannah Montana〉, 〈우리 가족 마법사 Wizards of Waverly Place〉는 대부분 코믹 시트콤으로 그들만의 유머가 있었다. 반디는 이해가 잘 되는지, 시트콤에 입혀진 웃음소리와 같은 타이밍에 웃었다.

어려서는 그저 관심 가지는 정도였다가 어느새 집중해서 본 디스커버리 채널의 〈호기심 해결사〉는 과학적 원리에 대한 내용을 확인하기 위해 자막을 함께 보았다. 자막을 켜놓았지만 자막보다 화면과 소리에 집중하고 있다는 것을 시선으로 알 수 있었다. 화면과 소리에 집중하다가 이해가 안 되는 부분만 자막으로 재빨리 시선을 옮겼다. 엄마는 자막에 집중하느라 자꾸 화면을 놓쳤지만 아이는 전부 눈여겨보고 있었다. 이 프로그램도 재방송을 많이 했는데 한 번 봤던 에피소드는 자막을 가리고 보았다.

〈잭과 코디, 우리 집은 호텔 스위트 룸The Suite Life of Zack and Cody〉

디즈니 채널에서 2005년 3월부터 시작해서 2008년 9월까지 방송한 가족 시트콤이다. 주인공 잭과 코디는 10대 쌍둥이 형제로, 실제로도 92년생 쌍둥이 형제다. 잭과 코디의 엄마 캐리가 미국 보스턴에 있는 팁톤 호텔의 전속 가수로 일하게 되면서 쌍둥이는 엄마와 함께 호텔 최고층 스위트룸에서 살게 된다. 그곳에서 만난 푼수 같은 호텔 상속녀 브렌다 송, 호텔의 캔디 카운터 소녀 애슐리 티스데일, 호텔 매니저 필 루이스 등과 매번 새로운 소동들로 에피소드를 만들어낸다. 후속편으로 〈우리 학교는 호화 유람선 The Suite Life on Deck〉이 있다.

〈한나 몬타나 Hannah Montana〉

디즈니 채널에서 2006년 3월 24일부터 2011년 1월까지 방송된 뮤지컬 시트콤이다. 낮에는 평범한 10대 소녀인 마일리 스튜어트가 밤에는 유명한 가수 한나 몬타나로 이중생활을 한다는 것이 기본 줄거리이다. 등장인물 중 아빠 역

인 로비 레이 스튜어트는 한나 역을 맡은 마일리 사이러스Miley Cyrus의 실제 아빠인 빌리 레이 사이러스Billy Ray Cyrus로서 유명한 포크 가수였다. 같은 10대이자 오빠인 잭슨 역을 맡은 배우는 실제로 30대였는데, 반디와 나를 즐겁게 해주던 웃음 코드는 그에게서 많이 나왔다.

뮤지컬 시트콤답게 마일리 사이러스가 부른 노래들이 많고 독특한 허스키 보이스가 매력적인 노래를 듣고 또 들으며 반디는 가사까지 완벽하게 따라 부르기도 했다. 다음에 언급될 〈우리 가족 마법사〉의 주인공 셀레나 고메즈Selena Gomez가 한나 몬타나의 라이벌인 미카일라로 등장했었다.

〈우리 가족 마법사Wizards of Waverly Place〉

디즈니 채널의 시트콤으로 2007년에 시작해서 2012년 시즌 4를 마지막으로 종영했다. 이 시트콤은 미국의 10대 아이콘이 된 셀레나 고메즈의 대표작

이기도 하다. 『한나 몬타나』보다 좀 더 시청률이 높았다고 한다. 모두 마법사지만 평범하게 사는 한 가족의 이야기로 아빠에게 마법을 배우는 아이들 중 10대 소녀 마법사가 셀레나 고메즈다. 마법사라서 겪는 에피소드들이 황당하고 엉뚱한 재미가 있다.

〈호기심 해결사 Mythbusters〉

미국 디스커버리 채널의 다큐 프로그램이다. 한국에서도 방영된 적이 있었다. 특수효과 전문가인 제이미 하이네만과 애덤 새비지를 주축으로 근거 없는 믿음이나 사람들의 호기심을 과학적인 방법으로 해결해준다. 한 시간 분량 안에 두세 개의 주제를 다루는데 특수효과 전문가답게 폭발, 충돌, 화재, 위험한 화학물질 등등으로 매회 터뜨리고 날려버렸다. 반디의 과학적 호기심의 연장선에 있던 프로그램이다.

영자 신문 활용 :
집중듣기와 학습지 대용 ENIE^{English Newspaper in Education}

반디는 엄마표 영어 3년 동안 집중듣기를 통해 문학적 문장에 익숙해졌다. 4년 차에는 좀 더 다양한 영역별 글을 접하기 위해 국내에서 제작된 '영자 신문'을 선택했다. 한국식 영어 표현이 이따금 눈에 들어왔지만 주제가 익숙하여 친숙하게 접근할 수 있다는 장점이 있었다. 큰 욕심 부리지 않고 집중듣기와 학습서를 대신하는 정도로 만족했다.

그 당시 반디가 관심을 가질 만한 영자 신문은 《키즈 타임즈》와 《주니어 헤럴드》가 있었다. 홈페이지에서 샘플을 신청해서 비교해보고 반디가 직접 선택했다. 주 1회, 28면짜리 신문과 학습용 페이지가 추가된 부록이 배달되었다. 홈페이지에서 제공하는 툴을 다운 받으면 다양한 방법으로 활용이 가능했고 중요한 기사는 오디오 지원도 되었다. 반디와 꼭 챙겨보는 기사는 그 주의 시사와 과학, 인물 분야 등이었다. 시사 기사를 통해 UN, WHO, APEC, OECD 등 다양한 국제기구의 정확한 명칭과 업무를 간단하게나마 알게 되고 관심을 가질 수 있었다. 국제기구와 관련된 기사가 나오면 별도 지문을 할애해서 설명해주었는데, 그 부분만 따로 스크랩해두기도 했다. 반디는 위인전을 그다지 좋아하지 않았기에 세계적 위인이나 화제의 인물을 정리해 놓은 기사를 통해 그 인물에 대한 지식을 쌓았다.

어른인 우리도 신문이나 잡지를 처음부터 끝까지 보지 않듯이 반디에게도 모든 기사를 다 보라고 강요하지 않았다. 홈페이지에 주요 기사에 관한 동영상 강의, 기사 내용에 대한 문제 풀이식 학습 서비스 외에 여러 부가 서비스가 있었지만 우리의 목적은 다양한 문장을 접하고 최근 시사나 상식을 기사로 읽는 것이었기에 욕심을 부리지 않았다. 정확한 듣기와 읽기 그리고 이해의 정도를 파악하기 위해 간단한 문제 풀이만 활용했다. 그렇게 1년간 반디는 신문을 읽기 교재로 사용했고 오디오와 함께 집중듣기하거나 묵독을 진행한 후 간단한 문제 풀이식 학습으로 학습지를 대신했다.

신문사 홈페이지에는 정기구독하는 사람들을 위한 다양한 부가 서비스가 제공되고 있는데 한정된 기사를 무료로 이용할 수 있는 서비스도 있다. 덕분에 반디는 정기구독이 끝난 뒤에도 홈페이지에서 인물이나 과학 관련 기사들을 수시로 읽을 수 있었다. EBS English 홈페이지에는 초등학생 대상의 《키즈 에듀 타임즈 Kids Edu Times》, 《더 키즈 타임즈 The Kids Times》를 비롯해서 중학생 대상의 《더 주니어 타임즈 The Junior Times》, 《주니어 헤럴드 Junior Herald》, 《주니어 에듀 타임즈 Junior Edu Times》, 또 고등학생 대상의 《더 틴 타임즈 The Teen Times》, 《에듀 타임즈 Edu Times》 등 영자 기사 일부를 무료 제공하고 있다.

영자 기사를 제공하는 EBS English
http://www.ebse.co.kr

영영 사전 녹음 :
아이가 만든 오디오북

● **읽기 교재 선정하기**

　엄마표 영어 4년 차에 실천한 새로운 방법 중 하나는 『스콜라스틱 퍼스트 딕셔너리Scholastic First Dictionary』를 활용한 것이다. 초등학교 연령대에서 알아야 할 단어 1500여 개의 의미와 예문 등이 들어 있는 영영사전이다. 단어의 이해를 돕기 위한 그림과 사진이 포함되어 있고 눈에 잘 띄는 초록색 표제어와 발음법이 함께 표시되어 있다. 비교급, 최상급, 과거, 과거분사, 복수형 등 단어의 품사에 따라 변형 형태의 단어도 함께 표기해놓았다. 반디는 모르는 단어를 확인하기 위해 이 사전을 본 것이 아니라 읽기 교재로 활용했다. 엄마표 영어 4년 차에 들어서며 읽기가 어느 정도 자연스러워졌기에 '딕셔너리Dictionary 전체를 직접 읽고 녹음하기'에 도전했다. 200페이지가 넘는 분량이었기에 단시일에 끝낼 수 있는 일이 아니었다. 다른 활동을 추가해도 좋을 여유 있는 시기를 골라 한 달 이상 걸려서 완독했다.

반디는 단어를 정의해놓은 문장을 읽으면서 품사에 따라 반복되는 설명 패턴을 눈치챘다. 명사, 동사, 형용사, 부사 등 품사의 용어를 따로 공부하지 않았지만 명사를 설명하는 방식, 동사를 설명하는 방식 등의 차이를 알게 되었다. 품사는 몰라도 사물의 이름을 나타내는 단어, 움직임을 나타내는 단어, 사물을 자세히 설명하는 단어 등으로 나름 단어를 분류할 수 있었다. 그렇게 단어의 구체적인 정의와 예문을 읽으면서 이야기책과는 다른 문장을 만났다. 어떤 사물의 상태, 움직임 등을 설명하고 이해시키는 새로운 문장이었다. 연따를 포기한 이후 소리 내서 책을 읽을 기회가 별로 없었는데, 아이의 영어 리딩을 녹음해서 들어보는 특별한 경험도 되었다.

『스콜라스틱 퍼스트 딕셔너리Scholastic First Dictionary』

8년 동안 반디가 활용했던 영영사전은 두 권이다. 원래 사전은 모르는 단어를 찾기 위해 사용하지만 우리는 조금 다르게 활용했다. 초등학교 1학년, 즉 1단계에는 『DK 마이 퍼스트 딕셔너리DK My First Dictionary』와 CD를 집중듣기와 읽기 교재로 활용했고 초등학교 4학년, 4단계에는 오디오가 지원되지 않는 『스콜라스틱 퍼스트 딕셔너리』를 읽기 교재로 활용했다. 이 책을 읽으며 "우리가 오디오를 만들어보자."라고 결심하고 녹음을 시작했다. 당시 컴퓨터 오디오 프로그램을 이용했고 외장 마이크로 녹음했다. 엄마표 영어 4년차 여름 무렵이었으나 그동안 소리 내서 책을 읽는 활동을 하지 않았기에 읽기가 궁금한 엄마 마음에서 욕심을 부려보았다. 여러 번 밝혔지만 반디는 반복을 싫어하는 성향의 아이였다. 반복이 필요한 섀도잉이나 음독을 싫어했던 이유도 이 성향 때문이 아닐까 생각한다. 그런 면에서 영영사전 녹음은 새로운 내용이었고 오디오가 없는 책에 자신의 목소리로 어디에도 없는 오디오북을 완성하는 일이라는 엄마의 설득에 넘어가 한 달 넘는 기간 동안 200페이지 분량 전체를 녹음했다.

매일 듣기에 세 시간씩 몰입한 지 4년 차이니 그동안 익숙해진 단어들이 상당수 있었다. 그 단어를 한글로 해석하거나 스펠링을 암기하는 학습적 접근은 없었지만 또래의 영어권 아이들이 알아야 할 수준의 단어들이 머릿속에 막연하고 산만하게 자리 잡고 있다는 건 알 수 있었다. 그 단어의 의미를 정확한 문장으로 정의 내리고 활용 예문까지 만날 수 있는 영영사전식 풀이가 단어의 의미를 분명히 하면서 장기 기억으로 옮기는 데 도움이 될 것이라 생각했다.

단어에 접근하는 방법도 아이 성향이나 영어 습득을 위해 고민한 계획에 맞

영영사전 녹음은 2008년 7월 7일에 시작해서 같은 해 8월 11일에 마무리했다. 시간적, 정신적으로도 여유가 있는 여름방학을 골랐다.

춰야 한다. 어떤 친구들은 한영 일대일 매치를 선호할 것이고 스펠링까지 완벽히 외어야 아는 단어라 생각하는 아이도 있을 것이다. 모두에게 우리의 방법을 추천할 수는 없다. 하지만 우리에게는 인풋에 집중하느라 수년간 어지럽게 흩어져 있는 단어를 정리해주는 효과가 있었다. 아이가 거부하지 않는다면 실천해도 좋을 활동이다. 반디는 길지 않은 시간을 투자해 확실하게 끝이 보이는 실천 방법은 잘 설득하면 따라오는 편이었다.

이런 추가적인 활동은 집중듣기나 흘려듣기 시간에 영향을 주지 않아야 한다. 다행히 4년 차는 흡수력이 가장 좋았던 시기이고 영어 습득에 있어서도 가속이 붙던 시기였기 때문에 그것이 가능했다. 시작할 때는 한 번에 6~18분 정도의 분량이었는데 이후에는 평균 30분 이상 최대 50분 가까이 녹음을 했다. 총 녹음 시간은 약 640분으로 계산되니 11시간 정도 걸린 셈이다. 음독 속도가 그리 빠른 편은 아니었다.

학원 레벨에 너무 목매지 말자

엄마표 영어의 한계가 드러나고 서서히 '반디표 영어'로 자리 잡는 과도기에 해당하는 4년 차가 마무리될 무렵이었다. 살고 있는 동네에 유명 어학원들이 하나둘씩 문을 열기 시작했다. 아이가 누구의 도움도 받지 못하고 혼자 이 길을 가는 것이 맘에 걸렸던 나는 흔들리는 마음을 잡기 위해 어학원 레벨 테스트를 이용했다.

아이들이 초등학교 고학년으로 넘어가는 시기였다. 누가 어느 어학원의 몇 레벨이고, 조기 유학을 어디로 다녀왔고, 어떤 과외를 받고 있는지 등 들리는 이야기도 많았다. 그때 학원에서 겨울방학을 앞두고 레벨 테스트를 무료로 해주는 이벤트를 만들었다. 주변 엄마들은 아이들 손을 잡고 레벨 테스트를 받으러 몰려다니기 시작했다.

나 역시 중간 점검 차원이라 생각하자고 아이를 설득했다. 아이는 별로 내키지 않아 했는데 나름 이유는 있었다. 가까이 지낸 친구들 중 해외 체류 경험이 1년 정도 있는 친구가 그 어학원에 다니는데 숙제가 많아서 자주 짜증을 낸다는 것이다. 또한 자기는 말하기도 쓰기도 안 되니 레벨이 잘 안 나올 것이고, 다니지도 않을 건데 왜 그 학원의 레벨 테스트를 보냐고 말했다. 나는 "말하기와 쓰기를 시작해야 하니까 오히려 학원의 도움을 받을 수도 있지 않을까?" 하고 설득했지만 반디는 단호했다. 지금까지 공부한 방식이 다르니 어떤 레벨이 나오더라도 실망하지 않을 것이고 무슨 일이 있어도 학원을 보내지 않겠다는 약속을 하고 나서야 어학원을 방문했다.

이 어학원의 기본 레벨 테스트는 듣기와 읽기에 집중되어 있었다. 반디가 4년 동안 해왔던 활동과 맞는 테스트였던 것이다. 테스트 결과는 엄마의 기대 이상이었다. 상담 선생님께서는 아이의 학습 방법을 듣고 매우 놀라셨다. 아이가 걱정하는 말하기와 쓰기는 인풋을 잘 다져놓아 단시간 내에 충분한 레벨로 상승할 거라고 장담하셨다. 아이가 학원을 다니고 싶지 않아 하는 걸 눈치채고 함께할 같은 반 친구들을 알려주셨는데 앞에서 이야기한 친구가 거론되었다. 그 친구들은 해외 체류 경험도 있으니 함께 수업을 하면 말하기에 도움이 될 것이라고 용기를 주셨다. 아이와 의논을 해보겠다는 말로 상담을 마쳤지만 나도 반디와 같은 마음이었다. 그렇게 유명 어학원의 레벨 테스트를 경험하고 영어 학원을 다니고 있는 반디 또래의 친구들을 관찰하며 비전문적이지만 나만의 결론을 내렸다.

영어 유치원부터 시작해서 저학년 때부터 많은 시간을 영어에 쏟은 반디 친구가 있다. 그 친구가 같은 어학원에서 같은 시기에 같은 문제로 테스트를 했고 그 결과가 같았다는 것을 얼마 지나 알게 되었다. 반디의 친구는 말하기나 쓰기도 또래에 비해 상당히 앞서 있었다. 학원과 과외를 통해 영어를 학습으로 대하는 데 익숙해져 있었으며 객관적으로 실력을 인정받고 있는 친구였다. 두 아이의 영어 습득 방법은 너무 달랐고, 투자한 비용과 시간도 차이가 났다. 그런데 같은 결과가 나온 것이다. 그 결과를 보며 깨달은 것이 있었다. 학원의 레벨 테스트에서 또래 아이들이 받을 수 있는 최고 레벨은 어느 정도 정해져 있다. 그것은 영어 실력 때문이 아니고 나이에 따라 아이가 무언가를 받아들이고 자기 것으로 만드는 데 한계가 있기 때문이다.

우리말 실력도 마찬가지지만 영어 실력도 제 나이를 월등하게 뛰어넘기 힘든 것이다. 시간이 지나면 그 경계가 허물어지고 나이와 상관없이 자유로운 지식 탐구가 가능하지만 초등 4학년인 아이들에게는 분명 한계가 있지 않을까 싶었다. 그 한계의 끝에 도달한 친구들은 남다른 노력을 했을 것이고 그 아이들 중 반디가 속해 있다는 것이 감사할 따름이었다. 나만의 결론을 바탕으로 나는 사람들에게 말하곤 한다. 아이들에게 받아들이기 벅찬 요구를 하면 오히려 독이 될 수 있다고. 너무 압박하면 제자리걸음을 할 수도 있고 지레 겁먹고 포기할 수도 있다. 아이들의 성향이나 방법에 따라 각각 속도가 다르니 초등학교 때는 아이의 나이를 고려한 학습 진행이 중요하다는 생각이 들었다.

엄마표 영어 4단계, 즉 4년 차는 아직 아웃풋을 기대할 시기가 아니다. 다양한 체험과 지식을 켜켜이 집어넣는 시기다. 아무리 훌륭한 영어 실력을 쌓았다 해도 이 시기에는 이해한 이상의 실력이 나오기는 힘들다.

　반디는 지난 4년 동안 레벨 업, 과제, 단어 암기 등의 학습을 하지 않고 재미있는 책, TV, 영화를 보며 매일 세 시간 가까이 영어에 노출되었다. 그것만으로도 더 많은 시간 영어를 학습한 친구들과 나란히 설 수 있었다. 어쩌면 그 친구들은 일찍 도착했지만 제자리걸음을 하고 있었던 것은 아닐까? 천천히 가도 제대로 가면 만나는 곳은 정해져 있구나 그런 결론이 났다. 그러니 엄마들이 학원 레벨에 목매지 않아도, 형편상 해주지 못하는 조기 유학에 맘 아파하지 않아도, 아이들은 과제에 치이고 단어 암기에 스트레스 받고 경쟁에 주눅 들지 않아도, 중등교육 이전까지는 늦게 시작해도 다른 길을 선택해도 제대로 시간을 채워나가면 나란히 설 수 있다는 것을 믿게 되었고 이 글을 읽는 독자들도 믿었으면 좋겠다.

집중듣기로 추천하는 유명 작가들의 책

로알드 달 레벨별 읽기

반디는 4년 차부터 단행본에 관심을 가지며 유명 작가들의 책을 골라 읽기 시작했다. 그중 최고의 작가는 영국의 동화작가 로알드 달이었다. 영어 원서 전문 사이트의 작가별 카테고리의 앞부분은 대부분 로알드 달의 이름이 차지하고 있다. 풍부한 상상력을 키워주는 이야기, 어휘를 재창조하는 언어의 마술사, 전 세계 최고의 이야기꾼, 현대 동화의 아버지, 가장 대담하고 신나고 뻔뻔스러운 어린이 책을 만드는 작가 등의 수식어가 로알드 달을 따라다닌다. 미국이나 영국에서 선정한 '아이들을 위한 필독서' 목록에는 로알드 달의 책이 빠지지 않는다. 『찰리와 초콜렛 공장』, 『마틸다』, 『멋진 여우 씨』, 『제임스와 슈퍼 복숭아』 등은 영화로도 만들어졌다. 로알드 달의 책은 두께도 다양하고 리딩 레벨의 폭도 넓어서 다양한 연령대의 아이들이 접근할 수 있다. 반디는 때로는 오디오를 이용해서, 때로는 혼자서 묵독하며 4학년 한 해 동안 그의 책을 가까이 했다.

반디는 듣기 4년 차에 접어들면서 읽는 방법이 다양해졌다. 자신의 레벨 위의 책은 오디오와 함께하며 집중 듣기를 했고, 그냥 읽어도 될 만한 책은 오디오 없이 묵독으로 읽었다. 그 또한 본인 스스로 책을 보고 결정했기에 방법을 강요하지 않았다.

The Magic Finger
(요술 손가락)
95쪽 | 화가 났을 때 알아서 해결해 주는 신기한 힘을 가진 '요술 손가락' 이야기.

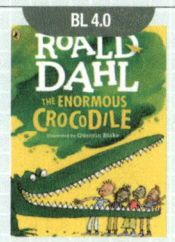

The Enormous Crocodile
(침만 꼴깍꼴깍 삼키다 소시지가 되어버린 악어 이야기)
32쪽 | 욕심도 많고 어린 아이들을 잡아 먹는 것을 좋아하는 '침꼴깍' 악어의 이야기.

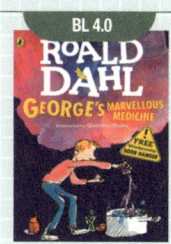

George's Marvelous Medicine
(조지, 마법의 약을 만들다)
112쪽 | 엄마, 아빠가 없는 사이 조지가 '잔소리대왕' 할머니를 골탕 먹이는 이야기.

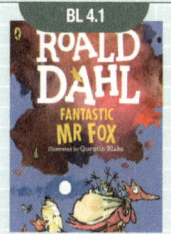

Fantastic Mr. Fox
(멋진 여우씨)
112쪽 | 여우 씨가 어리석고 이해심 없는 세 명의 어른 농부들을 통쾌하게 약올린다.

Esio Trot
(아북거, 아북거)
96쪽 | 호피 씨가 실버 부인의 마음을 얻기 위한 특별한 주문을 만들며 벌어지는 이야기.

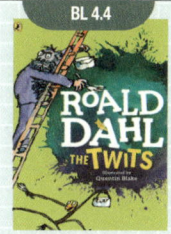

The Twits
(멍청씨 부부 이야기)
112쪽 | '발라당 쿵'이라는 원숭이가 자신을 괴롭히는 노인과 부인을 '짜부증'에 걸리게 한다.

Charlie and the Great Glass Elevator
(찰리와 거대한 유리 엘리베이터)
192쪽 | 『찰리와 초콜릿 공장』 후속 편

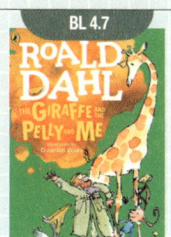

The Giraffe and the Pelly and Me
(창문닦이 삼총사)
96쪽 | 기린, 펠리컨, 원숭이와 매니저 빌리가 창문닦이 가게를 운영하는 이야기.

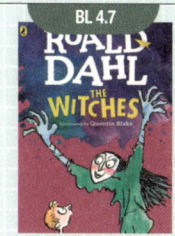

The Witches
(마녀를 잡아라)
224쪽 | 할머니가 들려주던 마녀 이야기가 실제로 눈앞에 펼쳐진다!

● 단계별 엄마표 영어 실천법

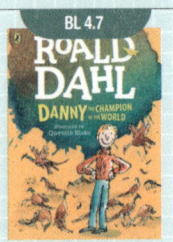

Danny, the Champion of the World
(우리의 챔피언 대니)
240쪽 | 아빠와 둘이서 포장마차에 사는 대니. 밀렵을 나갔던 아빠가 돌아오지 않자 대니는 모험을 시작한다.

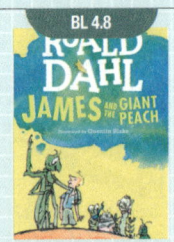

James and the Giant Peach
(제임스와 슈퍼 복숭아)
176쪽 | 고아가 된 제임스가 엄청나게 큰 곤충 친구들과 집채만한 복숭아를 타고 여행하는 모험담

Charlie and the Chocolate Factory
(찰리와 초콜릿 공장)
192쪽 | 찰리가 전설적인 윌리 웡카의 초콜릿 공장을 견학하며 벌어지는 흥미진진한 모험 이야기.

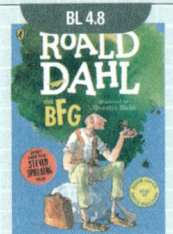

The BFG
(내 친구 꼬마 거인)
224쪽 | 세상에서 제일 작은 거인과 외로운 소녀 소피가 친구가 되는 이야기.

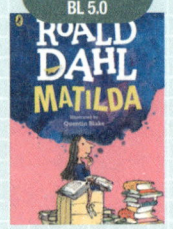

Matilda
(마틸다)
256쪽 | 책을 많이 읽으면 생기는 신비한 초능력. 마틸다는 이 초능력을 어디에 쓸까?

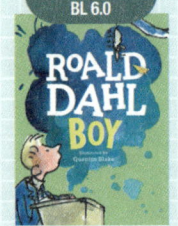

Boy : Tales of Childhood
(로알드 달의 발칙하고 유쾌한 학교)
192쪽 | 로알드 달의 순수하고 따뜻한 어린 시절 이야기

Going Solo
(로알드 달의 위대한 단독 비행)
240쪽 | 로알드 달이 2차세계대전 때 조종사로 참전했던 이야기

세계적으로 유명한 서점이나 출판사에서는 홈페이지에 책과 관련된 다양한 자료들을 제공한다. 영어로 되어 있어 나처럼 영어에 자신이 없는 엄마들은 망설여질 수도 있지만 한두 번, 아니 여러 번 들락거리다 보면 도움이 되는 좋은 자료를 얻을 수 있다. 또한 '엄마표 영어'에 대한 정보를 주고받는 사이트에 관심을 가져보자. 이런 인기 있는 책의 활용 방법 등을 자세히 소개해놓았으며 로알드 달과 관련된 사이트도 많다.

> **로알드 달의 홈페이지**
>
>
> 로알드 달에 대한 모든 것이 담겨 있는 대표 홈페이지. 연도별 작품 리스트, 책의 배경지식, 캐릭터 만나기, 작가의 인터뷰 등을 볼 수 있다.
> www.roalddahl.com

『더 스토리 오브 더 월드 The Story of the World』

『더 스토리 오브 더 월드』의 한국어 번역본의 제목은 『교양 있는 우리 아이를 위한 세계 역사 이야기』다. 원서는 고대, 중세, 근대, 현대의 네 편이지만 번역본은 현대편을 상하로 나누어 다섯 권으로 구성되어 있다. 작가 수잔 와이즈 바우어 Susan Wise Bauer가 초등학교 아이 수준에 맞춰 세계사를 이야기해주는 책이다. 작가는 본인도 홈스쿨로 공부했고 자신의 네 아이를 홈스쿨로 키웠다. 이 책은 그녀가 자녀들의 세계사 교육을 위해 직접 쓴 책으로 유명하다. 일반적인 세계사 책처럼 역사적 사건을 연대별로 나눠 정형화된 용어로 설명하는 방식과는 다른 구성이다. 처음에는 권당 340~490쪽에 달하는 두께가 부담스

The Story of the World 1 : Ancient Times
(더 스토리 오브 더 월드 1권)
338쪽 | 기원전 5000년 전부터 서기 400년까지의 역사 이야기

The Story of the World 2 : The Middle Ages
(더 스토리 오브 더 월드 2권)
424쪽 | 서기 400년부터 1600년까지의 역사 이야기

The Story of the World 3 : Early Modern Times
(더 스토리 오브 더 월드 3권)
400쪽 | 서기 1600년부터 1850년까지의 역사 이야기

The Story of the World 4 : The Modern Age
(더 스토리 오브 더 월드 4권)
512쪽 | 서기 1850년부터 현재까지의 역사 이야기

러웠는데 생각보다 리딩 레벨은 높지 않아 4.5~5.0쯤으로 보면 된다. 오디오 속도는 분당 170단어 이상으로 조금 빠른 편에 속했지만 전체가 약 42시간이라 집중듣기로 활용하는 데 무리가 없었다.

반디는 고대나 중세편을 좋아했고 근대와 현대편은 덜 집중하며 들었다. 반디는 이 책을 원서로 읽고 나는 번역본으로 보기 시작했다. 책을 읽은 후에 서로 이야기를 나누려는 의도에서였다. 처음 얼마 동안은 대화가 가능했지만 이것저것 볼일 많은 엄마는 아이의 속도를 쫓아가지 못했고 결국 아이 혼자 앞서 나갔다. 우리는 집중듣기로 만족했지만 이 책도 엄마들이 많이 선호하던 책이었기에 각자만의 활용 방법이나 자료들을 쉽게 찾을 수 있다.

본책 외에 책을 읽은 후 챕터별로 내용에 대해 질문하는 '워크북^{Work Book}'도 있다. 한 권 정도 시도해보았지만 반디는 단지 재미있는 책을 보는 것으로 생각하고 있어서인지 학습으로는 연결이 되지 않았다. 몇 페이지 풀다가 결국 활용하지 못했다.

작가 수잔 와이즈 바우어의 홈페이지

수잔 와이즈 바우어의 최신 뉴스, 인터뷰, 책 소식을 가장 먼저 만날 수 있다.
www.susanwisebauer.com

5단계 :
영어 일기와
문법책 도전

아이의 첫 영어 글쓰기 :
영어 일기

● **수정, 첨삭 없이 혼자 쓰는 영어 일기**

　엄마표 영어 5단계에 들어서는 초등학교 5학년, 이 시기는 영어 습득을 위한 노력이 일차적으로 꽃을 피웠던 시기였다. 학교에서 특별활동을 하느라 듣기와 읽기에 투자한 시간은 지난 4년에 비해 가장 적었지만, 반디는 다른 사람들에게 영어 실력을 인정받게 되면서 자신감을 쌓을 수 있었던 소중한 시기였다.

　영어 습득의 아웃풋 단계 중 하나인 '쓰기'는 접근 방법도 시기도 망설임이 많았다. 언젠가부터 연습장 가득 영어 문장들을 쓰기 시작했지만 수정도 보완도 하지 않았다. 쓰기의 목적이 간단한 영작이 아니기 때문이다. 정확한 어휘나 문장을 사용해서 자신의 생각을 논리적으로 전개하기에는 우리말도 어려운 시기였다. 틀리는 것에 대한 부담 없이 그저 쏟아내는 시간이 필요하다고 생각했다. 가장 쉬운 방법으로 영어 일기를 선택했다.

4학년 겨울방학 숙제를 끝으로 학교에서는 더 이상 일기를 검사하지 않았다. 이제 곧 5학년이 될 것이고 고학년이 되면 학교에서 일기를 신경쓰지 않을 것이라 생각하고 반디와 우리만의 영어 일기 쓰기를 계획했다. 제대로 된 문장인지 문법적 오류는 없는지 확인할 수는 없지만 아이는 노트 한 페이지 가득 자신의 하루를 영어로 정리했다. 전문가의 도움을 받아 첨삭을 해야 하는 게 아닐까 싶었지만 아이의 쓰기 실력이 첨삭을 받을 정도는 아니라는 결론을 내렸다. 자신이 하고자 하는 말을 자유롭게 표현하는 것으로 만족했다.

반디는 2월부터 영어 일기를 썼다. 쓰는 것에 부담을 가지지 않도록 주로 컴퓨터를 이용했다. 때로는 노트에, 때로는 컴퓨터를 이용해 일기를 쓴 후 프린트해서 노트에 붙이는 방법으로 일주일에 서너 번씩 영어 일기를 썼다. 그런데 새 학년이 되고 담임선생님께서 일기 검사는 물론 일기 쓰기를 학교에서 지도하겠다는 알림장을 보내셨다. 이미 반디는 한 달 넘게 나름의 영어 일기를 썼기에 그만두기에는 아쉬웠고 그렇다고 영어와 한글로 두 번이나 일기를 쓰게 할 수도 없었다. 망설이다 선생님께 편지를 드렸고 흔쾌히 허락해주신 덕분에 반디는 1년 동안 꾸준히 영어로 일기를 쓸 수 있었다. 담임선생님께서는 허락에 그치지 않고 감사하게도 반디의 미숙한 영어 일기를 꼼꼼히 읽어보시고 정성 들여 글을 남겨주셨다. 이 부분도 반디가 영어 일기를 지속할 수 있었던 동기 중 하나였던 것 같다. 엄마가 아닌 다른 사람에게 받은 인정과 칭찬이 힘이 된 것이다. 처음 시작할 때 썼던 일기와 1년 뒤에 쓴 일기는 분명 차이가 있었다. 물론 그 차이가 큰 건 아니었지만 아이는 일기를 쓰면서 간단한 오류는 스스로 고쳐나갔다.

안타깝게도 학교에서는 우리말 글쓰기조차 제대로 지도하지 않는 것이 현실이다. 아이들의 작문은 이런저런 대회나 행사를 위한 일회성인 경우가 대부분이다. 선생님의 가르침이나 교정을 받는 아이들도 드물다. 반디 또한 초등학교 1학년부터 써온 일기를 제외하고는 특별히 글쓰기 지도를 받아본 적도, 시도해본 적도 없다. 이렇듯 우리말 글쓰기도 서툰 아이가 자신의 생각을 영어로 쏟아내는 것이 쉬운 일은 아니라 생각했다. 욕심을 버리는 것이 중요했다. 외워서 문장을 쓰는 것이 아니라 자신의 생각을 영어로 표현하는 것 자체에 만족했다. 반디는 엄마표 영어에서 추천하는 '문장 따라 쓰기'나 '받아쓰기' 등을 하지 않았다. 노트 가득 쓴 엉터리 문장을 칭찬하며 자신감을 심어줬고 일정한 틀 없이 자신의 하루를 쏟아낼 수 있는 시간을 1년 정도 가진 것이 전부다. 딱 1년이었다. 짧은 시간은 아니었다. 그 기간이 바탕이 되어 반디는 영어로 글을 쓰는 것을 두려워하지 않는 힘을 얻었다. 우리에게는 그것이 중요했다.

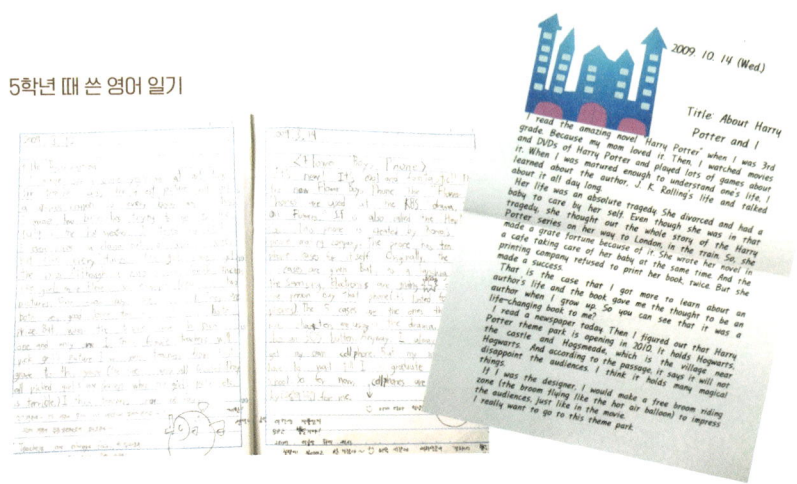

5학년 때 쓴 영어 일기

아웃풋, 애쓰지 않아도 저절로 터진다

듣기와 읽기를 통해 인풋만을 진행했던 지난 4년이었다. 반디는 혼자서 중얼거리기도 하고 노트 가득 영어로 낙서를 하기도 했다. 엄마표 영어에서 "차고 넘치게 듣고 읽으면 저절로 나온다."고 말하는 아웃풋 조짐이다. 아웃풋에 해당하는 말하기와 쓰기를 위해 무엇인가 시도해야 하는 시기인 것은 분명한데 시작하기가 조심스러웠다. 우리가 원하는 방법은 분명하지만 그 방법에 맞게 도움을 줄 수 있는 사람을 찾기 쉽지 않았다. 그런데 우연하게 원하던 바와는 좀 다른 모습으로 기회가 찾아왔다. 반디가 5학년 초 학교에서 실시한 영어 말하기 대회에 참가한 것을 계기로 영어 연극반 활동을 시작하게 된 것이다. 전담 선생님이 원어민 지인을 가끔 초대해 자연스럽게 대화를 나눌 기회를 가지게 되었다. 전반적으로 영어에 대한 자신감이 수직 상승하는 시기였다.

5학년 초 어느 날 학교에 다녀온 반디는 영어 말하기 대회 원고를 준비해야 한다고 말했다. 안내장을 받은 기억도 없고 대회에 나가겠다고 손들 녀석은 아니었기에 의아했는데 아이의 말은 이랬다. 영어 수업 시간에 영어 선생님께서 주제를 주고 아이들에게 자신의 생각을 쓴 후 발표하라고 하셨단다. 초등학교 5학년이지만 아이들의 영어 실력은 이미 천차만별이어서 차이가 드러났을 터였다. 발표를 마치고 선생님은 반 친구들에게 대표로 나갈 두 명을 투표하게 했는데 반디가 뽑혔다는 것이다. 반디는 의외로 대회에 참가하고 싶어 했다. 어학원 레벨 테스트 결과에 자신감을 얻었고 발표를 했을 때 친구들과 선생님의 반응이 좋았고 친구들이 대표로 뽑아주었으니 해야겠다는 것이다. 주변의 칭찬이 용기를 주었던 것 같다.

주제는 자유라고 하지만 무슨 이야기를 어떻게 쓰라고 할지 막막했다. 아이와 이런저런 이야기를 나누다 얼마 전 꽤 긴 거리를 자전거로 체험하면서 안전하지 못한 자전거 도로와 안전 장비에 관한 일기를 썼던 것을 생각해내고 그것을 주제로 하고 싶다 해서 우선 초고를 작성하라고 했다. 그런데 문제가 있었다. 우리 부부는 아이가 써놓은 원고를 고쳐줄 능력이 없었다. 할 수 없이 아이들에게 영어 과외를 하고 있는 언니에게 크게 문제가 있는 부분만 체크해 달라 부탁했다. 몇몇 문법적 오류와 부자연스러운 표현을 바로잡은 원고로 준비를 마쳤다. 꼭 상을 받아야겠다고 매달리기보다 이 일에 시간을 빼앗기지 않을 정도로만 자연스럽게 원고를 보기로 하고 대회 날까지 하루에 두세 번만 원고를 읽어보자 하였다.

그 대회가 반디에게 생각하지 못한 행운을 가져다주었다. 아이가 다니던 초등학교에서는 영어 말하기 대회 참가자들 중 고학년을 위주로 영어 연극반을 만들 계획이 있었던 것이다. 주로 6학년을 대상으로 하고 5학년을 두 명 뽑았는데 거기에 반디가 선택되었다. 같은 학년 친구는 영어권 나라에서 1년 이상 체류한 경험이 있었다. 반디의 영어 습득 과정을 지켜본 친한 엄마들은 드디어 숨길 수 없는 내공이 드러났다며 축하해주었다.

집중듣기, 흘려듣기 정체기 극복법

집중듣기, 흘려듣기는 자의 반 타의 반으로 정체기를 맞았다. 반디는 초등학교 5학년 때 뜻하지 않게 각종 영어 대회와 과학 대회에 참가하느라 집에서 집중듣기와 흘려듣기를 하는 시간이 현저히 줄었다. 특히 1학기 동안은 영어 연극반 대회 준비와 과학 관련 교내 대회, 교육청 대회가 겹쳐 영어에 시간을 할애하기가 힘들었다. 나는 엄마표 영어를 넘어 자기 주도로 바뀌어야 할 시기에 시간을 들이지 못하니 마음이 조급했는데 아이는 나름 새로운 경험에 만족하고 있었다.

지금 주어진 일에 최선을 다하기로 하고 영어는 잠깐 숨 고르기라 생각하기로 했다. 그래서 이 시기에는 새로운 것을 시도하지 않고 읽던 책의 단계를 높여서 진행했다. 초등 3학년 때 집중듣기로 활용했던 미국 교과서 『리터러시 플레이스 4, 5』와 『포 코너스』등 높은 단계의 책을 활용했고, 『해리 포터』마지막 7권을 오디오 없이 혼자서 묵독했다. 학교의 특별활동을 마무리하고 2학기 후반 무렵부터는 단행본과 낮은 레벨의 뉴베리 수장작을 보았다.

흘려듣기를 위한 영어 방송은 선호하는 프로그램이 분명해졌기에 디즈니 채널의 시트콤과 저녁마다 방영하는 영화를 보며 휴식 같은 시간을 보내는 것으로 만족해야 했다.

단어와 영문법,
쉽고 재미있게 습득하기

● **영문법, 어디까지 해야 하나?**

 영문법을 꼼꼼히 배워야만 영어 습득이 완성되는 것일까? 영어 습득을 목표로 영어에 접근했던 아이들도 중등교육을 거쳐 대입에 이르면서 내신, 수능, 공인인증시험 등을 만나게 되고 결국 '영문법'을 학습하게 된다. 하지만 공교육을 피할 수 있었던 반디는 영문법을 '학습'으로 공부하지 않았다. 그럼에도 불구하고 문법적 오류가 드물었다. 반디는 초등 5학년에 처음 문법책을 보았지만 누가 가르쳐주지는 않았다. 혼자서 책을 보고 기초적인 내용만 겉핥기한 것이 전부였다. 그마저도 책 한 권을 끝까지 마무리하지 못했고 이후에도 이렇다 할 문법적 학습이 없었다.

 반디가 홈스쿨을 하는 동안 고등학교 대상 모의고사나 지난 수능 문제를 풀어볼 기회가 종종 있었다. 반디는 품사를 정확히 구분하지 못하고 to 부정사의 용법도 나열하지 못했지만, 문법 문제를 틀리지 않았다. 문장을 읽었을 때 자연스럽지 않다고 느껴지는 것을 고르면 '정답'이라는 것이다. 엄마표 영어로 앞서간 선배들의 경험을 찾아보면, 원서를 많이 읽으며 영어를 습득한 아이가 공통적으로 보이는 현상 중 하나란다. 아이들에게 문법적인 설명을 하라면 꿀 먹은 벙어리가 되지만 문법에 오류가 있는 문장은 쉽게 고른다는 것이다. 한결같이 자연스럽지 않은 문장이 틀린 문장이라 했다.

반디는 문법을 시작하는 중학교부터 제도권 밖에 있었다. 사교육을 통해 한국식 문법을 공부할 기회도 없었다. 결국 문법을 제대로 학습한 경험 없이 영어권 나라로의 유학길에 올랐다. 하지만 현지에서 에세이나 리포트, 프레젠테이션을 작성하면서 문법적 오류를 지적받는 일은 극히 드물었다. 뿐만 아니라 얼마 지나지 않아 막연함에서 벗어나 정확한 오류의 이유까지 설명하게 되었다.

반디를 보며 분명하게 느낀 것은 좋은 문장을 담은 원서에 꾸준히 노출되면 문장 구조를 파악하는 능력, 어휘력이 자연스럽게 향상된다는 점이다. 다음 페이지부터 아이가 선생님 도움 없이도 혼자 할 수 있는 어휘 학습과 문법책 활용법을 담았으니 참고하기 바란다.

어휘 학습, 어떻게 해야 할까?

어휘를 공부하기 위해서 『워들리 와이즈 3000 Wordly Wise 3000』을 선택했다. 문학작품이나 교과서, 표준화된 시험에서 많이 나오는 실용 어휘 3000개를 학습할 수 있도록 구성된 학습서다. 어휘 학습 교재지만 독해 교재로 활용하기도 좋았다. 다양한 주제의 지문을 읽고 어휘 학습에 대한 활동을 마치면 뒷면에 긴 문장의 질문을 읽고 완벽한 문장으로 답하기를 요구하는 독해력 테스트가 있다.

나는 독해력 테스트가 욕심이 나서 이 책을 구입했다. 답지는 별도로 구매했는데 답변이 구체적으로 제시되어 있었다. 나는 먼저 반디가 문장을 쓰고 답안을 직접 확인하게 한 다음, 입으로 소리 내어 읽어보도록 했다. 어휘 학습 경험이 부족했던 반디를 위해, 또 선생님의 도움을 받지 않고 혼자 진행해야 하는 점을 감안해서 단계를 레벨 2부터 3까지로 내렸다. 그렇게 두 권을 1년 동안 마무리했다. 다행히 반디는 천천히, 하지만 꾸준히 따라와주었다.

책 속에 들어 있는 오디오 CD에는 주제 지문만 포함되어 있지만 홈페이지에 들어가면 단어와 단어에 대한 설명까지도 음성 지원이 되고 간단한 퀴즈와 크로스워드 등의 부가 서비스도 무료로 활용할 수 있었다.

「워들리 와이즈 3000」 홈페이지
책에 수록된 단어, 설명, 예문을 모두 제공한다.
www.wordlywise3000.com

이번에도 의미나 스펠링을 외우는 방법은 쓰지 않았다. 어휘 학습서도 원서를 택했던 이유이기도 했다. 본문 앞에 나오는 주요 단어에 대한 설명과 예문을 통해 의미를 파악한 뒤 본문을 읽으며 각각의 단어들이 어떻게 사용되는지 확인했다. 마지막 독해력 테스트에서 그 단어를 활용한 문장을 만드는 것으로

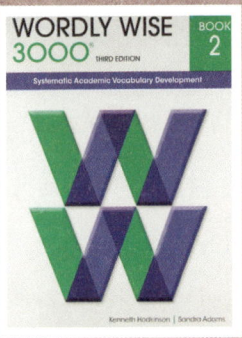

『워들리 와이즈 3000』
1~5권

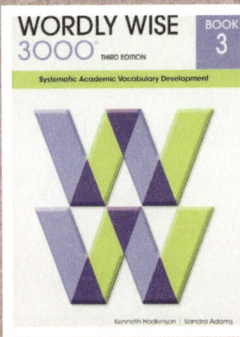
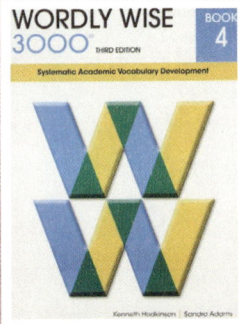

반디가 활용한 4권의 사진

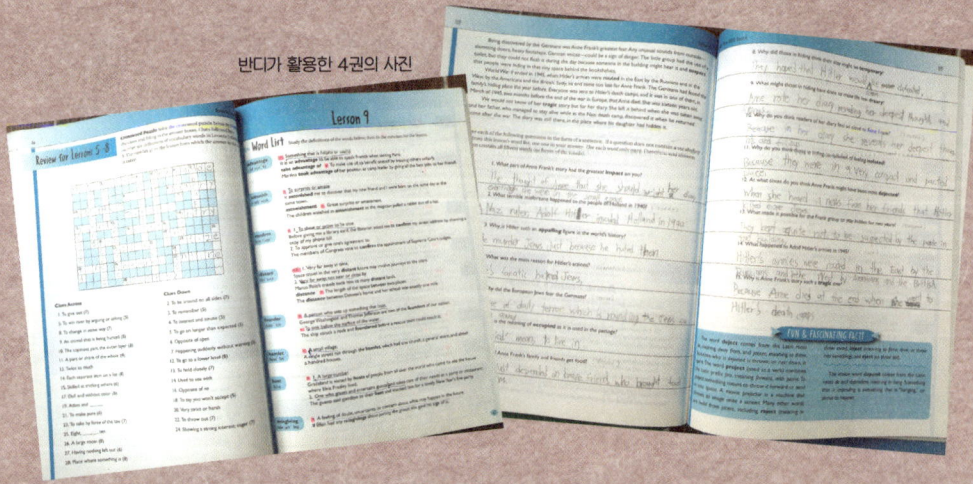

한 레슨을 마무리하는 형식이었다.

아이가 하루에 몇 개, 일주일에 몇 십 개의 단어를 외우는 것은 크게 도움이 되지 않는다고 혼자 결론 내렸다. 그렇게 암기한 단어도 꾸준히 반복하지 않으면 결국 잊어버린다. 아무리 좋은 단어를 알고 있어도 그 단어의 쓰임을 제대로 이해하지 못하거나 적절하게 활용할 수 없다면 아는 단어라 할 수 없다.

신기하게도 반디는 수많은 책과 영상을 접하면서 한 단어가 때에 따라 다양하게 변화되어 쓰인다는 것을 자연스럽게 알게 되었다. 한글 의미를 일대일로 매치해서 외우는 방법은 자신에게 맞지 않는 방법임을 알았고, 외우는 건 잘못한다며 단어 암기를 거부했다. 강요하면 거부감만 커질 것 같아 홈페이지에 있는 크로스워드 게임이나 퀴즈 등을 적절히 활용하며 기억에 도움을 주는 복습만 진행했다.

초등학교 저학년까지는 어휘 확장에 관심을 가지지 않아 자세히 관찰하지 않았는데 4학년이 되면서 엄마에게는 생소하고 아이 또래에는 어울리지 않는 어휘들이 뜬금없이 튀어나오곤 했다. 그리고 그 단어가 어느 책의, 어느 부분에서 또는 어느 프로그램의 어느 장면에서 나왔는지 기억하고 있었다. 그렇게 기억한 단어는 쉽게 잊히지 않았고 적절하게 활용할 수 있었다. 그리고 새로운 단어를 알게 되면 의도치 않아도 그 단어가 기억에 남아 있는 며칠 안에 책에서든 영상에서든 그 단어를 다시 만난다며 신기해하기도 했다.

아이는 책, 영상, 신문 등 다양한 매체를 통해 어휘를 확장했지만 외우지는 않았다. 실제로 아이가 알고 있는 좋은 단어를 말하거나 쓰기까지는 연습과 기다림이 필요했다. 어찌 보면 중등교육을 포기한 덕분에 일반적인 단어 암기식 교육을 피할 수 있어 가능한 일이었을 것이다. 평가를 위한 영어 학습에서 벗어나 실용적인 영어 학습으로 방향을 바꾸면 아이들이 주입식 암기에서 벗어날 수도 있지 않을까 하는 현실성 없는 바람을 또 하게 된다.

우리 아이 첫 문법책

원래 이 시기에는 문법책을 깊이 있게 공부하지 않고 아이와 함께 가볍게 볼 계획이었다. 그래서 두 권의 책을 시도했지만 영어에 할애하는 시간이 줄어들면서 계획이 틀어졌다. 마무리를 하지 못했지만 워낙 유명한 문법 원서이므로 간단하게 소개한다.

『그래머 인 유즈Grammar in Use』 시리즈

난이도에 따라 세 단계로 구성된 영어 문법책이다. 우리나라에 번역본도 출간되어 있다. 우리는 첫 단계를 번역본과 함께 구입했다. 나는 번역본을, 아이는 원서를 가볍게 보면 좋을 것 같았다. 왼쪽 페이지에는 문법적 설명이, 오른쪽 페이지에는 연관된 문제가 나와 있었는데 아이가 보기에 글씨가 너무 작았고 금방 싫증을 느꼈다. 결국 앞부분의 가장 기본적인 문법만 훑어보고 손을 놓았다. 이 책을 보는 대상은 아이들이 아니었기에 나는 혼자서 너무 욕심을 부린 것은 아닌지 반성을 했다. 아이의 반응을 유심히 체크하며 아이가 좋아하는 방법으로 진행하길 바란다. 워낙 유명한 책이라 인터넷에서 자세한 설명과 활용 방법, 인터넷 강의 등 다양한 자료들을 쉽게 찾을 수 있다.

『그래머 인 유즈』 한국 공식 블로그

 '그래머 인 유즈 시리즈'를 독점 공급하는 케임브리지 회사에서 운영하는 블로그. 본문을 원어민 음성으로 복습할 수 있다.
https://camko101.blog.me

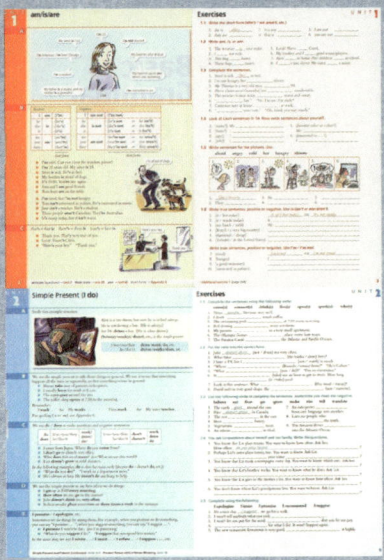

『그래머 인 유즈』 시리즈

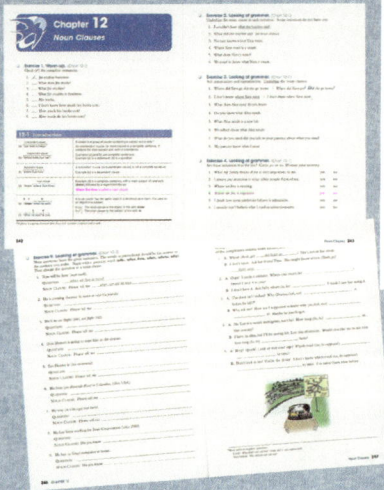

『아자르 그래머』 시리즈

엄마표 영어 이제 시작합니다

『아자르 그래머 Grammar Azar』 시리즈

이 책도 난이도에 따라 세 단계로 구성 되어 있다. 반디가 『그래머 인 유즈』의 편집에 싫증을 느끼고 힘들어해서 바꾼 문법서로 보기에 훨씬 여유가 있었다. 일상생활에서 사용하는 다양한 표현을 문법과 연결시켜 말하기 쓰기 연습을 여러 방법으로 반복하는 형식이었다. 반디에게 필요했던 아웃풋 활동을 위해 상황에 따른 표현을 소리 내서 말하면서 첫 단계를 2/3 이상 진행했는데 시간이 부족해서 결국 마무리하지 못했다.

아자르 시리즈 중 『펀더멘털즈 오브 잉글리시 그래머 Fundamentals of English Grammar』(왼쪽 사진 중 검정색 표지), 『언더스탠딩 앤드 유징 잉글리시 그래머 Understanding and Using English Grammar』(왼쪽 사진 중 파란색 표지) 두 권은 '그래머 스피크 Grammar Speaks'라는 카테고리에서 문법적 설명과 텍스트를 음성 지원한다.

『아자르 그래머』 출판사 홈페이지

아자르 그래머 출판사 홈페이지 중 '그래머 스피크' 카테고리. 이곳에서 문법 자료와 듣기 자료를 함께 제공한다.

www.azargrammar.com/grammarSpeaks

6단계:
뉴베리 수상작과
아웃풋을 만나다

말하기, 쓰기
아웃풋 끌어내기

아웃풋, 스터디 파트너가 필요하다

 5단계까지는 무리하거나 욕심부리지 않고 아이 혼자서도 가능한 듣고 읽기에만 집중했다. 이제 아이에게 채워진 것을 바탕으로 아웃풋을 노려볼 만한 시기가 되었다. 그런데 지금까지 우리가 지나온 과정, 앞으로 나갈 방향과 목표를 바꾸지 않고 아이에게 꼭 필요한 부분을 적절하게 지도해줄 선생님과, 함께할 파트너를 구하는 것이 쉽지 않았다. 급하다고 아닌 길을 갈 수도 없었고 포기할 수도 없었다.
 혼자서도 가능했던 인풋과는 달리 아웃풋은 전문가의 도움이 필요했다. 또 함께하면 시너지 효과를 볼 수 있는 파트너를 찾는 것이 중요한 문제였다. 비록 오래 기다렸지만 그 기다림은 충분히 가치가 있었다. 5학년, 엄마표 영어

정체기를 보낼 동안 대신 반디는 다양한 체험을 했고, 나는 6단계(6학년)에서 할 수 있는 본격적인 아웃풋 계획을 세울 수 있었다.

지난 5년 동안 꾹꾹 눌러 담은 인풋은 이제 제대로 건드리기만 하면 폭발해 줄 것 같았다. 그런데 문제는 이 '제대로'였다. 인풋 과정이 달랐던 만큼 아웃풋도 다르게 하고 싶었고 그래야 할 것 같았다. 우리가 계획하고 원하는 방법을 위해 누군가의 도움이 절실했지만 유명 어학원도 최고의 과외 선생님도 대안이 될 수 없었다. 아무리 생각해도 같은 동네에 사는 교포 선생님 말고는 도무지 마음이 닿지 않았다. 선생님은 자신의 아이 유치원에서 영어책 읽어주기 봉사를 하면서 초등학교 1, 2학년 아이 몇 명과 영어 활동을 하고 계셨다. 모든 교육 과정을 미국에서 마치고 결혼 후 한국에 들어오신지 3~4년쯤, 우리나라에서 초등학교 고학년 아이들을 지도해보신 적도 없었다.

반디가 5학년 때부터 삼고초려의 마음으로 부탁을 드렸다. 선생님께서는 아이들이 너무 어려 고학년을 위해 늦은 시간을 내기가 힘들고 오후 시간도 개인 사정상 여의치 않다고 하셨다. 또한 반디가 원하는 방식은 그룹 지도가 필요한데 그룹을 만들기도 쉽지 않다는 복잡한 이유도 있었다. 하지만 너무 안타까워하는 모습이 맘에 걸리셨는지 시간을 이리저리 맞춰보고 6개월 뒤에는 수업이 가능하니 그룹을 만들어 보라는 절반의 허락을 받을 수 있었다. 그때가 5학년 여름 무렵이었고 수업은 6학년부터 진행하는 것으로 계획을 잡았다.

이제 어떤 친구들을 설득하는지가 문제였다. 지금 당장도 아니고 6개월을 기다려줄 파트너를 찾아야 했다. 꼭 같이 하고 싶은 친구는 이미 마음속에 있었지만 그동안의 학습 방법도 달랐고 전문 선생님께 배우는 것도 아니라서 섣부르게 제안할 수 없었다. 결과적으로 반디보다 한 학년 아래지만 영어권 나라에서 1년 정도 유학했던 아이로 영어 유치원부터 시작해서 스스로가 좋아서 영어 학원을 다니고 있는 친구가 참여했다. 마침 아이 엄마는 영어 학원을 오래 다니면서 나타나는 매너리즘을 걱정하던 시기였다.

또 한 명은 4학년 2학기에 반디 학급으로 전학을 온 같은 아파트 옆 동에 사는 친구였다. 이 친구는 교과목에 맞춰서 영어를 늦게 시작했지만 영어 학원을 생각하고 있지는 않았다. 반디에게 그 친구 이야기를 전해들은 기억으로는 우리말 책을 읽는 수준이 높았고 책을 무척 좋아하는 친구라고 했다. 엄마들끼리도 자연스럽게 친구가 되었고, 나는 반디 친구 엄마에게 반디의 영어 습득 방법을 조심스럽게 이야기하며 원서를 추천했다.

반디 친구는 우리말 독서의 바탕이 탄탄하고 두터워서인지 원서 집중듣기를 통해 읽어내는 속도가 기대 이상이었다. 나는 그 아이의 엄마에게 반디와 함께 수업을 하자고 제안했다. 처음에 친구 엄마는 자신의 아이가 같은 그룹에 들어갈 실력이 아니라고 망설였다. 나는 그녀에게 지금처럼 원서를 읽어주면 6개월 뒤에는 비슷해질 것을 믿으라고 했다. 반디 친구가 가지고 있는 우리말 독서력은 정말 탐이 날 정도였기에 확신이 있었다. 실제로 그 친구가 처음의 영어 실력 차이를 극복하기까지 그리 오랜 시간이 걸리지 않았다. 결국 반디 친구는 중학교에 진학한 이후, 학원과 과외에 만족하지 못하고 지속적으로 반디의 파트너가 되어주었다.

그렇게 두 친구와 엄마들은 나와 반디를 믿고 한 아이는 꾸준히 학원을 다니면서 또 다른 아이는 원서를 집중듣기 하면서 검증되지도 않은 선생님과의 수업을 위해 6개월을 기다려주었다. 덕분에 반디는 6학년을 시작하며 좋은 파트너들과 '제대로'된 아웃풋을 시도해볼 수 있었다.

우리 아이, 영어 수다쟁이가 되다

제대로 된 아웃풋을 위해 반디는 집을 벗어나 선생님의 도움을 받는 특별한 교육을 시작했다. 한국의 영어 교육이 낯설기는 선생님도 마찬가지였다. 초등학교 1, 2학년 아이들과 간단한 요리, 만들기 등을 영어로 진행하는 것과 달리 고학년을 대상으로 어떻게 진행을 할지 상의가 필요했다. 일반적인 학원이나 과외 선생님들처럼 자신의 경험과 노하우, 커리큘럼에 아이를 맞추는 것이 아니고 아이들에게 필요한 부분, 적절한 방법을 함께 고민했다.

선생님께 아이들을 맡기며 부탁드렸던 것은 말하기Speaking와 쓰기Writing였다. 세 아이는 원서를 보고 듣는 인풋에 익숙했기에 읽기와 듣기, 여타 학습적인 부분은 제외했다. 아이들이 자신의 생각을 거침없이 표현할 수 있는 말하기와 주제를 정하고 그 주제에 맞는 글쓰기를 시작할 수 있게 도움을 주셨으면 했다. 선생님께서 아이들에게 할애해주신 시간은 일주일에 2회, 한 시간 반씩이 전부였다.

선생님께서는 수업을 위해 학습서 형태의 교재 한 권을 선택하셨는데 어렵지 않은 책이었다. 교재를 정한 이유는 그 책으로 학습하기 위한 것이 아니었다. 아이들과 이야기 나눌 재료를 찾기 위해서였다. 내용이 어려운 것보다는 아이들이 관심을 가질 내용, 그래서 이야기가 많은 책을 선택하셨다.

본문은 아이들과 선생님에게 이야깃거리를 제공해주었고, 아이들은 한 시간 반 동안 끊이지 않는 이야기 속으로 빠져들었다. 활발하고 밝은 선생님께서는 영어로 대화할 기회가 없던 두 아이를, 평소에도 말이 없는 사내아이들을 중간에 제지하지 않으면 수업 진행이 어려울 정도의 수다쟁이로 만들어버리셨다. 그러면서도 집에 와서는 단 한 문장도 영어로 이야기하지 않으니, 수업을 시작하고 마칠 때까지 우리말을 전혀 사용하지 않는다는 사실을 한동안 믿기 어려웠다. 선생님을 모시고 다 함께 식사를 하는 자리를 가졌는데 선생님은 한국말을 하는 세 아이를 낯설어 하셨고, 엄마들은 영어로 대화하는 아이들을 낯설게 느끼는 재밌는 상황이 연출되었다.

선생님께서는 엄마들의 바람을 정확하게 간파하고 아이들을 한 단계, 한 단계 성장시켜주셨다. 아이들이 선생님과 이야기 나누는 것은 쓰기 주제를 정하기 위해서였다. 그날그날 수업 내용과 연관된 한두 페이지의 액티비티와 생각을 모아 정한 주제로 글을 쓰는 것이 과제의 전부였다. 쓰기 안에는 함께 읽은 본문이나 말하는 중간에 새롭게 알게 된 단어가 반드시 포함되어야 했다. 별도로 단어 공부를 시키지 않아도 새로운 단어를 활용할 수 있게 지도해주신 것이다.

하지만 단 한 번도 수업 시간 중 과제를 검사하지 않았고 쓰기 과제도 바로 첨삭하거나 수정하지 않았다. 끊이지 않는 이야기를 통해 정한 주제가 단순할 리 없었다. 과연 이 주제에 대한 자신의 생각을 영어로 잘 표현했을까 걱정이 앞섰다. 하지만 아이들은 그 주제에 대한 의견을 이미 충분히 나누었기에 과제를 그다지 어려워하지 않았다. 또한 선생님께서는 몇 개월 동안 아이들의 쓰기 과제를 파악하며 아이들마다 다른 문제점이 있음을 확인하셨다. 그리고 그 문제를 바로잡는 지도를 통해 제대로 된 쓰기의 틀을 만들어주셨다.

이쯤에서 갑자기 노파심이 생긴다. 독자들이 지금까지 소개한 수업 내용을 엄마표 영어 6단계의 가장 중요한 실천법이라고 생각할 것 같아 분명히 말하고 싶다. 이 시기에는 쓰기 아웃풋도 중요시 했지만, 반디가 작가별 단행본을 비롯해서 뉴베리 수상작품들을 만나는 것에 본격적으로 공을 들인 시기이기도 하다. 아웃풋은 처음이었기에 가볍게 생각했고, 오히려 좋은 책을 만나는 것에 더 집중했다. 다른 실천 방법에 도전하더라도 학년에 맞는 레벨의 원서를 읽고 집중듣기를 해야 한다는 점은 꼭 기억했으면 좋겠다.

쓰기 아웃풋 끌어내는 방법

5학년 때는 일주일에 서너 번씩 1년간 꾸준히 영어 일기를 써왔다. 컴퓨터도 익숙해지고 부담 없이 영어로 생각을 쏟아내는 것도 익숙한 상태였다. 그래서인지 선생님과 아이들이 모여 한 시간 넘게 이야기를 나누면서 정한 쓰기 과제를 해결하는 데 30분이 걸리지 않았다. 하지만 내 마음은 불안했다. 글을 쓰는 데 30분이 채 걸리지 않았던 이유는 반디가 '잘해서'가 아니라, 아직 자기 생각을 글로 옮기는 것에 '미숙했기 때문'이라는 것을 나는 잘 알고 있었다.

수업을 시작하고 3개월이 지나자 선생님께서는 엄마들에게 개별 면담을 제안했고 아이들에 대해 가감 없이 말씀해주셨다. 책 읽듯 부자연스러웠던 반디의 억양은 오래지 않아 자연스러워졌고 지금까지 어떻게 참았나 싶을 정도로 대화에 적극적이며 자신의 생각을 표현하는 데도 거침이 없다는 말씀을 해주셨다. 더해서 아이가 그동안 과제로 제출했던 쓰기 묶음을 보여주셨다. 제출만 했지 한 번도 첨삭이나 수정이 없었던 과제였는데 선생님은 아이들의 문제점을 파악하는 자료로 보신 것이다. 말과 글은 표현 방법이 달라야 하는데 반디는 거의 일치한다고 말씀하셨다. 하고 싶은 말을 그대로 글로 표현한다는 것이다. 왜 아이의 과제 시간이 짧았는지 그제야 이해가 되었다.

그러다 보니 본인도 알고 있는 함축적인 단어 하나면 표현될 것을 장황하게 쓰고 같은 내용을 다른 문장으로 반복하는 경우가 자주 보인다고 하셨다. 반디는 1년간 영어 일기를 썼지만 나는 처음 몇 개월 이후에는 아이의 일기를 꼼꼼하게 읽어본 적이 없다. 엄마의 영어 실력으로는 오류를 발견할 수도 없고 수정할 수도 없으니 그저 아이가 생각을 영어로 쏟아내는 것에 만족했기 때문이다. 그때는 알지 못했던 반디의 쓰기 문제점이 정확하게 파악되는 순간이었다. 제대로 된 아웃풋을 위해 정확한 진단과 지도가 절실했는데 그 부분이 손에 잡힐 듯 명확해지니 너무 반갑고 기대가 되었다.

선생님께서는 함께 수업에 참여하고 있는 친구의 과제를 꺼내 비교해주셨다. 아마 이런 이야기를 하기 위해 개별 면담을 청하신 것 같았다. 그 배려 또한 감사했다. 아이끼리 친구였지만 엄마들도 친한 사이라 나는 반디의 친구가 과제를 어떻게 대하는지 충분히 알고 있었기에 선생님 말씀이 더 잘 이해가 되었다. 반디의 친구는 자신이 다른 친구들보다 영어를 늦게 시작했기에 실력이 부족하다 생각했고 과제라도 열심히 해야 한다고 생각했다는 것이다. 그렇게 고뇌의 시간을 가지면서 구조를 완성하고 쓰고자 하는 단어를 찾아보고 난 후에야 과제를 시작을 했다니 얼마나 대견하고 기특한 일인가. 지켜보는 엄마는 답답한 마음에 아이를 닦달하기도 하고 따라가기 어려운 수업을 시키는 것은 아닌지 걱정을 했던 것이다.

선생님 말씀을 빌리자면 반디 친구의 과제는 매주 성장이 눈에 보인다고 하셨다. 적당하고 좋은 단어를 선택해서 활용할 줄 알고 그러다 보니 내용이 함축적이면서도 충분한 전달력을 지니고 있다는 것이다. 생각에 생각을 거듭하고 쓰다 보니 시간이 많이 걸려 하고 싶은 말을 전부 풀어내지는 못하지만 이 또한 시간이 지나면 나아질 것이라 믿고 계셨다. 나는 이 부분에서 또 혼자 결론을 내렸다. 반디의 친구는 다른 두 친구보다 우리말 독서의 내공이 월등했다. 영어도 언어이기에 탄탄한 우리말 내공이 기본이 되는 것이 아닐까.

개별 면담을 했지만 워낙 가까이 지내는 엄마들이고 보니 나중에 모여 서로가 들은 이야기를 나누면서 도움 되는 방법들을 주고받았다. 영어권 나라에서 1년을 유학하고 계속 어학원의 도움으로 영어를 공부한 친구는 정형화된 틀 안에 쓰기를 맞추는 습관을 깨는 방법이 필요하다고 하셨단다. 선생님께서는 아이들을 정확하게 파악한 후 각각에게 맞춘 방법으로 1년 동안 쓰기를 지도해주셨다.

반디는 말로 하는 것과 글로 쓰는 것의 차이를 알게 되면서 생각하고 글 쓰는 습관을 익히며 구조를 잡아나갔고 친구 녀석은 선생님을 감동시킬 정도의 성장을 보여줬다. 다른 친구도 정형화된 틀에서 어느 정도 탈피해 생각을 풍성하게 표현하는 모습을 보여주었다. 그렇게 1년간의 수업은 아쉽게 끝이 나고 다시 각자의 길을 택할 수밖에 없었다. 홈스쿨을 결정한 반디는 하던 대로 집에서 원서를 읽었고 친구는 중학교 진학을 앞두고 학교 교과학습에 맞춰나가는 방식으로, 후배는 잠시 숨을 고르는 꿈같은 외도를 접고 자신에게 익숙한 어학원으로 돌아갔다. 각자의 길을 가면서도 엄마들도 아이들도 선생님과의 인연에 아쉬움이 남아 미련을 버리지 못했다.

흘려듣기와 학습서, 어떻게 진행해야 할까?

아쉬움이 남는 시간이었지만 좋은 선생님 덕분에 영어로 실컷 떠들며 수다쟁이가 되는 시간도 가질 수 있었고 주제가 있는 쓰기 과제를 비롯해 혼자 하는 독후 활동, 뉴베리 수상작품 집중듣기 등 지난 5년과는 달리 시간과 공을 들여야 하는 부분이 늘어나면서 흘려듣기는 크게 신경을 쓰지 않았다. 고학년이 되면서 영어 만화 채널에 흥미를 잃어가더니 결국 보지 않게 되었다. 다큐 채널을 틈틈이 보는 편이었는데 자막을 열고 봐도 개의치 않았다. 반디는 이미 영어 소리에 익숙해져 있었고 자막이 나오는 화면을 보고 있지만 소리에 집중하고 있다는 것을 알 수 있었다. 나름 CNN 등의 미디어를 활용하여 흘려듣기를 해보려 했는데 아이가 받아주지 않아 강요하지 않았다.

2학기에 들어서며 중학 수학을 조금씩 선행하니 시간적으로도 여유롭지 않았다. 시간에 쫓긴다 싶으면 오히려 리듬이 흐트러지는 것 같아 흘려듣기 부분은 완전히 마음을 접었다. 학습서로는 『워들리 와이즈 3000』의 4, 5 단계를 지난해와 같은 방법으로 이어나갔다.

홈스쿨이 결정되지 않았던 1학기에는 중등교육을 대비하는 마음으로 한국 출판사에서 나온 문법서 중 초급 단계를 골라서 스스로 훑어보게 했다. 두 권으로 된 얇은 책을 짧은 시간에 마치기에 중급으로 단계를 높여야 하나 고민하다가 겨울방학으로 미뤘는데 홈스쿨을 결정하면서 필요성을 느끼지 못해 가장 기초적인 문법만 한국 책으로 정리하는 선에서 문법을 마무리했다.

집중듣기 :
단행본과 뉴베리 수상작

• 문학작품으로 이해력, 사고력 확장하기

　5학년 때의 집중듣기는 아동용 단행본을 시작으로 뉴베리 수상작 중 낮은 레벨의 작품을 읽는 것으로 계획하고 있었다. 뜻하지 않게 학교 특별활동에 시간을 많이 빼앗기면서 계획보다는 조금 늦어져 5학년 2학기 말부터 단행본 소설 읽기를 시작했고 초등학교 6학년에 절정을 이루었다.

　반디는 4학년 때 처음으로 로알드 달의 책을 읽으며 단행본에 관심을 가졌다. 미국 교과서 『리터러시 플레이스』에는 본문과 연관된 주제의 책이나 작가를 소개한 부분이 있었다. 그것을 토대로 찾아가다 작가 주디 블룸Judy Blume, 비버리 클리어리Beverly Cleary, 앤드류 클레먼츠Andrew Clements, 엘윈 브룩스 화이트E.B. White 등의 알게 되었고 본격적인 단행본의 길에 들어섰다. 이들 작가들의 수상 이력에서 가장 눈에 띄는 것이 뉴베리상이었고 다음 책 선택은 자연스럽게 뉴베리 수상작들로 이어졌다.

아동 도서계의 노벨상이라고 불리는 '뉴베리상 Newbery Awards'은 1922년에 시작해 미국 어린이 문학에 지대한 공헌을 한 작품의 작가에게 수여하는 상이다. 그림책을 대상으로 하는 칼데콧상과 함께 아동 문학상의 최고봉으로 꼽힌다. 미국 도서관 협회에서 전년도 출판된 어린이 책 중에서 가장 뛰어난 책을 선정해 수여한다. 수상작 외에도 함께 경합을 벌였던 서너 개의 작품에 '아너 Honer상'을 수여한다. 역사가 오래된 상이라 필수적으로 읽어야 하는 책들은 거의 고전과도 같다. 리딩 레벨 또한 다양해서 저학년용도 있지만 초등학교 고학년부터 청소년용까지 폭넓다.

수상작 선정의 주요 조건이 문학성이기 때문에 주제의 비중이 높고 구성이나 문장도 결코 가볍지 않다. 책에 따라서는 인권이나 종교, 사회, 역사적 배경지식이 없으면 작가의 의도를 파악하지 못하는 경우도 있다. 그래서 어느 정도의 독서 기반을 다져놓고 이해력과 사고력이 쌓인 초등 고학년 이상을 추천 연령으로 한다.

반디가 뉴베리 수상작을 십여 권 읽었을 때 했던 말이 기억난다. "왜 뉴베리 수상작 안의 주인공들은 모두 고난과 역경을 겪을까? 완벽한 가족을 가지고 있는 경우는 거의 없고, SF도 과학이 발전하는 것을 안 좋게 쓰는 경우가 많아." 어떤 책은 다 읽고 난 뒤에도 정확히 무엇을 이야기하는지 잘 모르겠다고 말하는 경우도 있었다. 담고 있는 주제가 가볍지 않으니 생각 없이 글씨만 읽어서 될 책이 아니었던 것이다. 그렇기에 뉴베리 수상작 추천목록을 만드는 데 고민이 많았다. 먼저 뉴베리 작품을 읽었던 선배들의 경험담을 찾고 찾아 어느 정도 검증이 되었다 싶은 책들 중 아이의 독서 취향을 고려해서 선택하는 것이 중요했다. 반디는 엄마가 심혈을 기울여 조사하고 추천한 목록 중에서 집중듣기할 책을 스스로 선택하여 가능하면 오디오와 함께, 여의치 않으면 묵독으로 꾸준히 읽어나갔다.

책을 읽고 난 뒤에는 나름대로 책과 연관된 주제를 정해서 독후 활동을 했다. 캐릭터를 분석하고 인상 깊은 장면에 대해 논하기도 했으며 독후록을 쓰기도 했다. 영어 일기는 더 이상 쓰지 않았고, 대신 선생님께서 주신 과제와 단행본을 읽고 나서 자신의 생각을 글로 정리하며 실력을 다졌다.

1922년부터 2017년까지의 뉴베리 수상작품에 대한 전반적인 정보가 담겨 있는 미국도서관협회 홈페이지를 방문해보자. 이곳에는 뉴베리상뿐 아니라 칼데콧상 등 다양한 상을 받은 책을 한눈에 확인할 수 있다.

미국도서관협회 뉴베리상 홈페이지

http://www.ala.org/alsc/awardsgrants/bookmedia/newberymedal/newberyhonors/newberymedal

왜 뉴베리 수상작을 선택했는가?

뉴베리 수상작에 각별한 애정을 가지고 아이에게 권했던 건 나름의 이유가 있었다. 초중급 챕터북을 읽은 아이들이 편하게 읽기에는 판타지 장르의 시리즈가 좋다는 걸 알고 있었다. 실제로 흥미롭고 다양한 판타지 시리즈가 쏟아지고 있었고 그 유혹은 달콤했다. 하지만 반디는 책이 좋아서 읽는 아이가 아니었기에 책에 할애하는 시간은 한계가 있었다. 그러니 책 선택을 고민하지 않을 수 없었다.

　나는 원서 읽기의 궁극적인 목표를 '고전문학 읽기'에 두고 있었기에 '뉴베리'가 그 가교 역할을 해주기를 바랐다. 나이로 보나 레벨로 보나 책 읽기의 마지막 단계라 할 수 있는 고전문학은 원서든 우리말 책이든 변형되지 않은 이야기로 접하기가 쉽지 않다. 하지만 고전문학이 오랫동안 사랑받을 수 있었던 데는 그만큼의 가치가 있었기 때문이다. 그런 문학적 글을 소화해내야 하는데 가볍게 읽을 수 있는 판타지 시리즈로는 고전문학을 제대로 만날 수 있는 내공을 쌓기가 어렵지 않을까 걱정스러웠다.

　대부분의 고전은 연령대나 시대에 맞춰 축약하거나 재가공해서 출판된다. 그러다 보니 단순히 줄거리를 알게 해주는 방법으로 변형된 책을 읽고는 그 책을 읽었다고 생각해버린다. 아는 것 같지만 모르는 책이 되어버린 것이다. 나이가 들어 재가공되지 않은 책을 마주했을 때는 이미 그 두께나 문학적 문장에 쉽게 마음을 주지 못하는 일도 많다. 내가 그렇게 고전문학을 읽었다.

　지금도 기억에 선명한 빨강색 표지에 금색 제목의 아동용 세계문학 전집은 당시 아이들이 있는 집이라면 누구나 한 세트를 가지고 있었다. 『톰 소여의 모험』, 『80일간의 세계 일주』, 『걸리버 여행기』, 『보물섬』, 『소공자』, 『소공녀』 등의 책들은 실제의 깊고 긴 이야기를 담고 있지 않았다. 작가가 의도했던 내용을 다 담지 못한, 축약과 변형으로 만들어진 책이었다.

　아동용 출판 시장의 규모에 놀랐고 신선한 창작물에 충격을 받았지만, 아직도 고전문학의 축약과 변형이 진행되고 있다는 사실에 당황스러웠다. 성인이 되어 책 제목은 익숙하지만 그 속에 담겨 있는 진짜 이야기를 알지 못했구나 깨닫는 일이 반복되면서 아이의 고전문학 접근에 대해 고민하게 되었다. 반디의 이해력이나 사고력이 성숙했해졌을 때 변형되지 않은 본래의 책으로 고전을 만나기를 바랐고 가능하다면 '원서'이기를 기대하게 되었다.

제대로 된 고전문학을 원서로 읽는 단계에 이르면 우리말로 책을 읽든 원서로 책을 읽든 두 언어 영역 모두에 영향을 미칠 것이라 생각했다. 그 단계가 안정된다면 탄탄한 기본이 완성된 상태이니 그 이후 어떤 책을 원서로 만나든지 어려움이 없을 것이란 믿음이 있었다. 그런 이유로 아동용이지만 주제가 분명하고 좋은 단어와 문학적 표현을 사용한 뉴베리 수상작을 읽었으면 했다. 아이가 행간의 숨은 뜻을 생각하고 아름다운 문장을 접하기를 바랐다.

계획대로 반디는 홈스쿨 2년 차(중학교 2학년 나이)에 '고전문학 읽기'에 도전하게 되었다. 뉴베리의 내공 덕분인지 힘들이지 않고 낯선 문체의 고전문학을 자연스럽게 원서로 읽는 반디를 보며 올바른 선택임을 확신했다. 오디오 지원이 가능한 경우 당연히 도움을 받았다. 집중듣기는 끝까지 갔다.

뉴베리 수상작 레벨별 리스트

반디에게 추천할 뉴베리 수상작품들을 고르기 위해 만들었던 리스트다. 초등학교 5학년 말부터 본격적으로 뉴베리 수상작을 읽기 시작했지만, 리스트는 훨씬 전에 만들었다. 영어 실력도 바닥, 엄마표 영어도 초짜, 원서 고르는 안목도 초짜였던 나는 우리말 번역서가 있는 책 위주로 선택했다. 우리나라에 번역서가 나올 정도라면 믿고 봐도 좋을 것 같았고 아이가 원서로 읽는 책을 한국어로 검색해볼 수 있어 책에 대해 이야기를 나눌 수 있으리라 생각해서다. 꽤 많은 책을 찾아 놓았는데 아이가 읽었던 책은 일부분이었다.

리스트는 레벨순으로 정렬했고, 각 책마다 '저자명 | 페이지 | 수상연도'를 정리했다. 실제로 책을 고를 때 엄마들이 궁금해 하는 정보들이다. 리스트의 항목 중 BL은 AR 시스템을 만든 회사가 제공하는 사이트에서 확인할 수 있는 ATOS 북 레벨 Book Level 기준으로 표기되어 있다. 미국 학년 기준으로 스스로 읽고 이해 가능한 수준의 연령을 숫자로 표시한 것이다. 예를 들어 BL 4.4는 초등학교 4학년이 되고 4개월이 지난 아이들이 읽고 이해할 수 있을 정도의 책이라는 의미다. 이 수치는 미국 학생들을 기준으로 한 것이기에 아이의 영어 실력을 고려해서 참고하면 된다.

다음 리스트는 2008년도 수상작까지를 담고 있다. 2009년부터 최신 수상작들은 별도로 블로그에 소개해 놓았으니 참고하면 좋겠다.

Like Jake and Me
Mavis Jukes 지음 | 32쪽 | 1985년

Sarah, Plain and Tall
(키가 크고 수수한 새라 아줌마)
Patricia Maclachlan 지음 | 64쪽 | 1986년

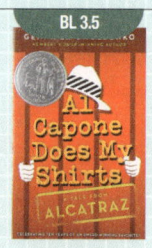

Al Capone Does My Shirts
(알카포네의 수상한 빨래방)
Gennifer Choldenko 지음 | 225쪽 | 2005년

Millions of Cats
(백만마리 고양이)
Wanda Gag 지음 | 32쪽 | 1929년

The Bears On Hemlock Mountain
(헴록 산의 곰)
Alice Dalgliesh 지음 | 64쪽 | 1953년

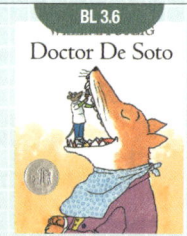

Doctor De Soto
(치과의사 드소토 선생님)
William Steig 지음 | 32쪽 | 1983년

Nothing But The Truth
(진실만을 말할 것을 맹세합니까)
Avi 지음 | 192쪽 | 1992년

After the Rain
(할아버지, 안녕!)
Normal Fox Mazer 지음 | 256쪽 | 1988년

Crazy Lady
(로널드는 화요일에 떠났다)
Jane Leslie Conly 지음 | 192쪽 | 1994년

Show Way
(엄마가 수놓은 길)
Jacqueline Woodson 지음 | 40쪽 |
2006년

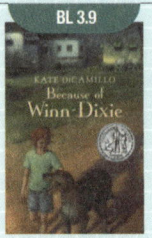
Because of Winn-Dixie
(내 친구 윈 딕시)
Kate DiCamillo 지음 | 182쪽 | 2001
년

Rules
(우리들만의 규칙)
Kate DiCamillo 지음 | 224쪽 | 2007
년

The Courage of Sarah Noble
(사라는 숲이 두렵지 않아요)
Alice Dalgliesh 지음 | 64쪽 | 1955년

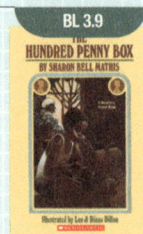
The Hundred Penny Box
Sharon Bell Mathis 지음 | 47쪽 |
1976년

The Whipping Boy
(왕자와 매맞는 아이)
Sid Fleischman 지음 | 96쪽 | 1987년

Penny From Heaven
(내 사랑 페니)
Jennifer L. Holm 지음 | 274쪽 |
2007년

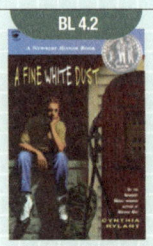
A Fine White Dust
(조각난 하얀 십자가)
Cynthia Rylant 지음 | 106쪽 | 1987년

26 Fairmount Avenue
Tomie De Paola 지음 | 57쪽 | 2000
년

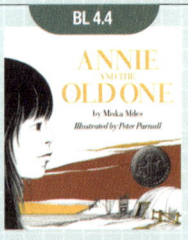

Annie and the Old One
(애니의 노래)
Miska Miles 지음 | 44쪽 | 1972년

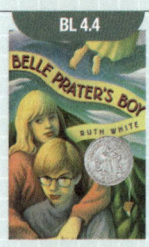

Belle Prater's Boy
(엄마가 사라진 어느 날)
Ruth White 지음 | 208쪽 | 1997년

Charlotte's Web
(샬롯의 거미줄)
E.B.White 지음 | 192쪽 | 1953년

Feathers
(희망은 깃털처럼)
Jacqueline Woodson 지음 | 208쪽 | 2008년

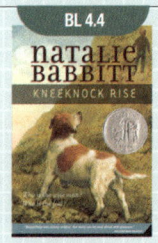

Kneeknock Rise
(매머드 산의 비밀)
Natalie Babbitt 지음 | 117쪽 | 1971년

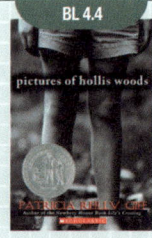

Pictures of Hollis Woods
(홀리스 우즈의 그림들)
Patricia Reilly Giff 지음 | 176쪽 | 2003년

The Shiloh trilogy 1. Shiloh
(샤일로)
Phyllis Reynolds Naylor 지음 | 144쪽 | 1992년

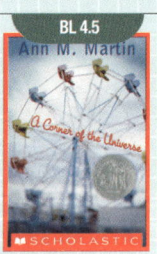

A corner of the Universe
(해티의 지난 여름)
Ann M. Martin 지음 | 208쪽 | 2003년

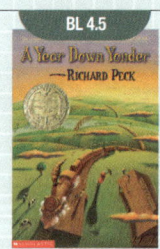

A Year Down Yonder
(시카고에서 온 메리 앨리스)
Richard Peck 지음 | 144쪽 | 2001년

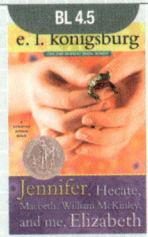
Jennifer, Hecate, Macbeth, William McKinley, and Me, Elizabeth
(내 친구가 마녀래요)
E.L. Konigsburg 지음 | 128쪽 | 1968년

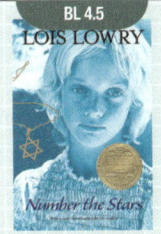
Number the Stars
(별을 헤아리며)
Lois Lowry 지음 | 144쪽 | 1990년

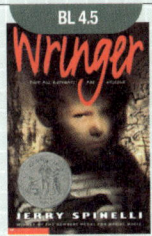
Wringer
(링어 목을 비트는 아이)
Jerry Spinelli 지음 | 228쪽 | 1998년

Bridge to Terabithia
(비밀의 숲 테라비시아)
Katherine Paterson 지음 | 208쪽 | 1978년

Ella Enchanted
(마법에 걸린 엘라)
Gail Carson Levine 지음 | 288쪽 | 1998년

Holes
(구멍이)
Louis Sachar 지음 | 233쪽 | 1999년

Lily's Crossing
(릴리 이야기)
Patricia Reilly Giff 지음 | 192쪽 | 1998년

On the Banks of Plum Creek
(초원의 집 1)
Laura Ingalls Wilder 지음 | 352쪽 | 1938년

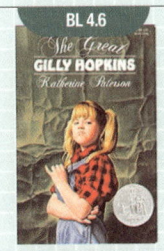
The Great Gilly Hopkins
(위풍당당 질리 홉킨스)
Kathrine Paterson 지음 | 148쪽 | 1979년

● 단계별 엄마표 영어 실천법

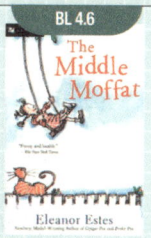

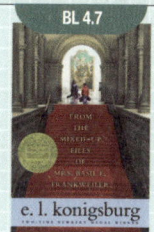

The Middle Moffat
(모팻가의 가운데 아이)
Eleanor Estes 지음 | 256쪽 | 1943년

A Wrinkle in Time
(시간의 주름)
Madeleine L'Engle 지음 | 224쪽 | 1963년

From the Mixed-up Files of Mrs. Basil E.Frankweiler
(클로디아의 비밀)
E.L. Konigsburg 지음 | 208쪽 | 1968년

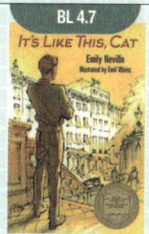

It's Like This, Cat
(냥이를 위해 건배)
Emily Cheney Neville 지음 | 180쪽 | 1964년

Kira-Kira
(키라키라)
Cynthia Kadohata 지음 | 201쪽 | 2005년

Maniac Magee
(하늘을 달리는 아이)
Jerry Spinelli 지음 | 192쪽 | 1991년

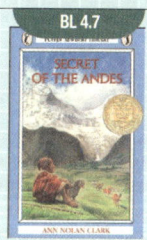

Olive's Ocean
(병 속의 바다)
Kevin Henkes 지음 | 152쪽 | 2004년

Secret of the Andes
(안데스의 비밀)
Ann Nolan Clark 지음 | 120쪽 | 1953년

The Corn Grows Ripe
(옥수수가 익어가요)
Dorothy Rhoads 지음 | 96쪽 | 1957년

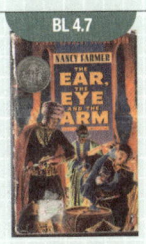

The Ear, the Eye and the Arm
(사라진 도시 사라진 아이들)
Nancy Farmer 지음 | 320쪽 | 1995년

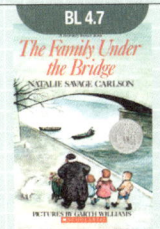

The Family Under the Bridge
(떠돌이 할아버지와 집 없는 아이들)
Ntalie S. Carlson 지음 | 112쪽 | 1959년

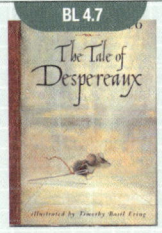

The Tale of Despereaux
(생쥐 기사 데스페로)
Kate DiCamillo 지음 | 272쪽 | 2004년

The Wheel on the School
(지붕 위의 수레바퀴)
Meindert De Jong 지음 | 298쪽 | 1955년

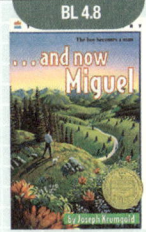

...and now Miguel
Joseph Krumgold 지음 | 256쪽 | 1954년

The Light at Tern Rock
(제비갈매기 섬의 등대)
Julia L. Sauer 지음 | 64쪽 | 1952년

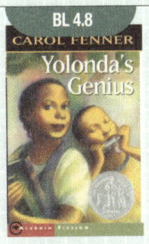

Yolonda's Genius
Catol Fenner 지음 | 224쪽 | 1996년

Belling the Tiger
(호랑이 목에 방울 달기)
Mary Stolz 지음 | 64쪽 | 1962년

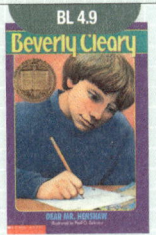

Dear Mr. Henshaw
(헨쇼 선생님께)
Beverly Cleary 지음 | 160쪽 | 1984년

● 단계별 엄마표 영어 실천법

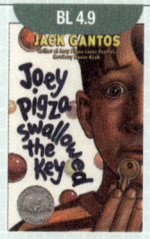
Joey Pigza Loses Control
(조이, 나사가 풀리다)
Jack Gantos 지음 | 208쪽 | 2001년

Sing down the Moon
(달빛 노래)
Sott O'Dell 지음 | 144쪽 | 1971년

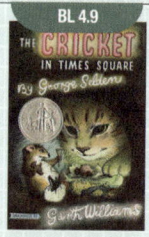
The Cricket in Times Square
(뉴욕에 간 귀뚜라미 체스터)
George Selden 지음 | 151쪽 | 1961년

The Sign of the Beaver
(비버족의 표식)
Eizabeth George Speare 지음 | 144쪽 | 1984년

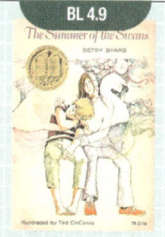
The Summer of the Swans
(열네 살의 여름)
Betsy romer Byars 지음 | 144쪽 | 1971년

Walk Two Moons
(두 개의 달을 걸어 볼 때까지)
Sharon Creech 지음 | 288쪽 | 1995년

Whittington
(위대한 모험가 위팅턴)
Alan W. Armstrong 지음 | 208쪽 | 2006년

Afternoon of the Elves
(우리 옆집에 요정이 산다)
Janet Taylor Lisle 지음 | 128쪽 | 1990년

Bud, Not Buddy
(난 버디가 아니라 버드야!)
Christopher Paul Curtis 지음 | 256쪽 | 2000년

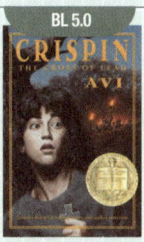

Crispin : The Cross of Lead
(크리스핀의 모험 1)
Avi Wortis 지음 | 320쪽 | 2003년

Dicey's Song
(디시가 부르는 노래)
Cynthia Voigt 지음 | 380쪽 | 1983년

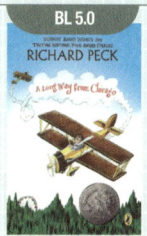

Long Way from Chicago
(일곱 번의 여름과 괴짜 할머니)
Richard Pek 지음 | 148쪽 | 1999년

Old Yeller
(내 사랑 옐러)
Fred Gipson 지음 | 176쪽 | 1957년

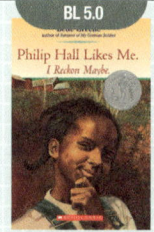

Philip Hall Hall Likes Me, I Reckon Maybe
Bette Greene 지음 | 144쪽 | 1975년

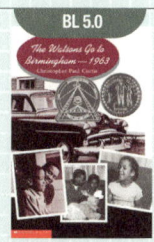

The Watsons Go to Birmingham-1963
(왓슨 가족, 버밍햄에 가다)
Christopher Paul Curtis 지음 | 210쪽 | 1996년

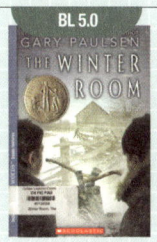

The Winter Room
(겨울방)
Gary Paulsen 지음 | 112쪽 | 1990년

A Girl Named Disaster
(아프리카 소녀 나모)
Nancy Farmer 지음 | 336쪽 | 1977년

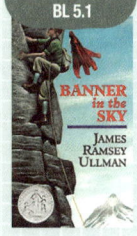

Banner in the Sky
(시타델의 소년)
James Ramsey Ullman 지음 | 288쪽 | 1955년

● 단계별 엄마표 영어 실천법

Getting Near to Baby
(지붕 위에서)
Audrey Couloumbis 지음 | 211쪽 | 2000년

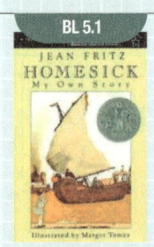
Homesick: My Own Story
(그리운 양쯔강)
Jean Fritz 지음 | 176쪽 | 1983년

Hope was Here
(그래도 내일은 희망)
Joan Bauer 지음 | 186쪽 | 2001년

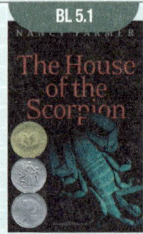
The House of the Scorpion
(전갈의 아이)
Nancy Farmer 지음 | 400쪽 | 2003년

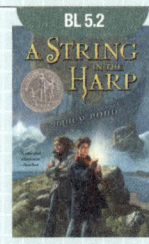
A String in The Harp
Nancy Bond 지음 | 384쪽 | 1977년

Dogsong
(개 썰매)
Gary Paulsen 지음 | 192쪽 | 1986년

Hoot
(후트)
Carl Hiaasen 지음 | 304쪽 | 2003년

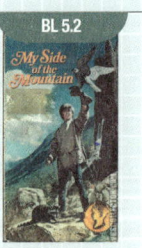
My Side of the Mountain
(나의 산에서)
Jean Craighead George 지음 | 176쪽 | 1960년

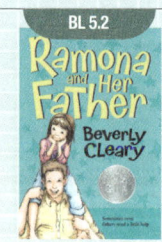
Ramona and Her Father
(레모나는 아빠를 사랑해)
Bevery Cleary 지음 | 208쪽 | 1978년

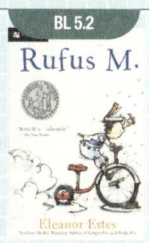

Rufus M.
Eleanor Estes 지음 | 256쪽 | 1944년

The Wanderer
(바다 바다 바다)
Sharon Creech 지음 | 320쪽 | 2001년

Zlateh The Goat and Other Stories
(염소 즐라텍)
Isaac Bashevis Singer 지음 | 104쪽 | 1967년

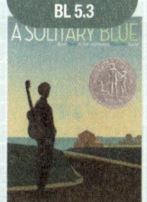

A Solitary Blue
(제프의 섬)
Cynthia Voigt 지음 | 250쪽 | 1984년

By the Shores of Silver Lake
(초원의 집 6)
Laura Ingalls Wilder 지음 | 304쪽 | 1940년

Dragon's Gate
Laurence Yep 지음 | 288쪽 | 1994년

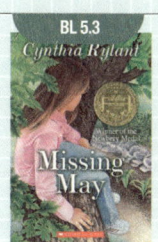

Missing May
(그리운 메이 아줌마)
Cynthia Rylant 지음 | 112쪽 | 1993년

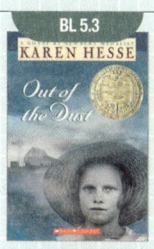

Out of the Dust
(모래 폭풍이 지날 때)
Karen Hesse 지음 | 240쪽 | 1998년

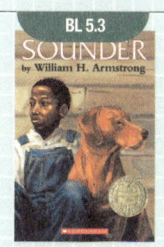

Sounder
(아버지의 남포등)
William H. Armstrong 지음 | 128쪽 | 1970년

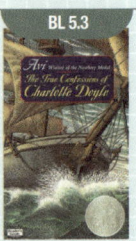

The Long Winter
(초원의 집 7)
Laura Ingalls Wilder 지음 | 352쪽 |
1941년

The True Confessions of Charlotte Doyle
(캡틴 샬럿)
Avi 지음 | 240쪽 | 1991년

The Westing Game
(웨스팅 게임)
Ellen raskin 지음 | 192쪽 | 1979년

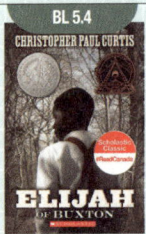
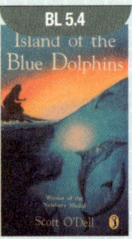
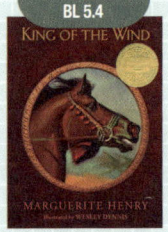

Elijah of Buxton
(희망을 닮은 아이 엘리야)
Christopher Paul Curtis 지음 |
288쪽 | 2008년

Island of the Blue Dolphins
(푸른 돌고래 섬)
Sott O'Dell 지음 | 192쪽 | 1961년

King of the Wind
(바람의 왕, 고돌핀 아라비안)
Marguerite Henry 지음 | 176쪽 |
1949년

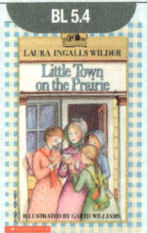

Little Town on the Prairie
(초원의 집)
Laura Ingalls Wilder 지음 | 320쪽 |
1942년

One Eyed Cat
(외눈박이 고양이)
Paula Fox 지음 | 216쪽 | 1985년

The Black Pearl
(라몬의 바다)
Sott O'Dell 지음 | 144쪽 | 1968년

The Hundred Dresses
(내겐 드레스 100벌이 있어)
Eleanor Estes 지음 | 80쪽 | 1945년

What Jamie Saw
(이젠 괜찮을 거야)
Caroline Coman 지음 | 128쪽 | 1996년

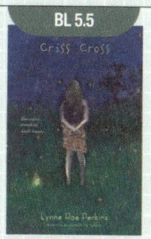

Criss Cross
(크리스 크로스)
Lynne Rae Perkins 지음 | 368쪽 | 2006년

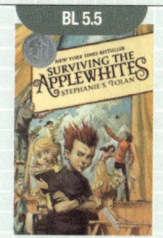

Surviving the Applewhites
(나비 날다)
Stephanie S. Tolan 지음 | 216쪽 | 2003년

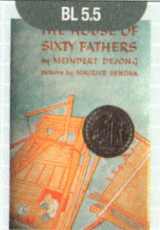

The House of Sixty Fathers
(60명의 아버지가 있는 집)
Meindert De Jong 지음 | 189쪽 | 1957년

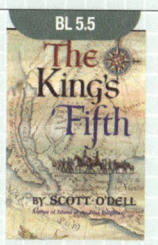

The King's Fifth
(황금의 땅을 찾아서)
Scott O'Dell 지음 | 264쪽 | 1967년

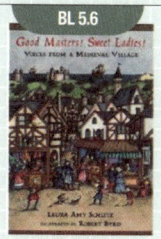

Good Masters! Sweet Ladies! Voices from a Medieval Village
(존경하는 신사 숙녀 여러분)
Laura Amy Schlitz 지음 | 96쪽 | 2008년

Mr. Popper's Penguins
(파퍼 씨의 12마리 펭귄)
Richard Atwater 지음 | 139쪽 | 1939년

My Father's Dragon
(엘머의 모험)
Ruth Stiles Gannett 지음 | 96쪽 | 1949년

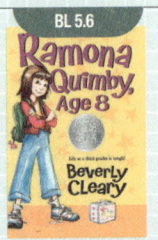

Ramona Quimby, Age 8
(라모나는 아무도 못 말려)
Bevery Cleary 지음 | 208쪽 | 1982년

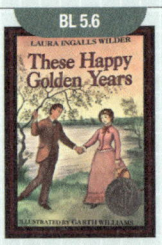

These Happy Golden Years
(초원의 집 8)
Laura Ingalls Wilder 지음 | 304쪽 | 1944년

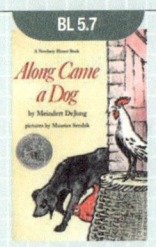

Along Came a Dog
(집 없는 개)
Meindert De Jong 지음 | 192쪽 | 1959년

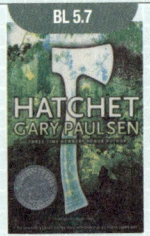

Hatchet
(손도끼)
Gary Paulsen 지음 | 192쪽 | 1988년

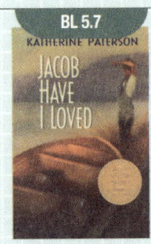

Jacob Have I Loved
(내가 사랑한 야곱)
Katherine Paterson 지음 | 272쪽 | 1981년

Roll of Thunder, Hear my cry
(천둥아, 내 외침을 들어라)
Mildred D. Taylor 지음 | 276쪽 | 1977년

The Giver
(기억 전달자)
Lois Lowry 저 | 192쪽 | 1994년

The Witch of Blackbird Pond
(검정새 연못의 마녀)
Elizabeth George Speare 지음 | 224쪽 | 1959년

Thimble Summer
(마법골무가 가져온 여름 이야기)
Elizabeth Enright 지음 | 144쪽 | 1939년

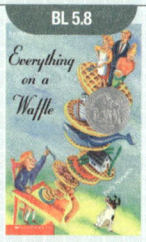

Everything on a Waffle
(빨간 그네를 탄 소녀)
Polly Horvath 지음 | 160쪽 | 2001년

Julie of the Wolves
(줄리와 늑대)
Jean Craighead George 지음 | 208쪽 | 1973년

Abel's Island
(아벨의 섬)
William Steig 지음 | 117쪽 | 1977년

Lizzie Bright and the Buckminster Boy
(고래의 눈)
Gary D. Schmidt 지음 | 219쪽 | 2005년

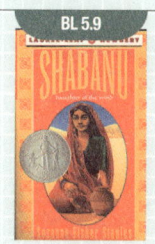

Shabanu, Daughter of the Wind
(바람의 딸 샤바누)
Suzanne Fisher Staples 지음 | 240쪽 | 1990년

The Fearsome Inn
(공포의 여인숙)
Patricia Reilly Giff 지음 | 40쪽 | 1968년

The Higher Power of Lucky
(행운을 부르는 아이 럭키)
Susan Patron 지음 | 134쪽 | 2007년

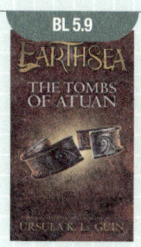

The Tombs of Atuan
(아투안의 무덤)
Ursula K. Le Guin 지음 | 180쪽 | 1972년

The View from Saturday
(퀴즈 왕들의 비밀)
Ursula K. Le Guin 지음 | 176쪽 | 1997년

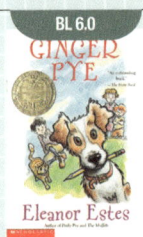

The Wednesday Wars
(수요일의 전쟁)
Gary D. Schmidt 지음 | 258쪽 | 2008년

Caddie Woodlawn
(말괄량이 서부 소녀 캐디)
Carol Ryrie Brink 지음 | 288쪽 | 1946년

Ginger Pye
(진저 파이)
Eleanor Estes 지음 | 320쪽 | 1952년

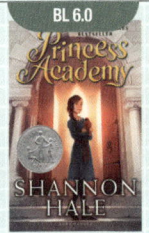
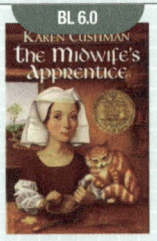
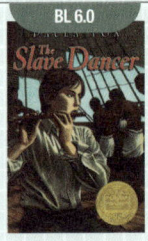

Princess Academy
(프린세스 아카데미)
Shannon Hale 2006 지음 | 336쪽 | 2006년

The Midwife's Apprentice
(너는 쓸모가 없어)
Karen Cushman 지음 | 128쪽 | 1996년

The Slave Dancer
(춤추는 노예들)
Paula Fox 지음 | 160쪽 | 1974년

The Thief
(도둑)
Megan Whalen Turner 지음 | 304쪽 | 1997년

The Dark Is Rising
(어둠이 떠오른다)
Susan Cooper 지음 | 320쪽 | 1974년

Roller Skates
(롤러 스케이트 타는 소녀)
Ruth Sawyer 지음 | 186쪽 | 1937년

Catherine, called Birdy
(소녀 발칙하다)
Karen Cushman 지음 | 224쪽 |
1995년

Rabbit Hill
(꼬마 토끼 조지의 언덕)
Robert Lawson 지음 | 127쪽 |
1945년

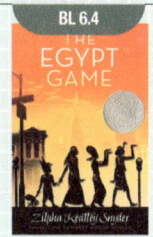

The Egypt Game
(이집트 게임)
Zilpha K. Snyder 지음 | 240쪽 |
1968년

Young Fu of the Upper Yangtze
(양쯔강 소년)
Elizabeth Foreman Lewis 지음 |
320쪽 | 1933년

Adam of the Road
Elizabeth Janet Gray 지음 |
320쪽 | 1943년

Amos Fortune, Free Man
(자유인 아모스)
Elizabeth Yates 지음 | 192쪽 |
1951년

I, Juan de Pareja
(나, 후안 데 파레하)
Elizabeth Borton de Trevino 지음 |
192쪽 | 1966년

A Single Shard
(사금파리 한 조각)
Linda Sue Park 지음 | 160쪽 |
2002년

A Gathering of Days
Joan W. Blos 지음 | 144쪽 | 1980년

The Twenty-one Balloons
(21개의 열기구)
William Pene duBois 지음 | 179쪽 | 1948년

Hitty – Her First Hundred Years
(나무 인형 히티의 백년 모험)
Rachel Field 지음 | 235쪽 | 1930년

Rascal
(꼬마 너구리 라스칼)
Sterling North 지음 | 189쪽 | 1964년

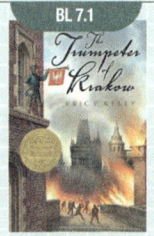

The Trumpeter of Krakow
(크라쿠프의 나팔수)
Eric Kelly 지음 | 208쪽 | 1929년

Enchantress from the Stars
(다른 별에서 온 마녀)
Sylvia Louise Engdahl 지음 | 288쪽 | 1971년

Lincoln: A Photobiography
(대통령이 된 통나무집 소년)
Freedman, Russell 지음 | 160쪽 | 1988년

The Wright Brothers ; How They Invented The Airplane
(하늘의 개척자 라이트 형제)
Russell Freedman 지음 | 129쪽 | 1992년

Hitler Youth: Growing Up in Hitler's Shadow
(히틀러의 아이들)
Susan Campbell Bartoletti 지음 | 176쪽 | 2006년

작가별 단행본 소설 리스트

단행본을 본격적으로 읽기 시작하며 미리 책에 대한 정보를 줘야 하나 고민했다. 책을 그다지 좋아하지 않는 반디에게는 흥미를 유발하기 위해 필요한 부분이었고 부작용이 없었지만 이 부분도 아이 성향에 따라 달라진다. 일단 제목과 기본적인 내용을 파악하고 관심이 가는 책은 영어 원서 전문 사이트 또는 후기를 참고하면 아이에게 맞는 책을 찾아가기 어렵지 않다. 이런 수고를 거쳐야 아이가 책을 읽고 툭툭 던지는 말에 적극적으로 반응할 수 있다. 책이 업그레이드되면 사용하는 단어나 문장구조의 난이도, 오디오 속도 등도 당연히 업그레이드된다. 반디는 오디오가 지원되는 책은 오디오와 함께했고 오디오가 없는 책들은 묵독했다.

책보다 작가로 접근해서 읽었던 책들을 소개하고자 한다. 원서에 관심을 가지고 공부하다 보면 시리즈는 아니지만 비슷한 성격을 가지고 출판되는 같은 작가의 책들이 있다. 전작의 반응이 좋아 후속이 나오는 경우다.

앤드류 클레먼츠 Andrew Clements

앤드류 클레먼츠는 미국 뉴저지 출신의 동화작가다. 시카고 근처 공립학교에서 7년간 교직 생활을 하며 시를 쓰고 노래를 작곡했던 그는 1996년 첫 소설 『프린들 Frindle』로 작가 생활을 시작했고 다수의 아동문학상을 수상했다. 『뉴욕 타임즈』 베스트셀러 작가에 이름을 올리기도 했고 미국 초등 교과서에서도 그의 작품을 만날 수 있다.

그의 책은 7년 동안의 교직 생활을 바탕으로 학교에서 일어나는 흥미로운

「스쿨 스토리」 시리즈

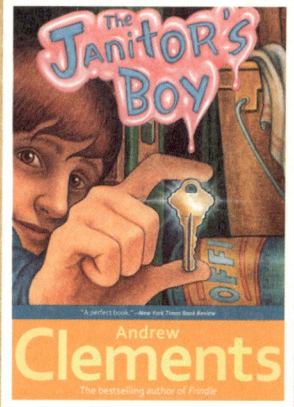

사건들을 토대로 십대의 고민을 사실적이고 섬세하게 다루고 있다. 앤드류 클레먼츠의 홈페이지에서 책에 대한 자세한 정보를 얻을 수 있다. 대표적인 작품은 『스쿨 스토리 School Story』 시리즈다.

1. 『스쿨 스토리 School Story』 시리즈

주인공들이 모두 초등학교 5~6학년이라는 공통점을 가지고 있는 열 권의 시리즈로 그 나이 또래 아이들이 학교에서 겪는 문제를 가정과 사회로 확대시키며 설득력 있게 이야기를 풀어나간다. 미국 초등학교에서 일어나는 사건들이 이야기의 중심인 만큼 학교에서 자주 사용하는 단어나 표현, 교과목 연계 단어를 활용해 어휘력을 다지는 데 한몫한다는 평을 얻기도 했다.

반디는 시리즈 중 관심 가는 책을 절반 정도를 읽고 자신만의 쓰기 활동으로 정리했다. 미국 초등학교 악당들이 다 모였나 싶을 정도의 독특한 이야기를 풀어나가면서 이야기 서술에 그치지 않고 아이들이 선생님께 쓴 편지, 학생 신문에 실린 기사, 시험 시간에 빈 답안지를 내자는 반란 모의 알림장까지 다양한 형태의 글도 수록되어 있다. 한국의 원서 전문 사이트에서의 리딩 레벨 분류는 5.0~6.0, 아마존에서 확인한 권장 연령은 대부분이 8~12세이고 페이지는 150~250페이지 내외이다.

2. 『제이크 드레이크 Jake Drake』 시리즈

아마존 권장 연령 7~10세, 80~110페이지의 네 권으로 이루어진 시리즈다.

『제이크 드레이크』 시리즈

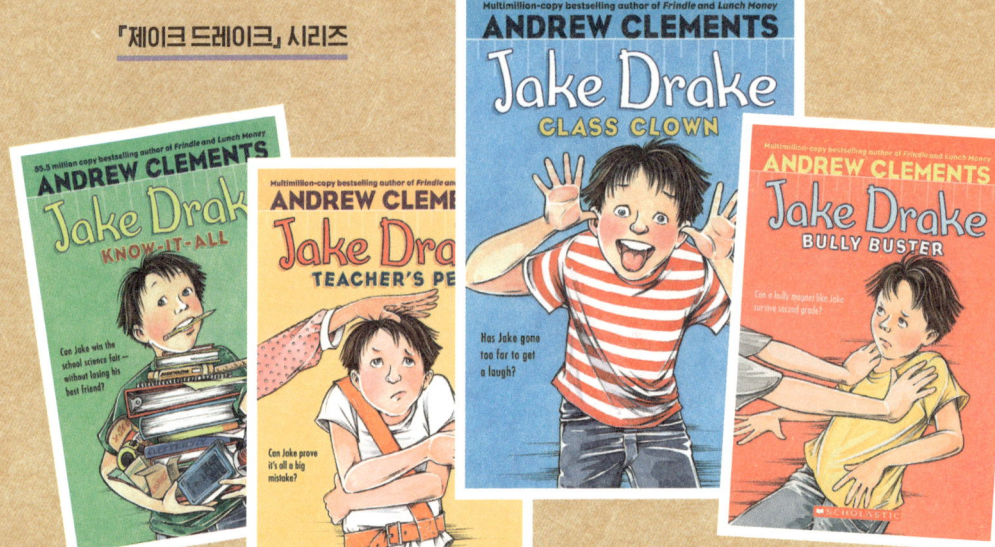

『벤저민 프랫 학교를 지켜라』 시리즈

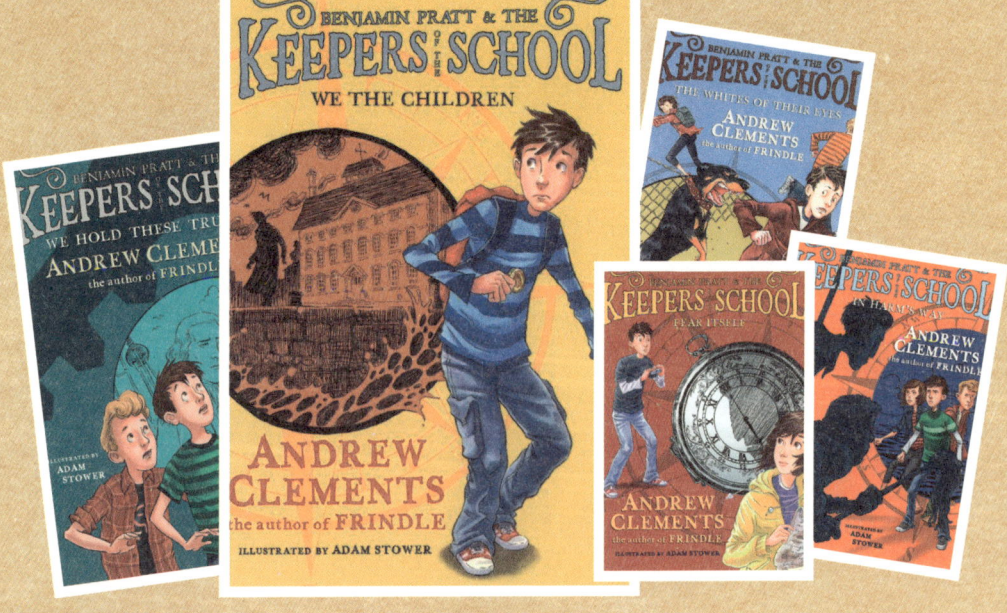

장난기 많고 익살스러운 제이크가 친구들과 학교에서 겪는 다양한 사건을 통해 자신에게 가장 소중한 것은 무엇인지, 어떻게 하면 친구들과 사이좋게 지낼 수 있는지 등을 지혜로운 방법으로 해결하며 한 단계씩 성장하는 이야기다.

3. 『벤저민 프랫 학교를 지켜라Benjamin Pratt and the Keepers of the School』 시리즈

다섯 권으로 구성된 시리즈로 아마존 권장 연령 7~10세, 150~250페이지다. 천혜의 자연이 빛나는 매사추세츠의 해안에 사는 초등학교 6학년 벤저민 프랫이 다니는 학교는 바닷가에서 불과 50피트 떨어진 아름다운 곳이다. 200년이라는 역사와 전통을 가진 아름다운 학교가 허물어질 위기에 처했다. 졸지에 놀이공원으로 바뀌게 될 학교를 지키기 위해 나선 초등학생 소년의 노력과 모험을 그린 이야기다.

비버리 클리어리 Beverly Cleary

미국 최고의 아동문학 작가로 손꼽히는 비버리 클리어리는 워싱턴 대학에서 도서관학과를 전공한 뒤 사서로 일하면서 만난 다양한 계층의 아이들을 통해 많은 영감을 받아 아이들이 좋아할 책을 직접 쓰게 되었다고 한다. 아이들이 가진 솔직함과 엉뚱함, 때론 진지한 모습을 그대로 살려낸 다양한 캐릭터들과 이야기는 어린 독자들에게 열광적인 사랑을 받고 있다. 비버리 클리어리는 뉴베리 작품상을 세 번이나 수상하기도 했다.

「라모나」시리즈

「헨리」시리즈

1. 『라모나Ramona』 시리즈 8종

여덟 권의 시리즈 중 두 권의 뉴베리 수상작품이 포함되어 있다. 한국의 원서 전문 사이트의 리딩 레벨 4.8~5.2, 아마존의 권장 연령 8~12세, 210~240페이지다. 1955년 처음 독자를 만난 라모나는 60년 동안 아이들에게 가장 사랑받는 캐릭터 중 하나로 자리매김했다. 라모나가 일상생활에서 느끼는 소소한 행복, 어려운 일이 닥쳤을 때 함께 힘을 모아 해결하면서 느끼는 기쁨 등 라모나가 미운 네 살부터 열 살까지 성장하면서 겪는 주변의 상황과 심정 변화를 세심하게 다루고 있다. 『라모나는 아빠를 사랑해Ramona and Her Father』가 1978년 뉴베리 아너상을 수상, 『라모나는 아무도 못 말려Ramona Quimby, Age 8』가 1982년 뉴베리 아너상을 수상했다.

2. 『헨리Henry』 시리즈

여섯 권의 시리즈이며 한국 원서 전문 사이트의 리딩 레벨 4.6~5.3, 아마존 권장 연령 8~12세, 200페이지 내외다. 시리즈 주인공 헨리Henry는 『라모나』 시리즈의 라모나의 언니 비저스Beezus의 가장 친한 친구다. 뻣뻣하게 선 머리카락과 커다란 앞니 두 개가 트레이드마크인 3학년 말라깽이 헨리의 지루할 틈 없는 일상을 다룬 이야기다.

3. 『랄프Ralph』 시리즈

세 권의 시리즈이며 한국 원서 전문 사이트의 리딩 레벨 5.1, 아마존 권장 연령 8~13세, 160~200페이지다. 한적한 교외의 호텔에서 살고 있는 생쥐 랄프Ralph의 모험 이야기이다.

4. 『헨쇼 선생님께Dear Mr. Henshaw』

『라모나』 시리즈로 두 번의 뉴베리 은상을 수상했던 비버리 클리어리에게 1984년 드디어 뉴베리상을 안긴 작품이다. 편지와 일기만으로 이야기를 풀어나가는 독특한 형태의 성장소설이다. 소년과 작가가 6년간 주고받은 편지와 일기 속에는 한 아이의 성장과 변화, 아픔이 녹아 있어 때로는 웃음이 나고 때로는 가슴이 무너지는 슬픔이 느껴진다. 특히 편지와 일기가 한 소년이 받은 마음의 상처를 어떻게 치유하는지 차분한 어조로 보여준다. 이 책의 후속작 『스트라이더Strider』는 전작에서 완전히 아물지 못한 마음의 상처를 우연히 만난 개와의 우정과 달리기를 통해서 극복하는 이야기다.

비버리 클리어리의 홈페이지

 비버리 클리어리의 작품에 대한 이야기, 캐릭터 게임 등을 제공한다.
www.beverlycleary.com

「랄프」시리즈

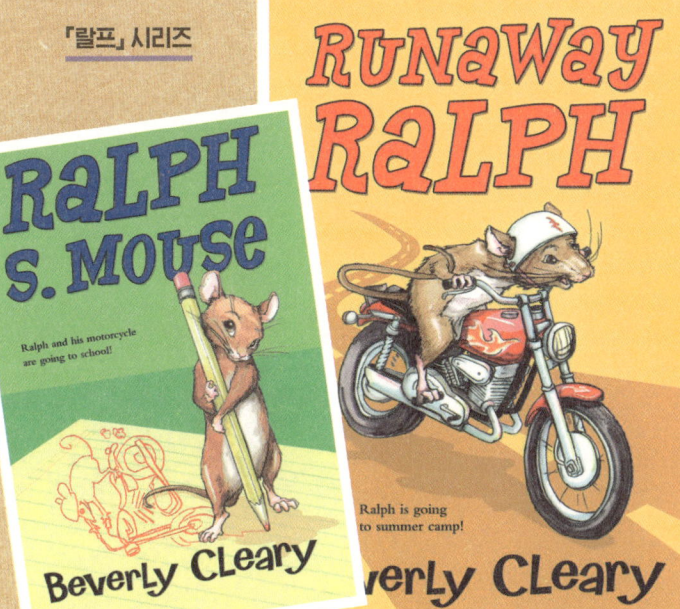

「헨쇼 선생님께」시리즈

• 단계별 엄마표 영어 실천법

PART 03.

엄마표 영어의 완성

엄마표 영어 후반전 전략 :
영자 신문

지속 가능한 엄마표 영어는 반드시 있다

우리 아이들은 학교교육과 나란히 발맞춰 '영어 12년'의 시기를 보낸다. 학교교육 이전에 영어를 시작하는 친구들도 많겠지만 그건 의무가 아닌 선택이다. 대학 입학 이후의 영어는 배우는 단계의 영어가 아니고 사용하는 단계의 영어다. 그래서 두 시기를 제외하면 아이들이 영어를 습득할 수 있는 시기는 전반전 6년(초등교육 6년), 후반전 6년(중고등교육 6년), 총 12년이다.

그 12년 동안 공교육만 믿고 있을 수도, 그렇다고 사교육 시장에만 의지하기도 어렵다. 학습을 위해서든 습득을 위해서든 돌파구가 필요하다. 그 돌파구 중 하나인 엄마표 영어에 관심을 가지고 있는 많은 사람들을 강연, 블로그에서 만나 마음을 나누었다. 그들에게 용기와 확신을 전하고 싶었다.

강연, 블로그에서 만난 엄마들은 대입만을 목표로 달리는 후반전에 대해 걱정을 많이 하고 있었다. 나는 그런 엄마들에게 '엄마표 영어 전반전'을 '제대로' 달렸다면 어떤 '후반전'을 마주하더라도 후회하지 않을 것이라고 말했다. 그러므로 지금 하고 있는, 혹은 할 예정인 '제대로 엄마표 영어' 전반전을 전력 질주하라고 강조한다.

PART2까지는 나와 반디가 실천한 전반전 6년, 엄마표 영어 6단계까지의 기록들이다. 그리고 지금 소개할 후반전 이야기는 반디가 초등학교 졸업 후, 호주 대학에 입학하기 전까지 홈스쿨을 하며 실천했던 방법들이다. 반디가 2년 동안 영어를 어떻게 유지하고 발전시켰는지 소개하고자 한다.

디베이트 : 청소년 영자 신문 활용

초등학교 졸업 후 반디는 원서와 함께 병행할 읽을거리를 찾아다니다가 EBS English 홈페이지의 청소년용 신문 기사를 다시 보기 시작했다. 홈페이지에서는 시중에서 발행 하는 어린이 또는 청소년용 영어 신문의 일부 영역 기사를 1~2주에 한 번씩 업데이트해 무료로 볼 수 있었다. 예로《더 틴 타임즈The Teen Times》에서는 헤드라인 뉴스, 엔터테인먼트, 스포츠, 국제 뉴스 등 네 분야의 기사를 업데이트 해서 정기구독을 하지 않아도 무료로 읽어볼 수 있다.

그렇게 신문 기사를 읽는 아이를 보며 그 시기에 하면 좋을 활동이 하나 떠올랐다. 영문 기사 본문 하단에는 두세 개의 질문들이 첨부되어 있었다. 생각이 필요한 질문들이 나올 때 우리말로 반디와 생각을 나누는 시간을 가져보고는 했는데 이런 활동을 영어로 하면 어떨까 싶었다. 영어로 생각을 나누는 활동을 집에서 하기 위해 나도 많은 노력을 해보았다. 하지만 반디의 영어 실력은 나보다 훨씬, 더 높이 향상되어 있었다. 나의 서툰 영어가 반디의 '성'에 차지 못할까봐 걱정도 되었다. 이번에도 반디에게 아웃풋 파트너가 있다면, 더 재미있게 영어를 접할 수 있지 않을까? 또다시 나는 반디에게 솔직하게 말했다.

"반디가 영어로 말하는 활동을 엄마가 도와주기에는 조금 힘들 것 같아. 6학년 때 했던 수업처럼 선생님과 친구와 함께 해보는 건 어떨까?

6단계인 6학년 때 아웃풋 수업을 함께했던 친구와 이 활동을 하면 너무 좋을 것 같았다. 그 친구는 중학교에 입학 후 영어 수업과 시험을 치르면서 영어 학습에 대해 많은 갈등을 겪고 있었다. 아이의 영어 실력과는 무관하게 진행되는 학교 수업이나 시험이 영어 실력을 뒷걸음치게 만든다고 느꼈단다. 아이 또한 자신이 경험한 선생님과의 수업이 얼마나 소중한지 느꼈고 그 시간을 자꾸 그리워하더라는 것이다. 아이 엄마는 나름 신중하게 학원이나 과외도 시도해보았지만 성공하지 못했다고 말했다. 결국 반디와 같은 방법으로 여유 시간에 원서를 보게 했는데, 그마저도 다른 공부에 밀려 이러지도 저러지도 못하고 말았다.

한편으로는 아이의 진짜 영어 실력에는 도움이 되었지만 제도권 교육에 맞추지 못하는 악영향을 미친 건 아닌지 내심 미안했다. 하지만 그 집 역시 선생님께서 시간을 내주실 수 있다면 꼭 선생님과 영어 수업을 하고 싶다고 말했다. 우리는 다시 한 마음이 되어 선생님을 찾았다. 이따금 차나 식사를 하며 두 아이에 대한 무한한 신뢰와 사랑을 보여주셨기에 솔직하게 부탁드릴 수 있었다.

우리가 원하는 수업은 아이들과 영자 신문을 읽고 '디베이트(토론)debate'를 하는 것이었다. 선생님께서는 본인도 공부와 준비가 필요한 부분이라 섣부르게 수락할 수가 없다고 하셨다. 너무 무리한 부탁이었던 것 같아 죄송했지만, 특별한 대안이 없는 두 아이를 위해 심사숙고를 부탁드렸다. 결국 선생님께서는 두 달 후 일주일에 한 번씩, 6개월 동안의 시간을 내주셨다.

두 아이는 집에서 그 주에 발행되는 청소년용 영자 신문 기사 전체를 미리 읽어보고 관심 있는 내용 한두 개 선정해 선생님과 토론을 하고 과제로 자신의 생각을 정리하는 쓰기 수업을 진행했다.

시사적인 기사에 대한 찬반 입장을 정해서 자신의 의견을 설득력 있게 말해야 하는 어려운 수업이었지만 그 나이대의 생각을 망설임 없이 표현하였다는 선생님의 격려 덕분에 아이들 스스로 만족도가 꽤 높았다. 더불어 다양한 형태의 쓰기에 좀 더 익숙해질 수 있었던 뜻깊은 시간이었다. 이때는 영자 신문을 종이로 받지 않고 온라인으로 보는 방법을 선택했다. 덕분에 수업에 참여할 때는 종이 신문 대신 태블릿 PC를 이용했고 바로 홈페이지에 접근해서 관련 정보들을 영어로 검색해보는 경험도 했다. 검색은 가능한데 웹페이지에서 필요한 정보를 콕 집어오는 것을 버거워했던 기억이 있다. 6개월 동안 아이들은 영어로 수다를 떨며 말하기를 이어갔고 자칫 흐트러질 수 있는 쓰기도 안정을 되찾았다.

6개월은 너무 짧았다. 더 지속하고 싶었지만 청소년용 영자 신문은 내용이 단순하고 깊이 있는 사고와 토론이 힘들다는 선생님과 아이들의 공통된 의견이 있었다. 이런 식으로 수업을 지속하는 건 크게 도움이 될 것 같지 않다고 모두들 의견을 모았다. 우리는 다른 방법이 생각날 때까지 다시 몇 개월 동안 각자의 방법을 유지하며 고민했다.

원서 읽기는 홈스쿨 1년 차에도 꾸준히 진행했다. 이때는 리딩 레벨이 높고 페이지 수가 상당한 뉴베리 수상작과 과학 관련 원서들을 주로 활용했다. 오디오가 지원되는 책은 오디오를 꼭 듣는 것을 원칙으로 했다. 이때는 책을 빨리 읽기 위한 수단으로 오디오를 활용했다. 소리가 조금 뭉개져도 집중과 속도를 높이는 것이 필요할 때는 오디오 배속을 조금 높이고 책을 보았다. 어떤 방법이든 엄마가 개입할 수 있는 시기가 아니었다. 꾸준히 하는지만 관리했기 때문에 반디가 원하는 대로 그때그때 읽는 방법이 바뀌었다.

앞서 언급했던 영자 신문도 중요한 기사는 오디오가 제공되었다. 그런 경우 오디오와 함께 기사를 듣고 볼 것을 권했고 대부분 그렇게 보았다. 신문사 홈페이지에는 다양한 부가서비스가 있었는데 욕심부리자면 끝도 없는 ENIE 중 간단한 문제만 학습서를 대신해서 활용했다.

흘려듣기는 크게 신경 쓰지 않았다. 영어 채널도 하나둘 사라지는 중이었고 아이의 관심 또한 이미 멀어졌다. 다큐 프로그램 위주였던 히스토리 채널이나 디스커버리 채널에서 방영하는 프로그램들을 주로 시청했다.

홈스쿨 1년 차 8월에 계획보다 빨리 고입검정고시를 마무리하면서 학습 계획이 대폭 수정되었다. 반디는 하반기부터 고등 수학에 입문했는데, 생각지도 못했던 수학의 매력에 푹 빠지면서 "더 이상 영어가 재미없다."는 폭탄선언을 하고야 말았다. 그후 하반기에 진행했던 선생님 수업에만 몰입했고 책 읽기는 느슨해졌다. 그래서 엄마표 영어는 초등 6년 전반전에 전력 질주해야 한다. 학교교육을 선택하든 학교교육을 포기하든 각자의 길에서 영어 습득을 위한 길을 가지만 후반전에는 수많은 변수가 있기 때문이다.

학교, 학원에 다녀와 잠을 줄이고 숙제까지 마치는 중학생 친구들에 비하면 반디는 여유가 있었다. 어찌 보면 24시간 전체가 자기 것이었지만 그 시간에 영어만을 위해 몰입과 정성을 들이기는 아이가 너무 컸다. 관심도 다양해져 생각이 분산되기 시작하니 한쪽에만 몰입하기가 어려워졌다. 원서 읽기에 전력 질주했던 초등 6년에 비하면 너무 아쉬웠다. 결국 이 시기부터는 자신의 레벨에 맞는 원서를 매일 집중듣기 하지 못했다. 다만 좋은 책을 가까이 두고 수시로 찾아본다는 것, 그리고 그 책이 원서라는 것이 나에게는 어느 정도 위로가 되었다.

공인인증 시험, 지금 꼭 공부해야 할까?

반디는 6학년 때 선생님, 친구들과 함께 진행했던 1년 간의 아웃풋 수업을 끝낸 후에는 다시 영어를 혼자 습득해야 했다. 처음부터 기간이 정해져 있었기에 더 이상 욕심부릴 수 없었다. 함께했던 친구들도 각자에게 맞는 방법으로 대안을 찾아 흩어졌다. 반디는 열네 살부터 홈스쿨을 결정했기에 중학교 문법 시험과 영어 공인시험을 준비할 필요도 없었다. 그저 책을 읽고 스스로 주제를 잡고 써보는 독후 활동 이외에 별다른 방법이 없었다.

혹자는 토플을 해보라 말했지만 개인적으로 영어 공인인증시험은 수개월 동안 시험 자체를 위한 공부를 해서 응시하는 건 아니라고 생각했다. iBT TOEFL, TEPS, TOEIC, IELTS와 같은 공인인증시험은 그들이 요구하는 형식으로 자신의 현재 실력을 평가 받는 방법이다. 시험을 보는 방법만 익히면 된다고 생각했다. 그리고 그 준비 기간은 그리 길지 않아도 될 것 같았다. 보면 볼수록 점수가 잘 나온다는 이야기도 있지만 그리 큰 차이는 아닐 것이고 결국 인증 시험 점수는 자신의 진짜 실력만큼 나올 것이라는 믿음이 있었다. 어떤 목표도 없이 그저 시험 자체를 위한 영어 학습을 시키고 싶지 않았다.

그래서 반디는 학교에서 평가하는 영어 학습에 발 들이지 않았고, 영어 공인인증시험 준비를 위한 학습에도 관심 가지지 않았다. 그렇게 친구들과 다른 선택을 했던 첫해에는 홈스쿨을 진행하면서 자신이 소화 가능한 수준의 원서를 꾸준히 읽어나가는, 전과 다르지 않은 방법을 유지했다.

엄마표 영어 8년 차, 반디는 호주 대학에 입학하기로 결심하고, 호주에서 요구하는 IELTS 시험을 보기로 했다. 우리가 사는 대전에서는 IELTS 전문 학원을 찾기가 힘들었다. 예상 문제집을 구입해서 20여 일 혼자 공부한 것이 전부다. 시험 자체를 위한 공부를 오래 하지 않았지만 무난히 대학 입학 자격 이상의 점수를 받을 수 있었다. 이 모든 것이 영어를 학습이 아닌 언어 습득으로 생각하고, 엄마표 영어 전반전을 탄탄히 다진 결과라고 생각한다.

원서 읽기의 최종 목표 : 고전문학

● **고전, 어떤 것을 읽어야 할까?**

반디는 홈스쿨 1년 차 가을부터 고등 수학과 사랑에 빠지며 급기야 영어가 재미없다는 소리로 엄마의 가슴을 철렁하게 만들었다. 자신이 새롭게 좋아하게 된 수학과 과학에 많은 시간을 집중했다. 저녁이면 친구들과 운동장에 모여 밤늦도록 축구 사랑에 빠졌다. 영어는 틈틈이 읽던 책을 이어보는 수준 이상도 이하도 아니었다. 그동안 영어에 들인 공이 얼마인데 엄마는 내심 서운하기도 하고 저러다 영어 실력이 퇴보하는 것은 아닌지 걱정스럽기까지 했다.

그래도 한편으로는 아이가 영어책 읽기를 자연스럽게, 습관처럼, 흥미를 잃지 않고 유지해서 다행이라고 생각했다. 반디가 그 당시 읽던 책은 뉴베리 수상작 상위 단계와 고전 중 아이 연령에 맞는 작품, 그리고 일부 베스트셀러였다. 특히 아이가 좋아했던 책은 미치 앨봄 Mitch Albom의 『모리와 함께한 화요일 Tuesdays with Morrie』, 『천국에서 만난 다섯 사람 The Five People You Meet in Heaven』, 스펜서 존슨 Spencer Johnson의 『누가 내 치즈를 옮겼을까? Who Moved My Cheese?』, 『선물 The Present』 등이다.

나이로 보나 수준으로 보나 책 읽기의 마지막 단계는 고전 읽기다. 여기서 말하는 고전은 훌륭한 문장을 사용한, 시대를 초월해서 읽히는, 100년 이상 살아남아 제목만으로도 고개를 끄덕일 수 있는 책이라 생각하면 된다. 그런데 이런 책들은 대부분 오랜 시간을 거치면서 연령에 맞게 문장을 바꾸거나 내용을 줄여 '리라이트 Rewrite', '리톨드 Retold', '어브리즈드 Abridged' 등 다양한 버전으로 출판된다.

그래서 『톰 소여의 모험 The Adventures of Tom Sawyer』, 『80일간의 세계 일주 Around the World in 80 Days』, 『걸리버 여행기 Gulliver's Travels』, 『보물섬 Treasure Island』, 『소공자 Little Lord Fauntleroy』, 『소공녀 A Little Princess』 등의 고전들이 원작 자체가 어린이 동화 수준이 아닌데도, 우리 아이들은 쉽고 간단한 '변형본'으로 접할 수 있었던 것이다. 어떤 식이든 '책을 읽었다'는 것은 아이에게 참으로 소중하고 귀한 경험이지만, 아이가 '진짜'를 접했으면 하는 바람이 있었다. '원문의 매력'을 느끼지 못하고, 변형본만으로 '읽었다고 착각'하기에는 아까운 고전들이 참 많기 때문이다. 이는 앞서 말한 『해리 포터』 번역본에 대한 아쉬움과도 통하는 내용이다.

반디의 영어 습득을 위한 계획 대부분은 제 나이에 맞는 원서를 읽는 것이었다. 그 마지막 단계를 고전 읽기로 잡고 축약되거나 다시 쓰인 버전이 아닌 출판 당시의 고전을 목표로 잡은 건 어쩌면 욕심일지도 몰랐다. 하지만 그런 고전을 원서로 자연스럽게 읽는 단계에 이르면 궁극적인 목표를 완성할 수 있으리라는 생각으로 어렵더라도 그 길을 택했던 것이다.

물론 쉬운 일은 아니었다. 우리가 한국 근현대 소설 속에 등장하는 표현이 낯설듯이 원서 또한 그랬다. 그래서 반디가 이해하기에 어렵지 않은 내용을 고르는 것이 중요했다. 그러다 보니 선택의 폭이 그리 넓지 않았다. 짧지 않은 시간 각종 게시판과 사이트를 드나들며 읽을 수 있는 리스트를 만들어 반디와 머리를 맞대고 고르고 골랐는데 그냥 읽고 마는 건 아쉬움이 남을 듯했다. 절실한 마음에 또 다시 선생님을 찾았고 적은 횟수지만 '고전 제대로 읽기'에 대한 도움을 받을 수 있었다.

고전, 어떻게 읽어야 할까?

홈스쿨 1년 차 영자 신문 디베이트 수업 이후 그저 한 번 읽고 마는 것으로는 아쉬움이 남는 고전들을 선생님과 이야기하며 도움받을 수 있는 기회를 얻었다. 이번에는 월 1회였다.

고전은 문장이나 내용도 쉽지 않지만 두께도 만만치 않았다. 함께할 친구는 학교를 다니는 틈틈이 읽어야 했고 선생님께서도 그 이상의 시간을 허락할 수 없는 형편이었다. 미리 만들어놓은 고전 리스트를 참고하여 선생님과 아이들이 함께 고른 작품을 읽은 뒤 한 달에 한 번씩 모였다. 읽은 책과 관련된 주제, 주인공, 작가, 시대적 배경 등에 대해서 이야기를 나누고 그 안에서 주제를 정해 쓰기 과제를 진행했다.

이 수업은 반디가 유학길에 오르기 전까지 8회 정도 진행했다. 작품에 따라 토론할 주제는 선생님께서 정했다. 여덟 번의 수업이었기에 우리가 기대하는 것은 크지 않았다. 고전문학을 제대로 읽는 경험을 가졌으면 했다. 작가가 전하려는 의도와 다르더라도 그 책에 대한 자신의 생각이나 느낌을 누군가와 함께 나누며 이야기를 풀어내는 것, 그것이면 충분했다. 그러한 '소통의 도구'가 '영어'인 것에 감사했다.

잘못 사용하면 악영향을 주는 사이트

'스파크 노트 Spark Notes'나 '클리프 노트 Cliffs Notes' 등의 사이트는 수많은 영미 작품을 요약하고 분석하는 곳이다. 그런 사이트들은 비록 영문 사이트지만 작가별 혹은 제목별로 쉽게 검색할 수 있고, 영어를 잘 몰라도 각 작품에 대한 무궁무진한 정보를 쉽게 찾을 수 있다. 줄거리 요약, 주제 분석, 캐릭터 설명, 연관 퀴즈까지 작품과 관련된 모든 정보를 한눈에 볼 수 있는 유용한 곳이다. 그곳에 있는 정보만 소화하면 책을 읽는 것 이상의 지식을 얻을 수 있다.

하지만 우리가 책을 읽는 목적은 그것이 아니지 않은가? 그렇게 책을 대하는 방법에 익숙해지면 요약, 분석해놓은 남의 생각을 자신의 생각이라 착각할 것 같았다. 실제로 미국 현지 학생들이 과제를 할 때 많이 이용하는 사이트가 하나 있는데, 선생님들은 이곳 자료를 기가 막히게 알아보고 이 자료를 베끼면 가차 없이 낮은 점수를 준다고 한다. 뛰는 학생들 위에 나는 선생님들이 있는 것이다.

비록 작가의 의도에 벗어나더라도 읽는 사람에 따라 느끼고 받아들이고 얻는 것이 다르다는 걸 인정하고 싶었다. 고전을 읽고 선생님과 친구와 함께 작품에 대해 이야기를 나눠보는 활동을 마친 뒤에 반디에게 이 사이트에서 읽은 책에 대한 정보를 확인해볼 것을 권했지만 그다지 관심을 가지지는 않았다.

고전문학 레벨별 리스트

홈스쿨 2년 차 영어 해방을 위한 실천 기록을 정리해보니 주제는 하나다. 'Classic Books', 우리가 흔히 고전문학이라 말하는 것이다. 엄마표 영어로 시작해서 원서를 통해 영어를 습득하고자 했던 목표의 마지막 단계가 고전문학이었다. 그림책으로 첫걸음을 떼고 리더스북을 지나 챕터북 시리즈, 단행본, 뉴베리 수상작 그리고 마지막 종착지인 것이다.

그림책과 리더스북은 경제적 부담을 비롯한 여러 이유로 영어 동화 사이트로 대체했다. 이후 챕터북부터는 페이퍼북을 구입해서 한 단계, 한 단계 차근차근 계단을 밟았고 홈스쿨 2년 차에 드디어 고전문학을 만났다. 친구들 나이로 보면 중학교 2학년이었다. 반디가 읽었으면 하는 고전 리스트를 열심히 만들었지만 실제로 읽은 책은 일부였다. 반디가 2년 차에 읽었던 고전문학 목록을 정리해보려 한다.

재가공을 하거나 축약한 버전이 아닌 본래의 내용을 그대로 담고 있는 'Unabridged(생략되지 않은, 원문 그대로인)' 버전으로 읽었다. 고전문학을 만나는 것에 있어 이 부분을 중요하게 생각했다. 고전문학 이외의 책을 몇 권 추가했다. BL은 AR 북파인더 기준이다.

고학년이 되어서 처음 1년 차에 활용했던 동화 사이트를 방학 때 짧게 이용하곤 했다. 전에 보지 못했던 상위 레벨은 고전문학을 다루는 내용이 많았다. 동화 사이트 상위 레벨, 혹은 영화, 뮤지컬 등을 통해 유명한 고전문학을 만날 수 있었다. 그런데 반디는 그렇게 접근하고 나면 흥미가 떨어지는지 굳이 책으로 다시 보고 싶어 하지 않았다. 그래서 리스트에는 본래 그대로의 내용으로 읽었으면 하는 책도 정리해보았다. BL을 보면 알 수 있지만 초등학교 시절 세계 명작 동화책으로 접해 줄거리만 훑어보고 '읽었다'고 하기에는 너무 아까운 '진정한 고전'들이다.

책에 대한 정보는 엄마들이 제일 궁금해하는 '레벨 | 원서 제목(한국로 번역된 제목) | 저자명 | 페이지' 순으로 정리했다. 간단한 내용과 장르는 고전 문학의 특성상 정리하기 어려워 배제했다.

1984
(1984)
George Orwell 지음 | 268쪽

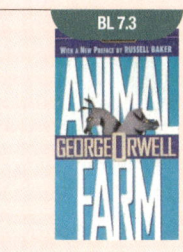

Animal Farm
(동물농장)
George Orwell 지음 | 139쪽

Brave New World
(멋진 신세계)
Aldous Huxley 지음 | 259쪽

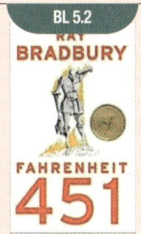

Fahrenheit 451
(화씨 451)
Ray Bradbury 지음 | 159쪽

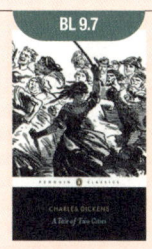

A Tale of Two Cities
(두 도시 이야기)
Charles Dickens 지음 | 544쪽

The Alchemist
(연금술사)
Paulo Coelho 지음 | 195쪽

The Invisible Man
(투명인간)
Herbert George Wells 지음 | 208쪽

Lord of the Flies
(파리대왕)
William Golding 지음 | 313쪽

The Time Machine
(타임머신)
Herbert George Wells 지음 | 104쪽

White Fang
(화이트 팽)
Jack London 지음 | 320쪽

Around The World In Eighty Days
(80일 간의 세계일주)
Jules Verne 지음 | 304쪽

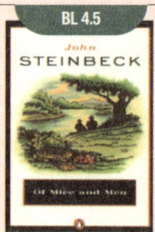
Of Mice and Men
(생쥐와 인간)
John Steinbeck 지음 | 112쪽

Oliver Twist
(올리버 트위스트)
Charles Dickens 지음 | 416쪽

The Call of the Wild
(야성의 부름)
Jack London 지음 | 160쪽

The Metamorphosis
(변신)
Franz Kafka 지음 | 44쪽

The Secret Garden
(비밀의 화원)

Frances Hodgson Burnett 지음 | 44쪽

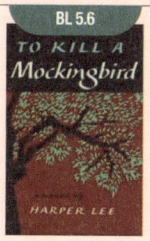

To Kill a Mockingbird
(앵무새 죽이기)

Harper Lee 지음 | 336쪽

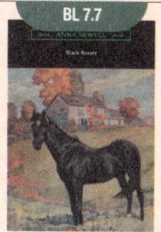

Black Beauty
(흑마 이야기)

Anna Sewwll 지음 | 122쪽

Frankenstein
(프랑켄슈타인)

Mary Shelley 지음 | 80쪽

The Merchant of Venice
(베니스의 상인)

William Shakespeare 지음 | 288쪽

The Memoirs of Sherlock Holmes
(셜록홈즈의 회상록)

Arthur Conan Doyle 지음 | 340쪽

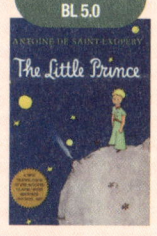

The Little Prince
(어린왕자)

Antoine de Saint Exupery 지음 | 96쪽

A Christmas Carol
(크리스마스 캐럴)

Charles Dickens 지음 | 64쪽

The Gift of the Magi
(크리스마스 선물)

O. Henry 지음 | 48쪽

● 엄마표 영어의 완성

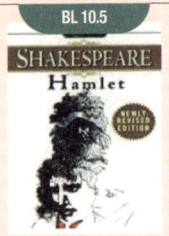

Hamlet
(햄릿)
William Shakespeare 지음 | 271쪽

Tuesdays with Morrie
(모리와 함께한 화요일)
Mitch Albom 지음 | 208쪽

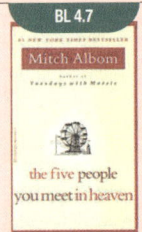

The Five People You Meet in Heaven
(천국에서 만난 다섯 사람)
Mitch Albom 지음 | 196쪽

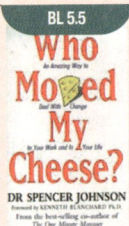

Who Moved My Cheese?
(누가 내 치즈를 옮겼을까?)
Spencer Johnson 지음 | 96쪽

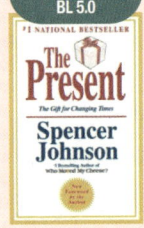

The Present
(선물)
Spencer Johnson 지음 | 112쪽

Gulliver's Travels
(걸리버 여행기)
Jonathan Swift 지음 | 352쪽

Robinson Crusoe
(로빈슨 크루소)
Daniel Defoe 지음 | 56쪽

The Adventures of Huckleberry Finn
(허클베리 핀의 모험)
Mark Twain 지음 | 224쪽

The Adventures of Tom Sawyer
(톰 소여의 모험)
Mark Twain 지음 | 224쪽

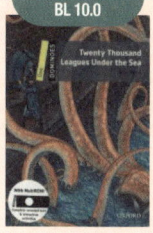

Treasure Island
(보물섬)
Robert Louis Balfour Stevenson 지음 | 122쪽

Twenty Thousand Leagues Under the Sea
(해저 2만리)
Jules Verne 지음 | 44쪽

Uncle Tom's Cabin
(톰 아저씨의 오두막집)
Harriet Beecher Stowe 지음 | 192쪽

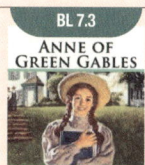

Anne of Green Gables
(빨강머리 앤)
Lucy Maud Montgomery 지음 | 198쪽

Alice's Adventures in Wonderland and Through the Looking-Glass
(이상한 나라의 앨리스)
Lewis Carroll 지음 | 400쪽

Dr. Jekyll and Mr. Hyde
(지킬 박사와 하이드)
Robert Stevenson 지음 | 87쪽

2001 a Space Odyssey
(2001 스페이스 오디세이)
Arthur C. Clarke 지음 | 297쪽

Les Miserables
(레미제라블)
Victor Hugo 지음 | 64쪽

The Hobbit
(톨킨의 호빗)
J. R. R. Tolkien 지음 | 338쪽

Life of Pi
(파이 이야기)
Yann Martel 지음 | 401쪽

Little Women
(작은 아씨들)
Louisa May Alcott 지음 | 286쪽

Heidi
(알프스 소녀 하이디)
Johanna Spyri 지음 | 2320쪽

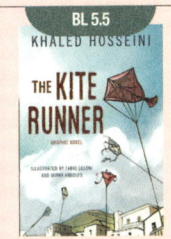

The Kite Runner
(연을 쫓는 아이)
Khaled Hosseini 지음 | 324쪽

The Chocolate War
(초콜릿 전쟁)
Robert Cormier 지음 | 191쪽

The Curious incident of the Dog in the Night–time
(한밤중에 개에게 일어난 의문의 사건)
Mark Haddon 지음 | 240쪽

A Day No Pigs Would Die
(돼지가 한 마리도 죽지 않던 날)
Robert Newton Peck 지음 | 150쪽

Watership Down
(워터십 다운의 열한 마리 토끼)
Richard Adams 지음 | 478쪽

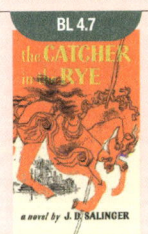

The Catcher in the Rye
(호밀밭의 파수꾼)
Jerome David Salinger 지음 | 214쪽

영어로부터 자유로운 아이, 스스로 성장하는 아이

16세, 해외 대학 진학을 결심하다

반디는 초등학교를 졸업한 후 중등 교육 과정은 홈스쿨로 진행했다. 거창한 계획을 세우고 홈스쿨을 선택한 것은 아니었다. 그렇기에 조금 긴 방학 같은 일상으로 1년 반 홈스쿨을 진행하고 고등학교 졸업 검정고시를 마쳤다. 이후의 진로에 대해 고민하는 시간을 가져야 했다. 그런데 신기하게도 계획에 없었던 해외 대학으로의 진학이 또 하나의 길이 되어 반디 앞에 놓여 있었다. 선택의 폭이 넓어진 것이다. 엄마표 영어 8년을 거치며 국내에서만 미래를 고민하지 않아도 좋을 만큼 영어가 안정적이었던 덕분이었다. 많은 의논 끝에 제자리걸음하고 싶지 않다는 아이와 해외 대학 입학을 준비했다. 가장 먼저 영어 공인인증시험을 준비했다.

해외 대학으로 진학을 결정하고 가고 싶은 나라를 선택하면서도 우리다운 고민을 했다. 좋은 나라, 좋은 대학을 욕심내는 것이 아니었다. 든든한 울타리가 되어주었던 내 나라, 내 가족과 떨어져 아이와 단 둘이 낯선 나라에서 이방인으로 겪어야 할 긴 시간이었기에 안전과 편안한 일상에 무게를 두었다. 늘 그렇듯 우리는 먼 미래를 계획하기보다는 현재에 충실했던 것이다.

호주 대학에 진학하기로 결정하고 영어 공인인증시험 IELTS를 준비했다. 현지에서 진행을 도와주었던 유학원 측에서는 오버롤 밴드Overall Band가 많이 부족하지 않으면 현지에서 일정 기간 어학 프로그램을 수료하는 방법도 있으니 일단 한 번 IELTS 시험에 응시해서 본인의 실력을 알아볼 것을 권했다. IELTS 시험을 주관하는 영국문화원 홈페이지에서 시험 일정을 확인했다. 서울은 월 3~4회 응시할 수 있지만 살고 있는 지방은 월 1회뿐이었다. 8월 25일 시험을 접수했다.

8월 6일에 고졸 검정고시가 있어서 IELTS 시험 준비에 많은 시간을 낼 수가 없었다. 개인적으로 영어 공인인증시험은 '현재 자신의 실력'을 평가 받는 것이라 생각했다. 토플이나 텝스, 토익 등을 따로 공부하는 것에 그다지 동의하는 편이 아니었다. 시험 보는 방법에 차이가 있으니, 시험을 준비하는 길지 않은 시간 동안 그 방법만 익혀야겠다고 생각했다. 몇 차례 시험을 보면 점수가 오른다고 하지만, 그것은 자신의 기본 실력에서 크게 차이 나지 않는다.

반디가 본격적으로 IELTS 시험을 준비할 수 있는 기간은 검정고시를 마치고 20일 남짓이었다. 시험 보는 방법이나 모의고사 정도를 지도 받을 수 있는 전문학원을 찾았지만 그 당시 살고 있는 도시에서는 IELTS를 전문으로 지도하는 학원을 찾을 수 없었다. 결국 반디는 독학으로 진행해야 했다. 시험 당일

시험 장소였던 한 대학 언어교육원을 찾았을 때 그곳에서 IELTS 강의를 한다는 것을 뒤늦게 알았다. 더 일찍 알았더라면 도움을 받을 수 있었을 텐데 아이에게 미안했다.

8월 6일 고졸 검정고시를 마치고 숨 돌릴 틈도 없이 본격적인 IELTS 시험 준비에 들어갔다. 영국문화원 홈페이지에 들어가 시험에 관한 전반적인 내용을 숙지하고 시험을 접수하면 제공되는 'Road to IELTS' 30시간 이용 자격을 얻어 시험 유형을 익힐 수 있었다. 더불어 'EBS랑' 홈페이지에는 IELTS 관련 인터넷 강의가 있어 네 가지 영역에 대한 전반적인 흐름을 파악할 수 있었다. 유형과 흐름을 파악하고, 시중에 나와 있는 교재를 구입해서 모의고사 형태의 문제로 공부했다. 교재 한 권에 4회분의 모의고사가 실려 있었지만 그것으로는 충분치 않아서 많은 모의고사를 구해 시험 형식에 익숙하게 했다.

IELTS 시험은 아카데믹 모듈Academic Module과 제너럴 트레이닝 모듈General Training Module 두 가지로 나뉜다. 아카데믹 모듈은 학사, 석사, 박사 등 학위 과정을 이수하기 위해 유학을 준비하는 사람들을 대상으로 하며 입학 전형의 영어 평가 기준으로 사용된다. 제너럴 트레이닝 모듈은 실생활에 필요한 영어 능력을 평가하도록 구성되어 있고 직업 관련 연수 및 이민을 준비하는 사람들에게 필요한 시험이다.

제너럴과 다르게 아카데믹은 리딩 내용이 만만치 않았다. 세 가지 섹션 40문항을 60분 내에 풀어야 하는데 지문을 꼼꼼하게 읽고 문제를 풀기에는 시간이 부족했다. 섹션은 뒤로 갈수록 난이도가 올라가고 문제 유형도 너무 많았다. 리딩 시험의 유형이 다양해 그것을 익히는 데도 꽤 공을 들여야 했다. 여러 편의 모의고사를 풀어보았는데 매번 다른 문제였지만 점수가 거의 일정하게 나왔다. 그 점수가 반디의 진짜 실력일 것이라 결론지었다.

시험 열흘을 남기고 쓰기 연습을 시작했다. 그래프나 도표를 분석하는 태스크 1Task 1과 논리적 서술이 필요한 태스크 2Task 2를 시간 내에 정해진 글자 수만큼 써야 하는 부담이 있었다. 주어진 주제에 대해 분석하고 브레인스토밍한 후 자필로 써야 했다. 반디는 글자 수가 제한된 쓰기에 익숙하지 않았고, 시간을 정해놓고 쓰기를 해본 적도 없어서 속도도 느리고 글씨도 엉망이었다. 총체적 난국이었다.

매일 모의고사 하나 분량의 쓰기를 연습하던 반디는 몇 회 지나지 않아 글자 수도 시간도 얼추 맞추기 시작했다. 반디가 태스크 2의 논리적 서술을 처음 쓰던 날, 유일한 영어 선생님의 지도가 도움되었다고 말했다. 선생님은 문법적 오류를 지적하기보다 전체적인 구조와 아이디어 부분에서 아이들의 사고를 확장시켜 주었다. 선생님과 수업을 하지 않을 때도 원서를 읽고 나면 간단하게나마 스스로 주제를 잡아 배운 방식대로 활용한 것이 감을 잃지 않게 해주었다. 문제 유형을 파악하자 처음에는 쫓기던 리딩 시간도 점차 안정되었다.

리스닝Listening과 스피킹Speaking은 따로 준비해서 볼 수 있는 영역이 아니었다. 특히 스피킹은 할 말을 미리 정리해서 말하는 스피치Speech와 달리 시험 감독관과 마주 앉아 대화를 나누는 완벽한 스피킹이었다. 무엇을 물어볼지 어떻게 대화가 전개될지 모르지만 11분에서 14분까지 대화 내용을 녹음하여 채점하는 방식이었다.

반디는 혼자서 20일 동안 시험 보는 방법을 연습하는 것으로 준비를 마치고 시험을 치렀다. 결과는 오버롤Overall 6.5. 학교에서 요구하는 5.5를 무난히 넘겼다. 반디가 자신 있는 리스닝은 밴드Band 9단계 중 8.0이 나왔다. 리딩은 6.5.

반디가 모의고사를 보며 자신의 실력이라 생각했던 점수였는데 역시 크게 벗어나지 않았다. 쓰기Writing는 구조적인 면이나 자신의 의사를 정확히 표현하는 것에는 어려움이 없었지만 아카데믹Academic을 준비하기에는 어린 나이였기에 경험 부족으로 내용이 풍부하지 못한 것을 걱정했는데 역시 스스로는 충분히 썼다고 했지만 만족스러운 점수를 얻지는 못했다. 의외의 점수는 스피킹이었는데 짧은 시간에, 긴장한 상태에서 대화를 나누어 아쉬운 점수가 나왔다.

시험을 더 보면 성적이 오를 수도 있겠지만 다음 해에 입학하기 위해서는 시간도 여유롭지 못했고 유학원에서도 대학에 지원하기 충분한 점수라며 그대로 진행하는 것이 좋겠다고 했다. 그렇게 단 한 번의 공인인증시험 성적으로 반디는 호주 시드니가 있는 NSW주의 세 개 대학에 입학 지원을 했다. 이때까지만 해도 복병을 만나게 될 줄은 몰랐다.

망설이는 삶은 언제나 제자리일 뿐이다

검정고시 성적도 기대 이상이었고 IELTS 성적도 지원 가능 점수를 넘겼으니 망설일 이유도, 미룰 이유도 없기에 해외 대학 진학을 본격적으로 준비했다. 파운데이션 과정을 거친 후 본 과정으로 가는 방법을 선택했다. 반디는 한국에서도 중등 교육을 받은 적이 없어서 파운데이션 1년 동안 많은 것을 배우고 얻을 수 있을 것이란 기대가 되었다. 반디는 시드니에 있는 세 개의 대학에 입학 지원을 했고 내신 성적에 해당하는 검정고시 결과나 영어 성적은 나무랄 데 없었지만 마음에 걸리는 것은 어린 나이였다.

입학 지원 후 학교에서 오는 입학허가서 Letter of Offer가 예상 외로 늦어져 걱정을 하던 어느 날, 유학원에서 연락이 왔다. 각 대학에서 만 16세부터인 입학 지원 가능 연령을 예외로 적용할 것인지 의논 중이라는 연락이 있었다는 것이다. 반디가 입학 허가를 받아 파운데이션 과정을 시작하는 나이는 호주 나이로 14세다. 학교의 조건에 맞추기 위해서는 2년을 기다려야 하는 것이다. 유학원의 전화를 받고 각 학교 홈페이지를 확인하고 다른 유학원에 전화를 해봤지만 나이가 너무 어려 진행이 힘들다는 답이 돌아왔다.

결국 세 곳 중, 두 곳은 아쉽지만 입학을 허가할 수 없다는 연락을 받았고 유일하게 한 곳에서는 '조건부 입학'을 허가했다. 그 조건은 그 대학의 파운데이션 스터디 코스 Foundation Studies Course의 스탠다드 트랙 Standard Track을 이수해야 하며, 성인이 될 때까지 부모 중 한 사람이 현지에서 함께 생활해야 한다는 것이었다. 나는 대학을 졸업해야 성인이 되는 반디를 위해 꼼짝 없이 4년 동안 낯선 타향살이를 해야 했다.

가족이 모여 고민을 했고 '망설이는 삶은 언제나 제자리일 뿐'이라는 결론에 도달했다. 지원했던 세 곳의 대학 중 최우선으로 생각한 곳은 아니었지만 어렵게 얻은 기회였다. 대학에서 공부가 끝나는 건 아니라고 생각했기에 어떤 대학 생활을 하느냐에 따라 다음에 선택할 수 있는 또 다른 길이 있으리라 생각하고 입학을 결정했다. 돌이켜보니 이 선택이 '신의 한 수'가 되었기에 규정에서 벗어나 반디를 받아준 학교에 감사하지 않을 수 없다. 반디가 파운데이션을 마친 후 본교 등록을 위해 이런저런 절차를 거쳐야 했는데, 전산 입력 자체에 반디의 생년은 포함되지 않았다. 때문에 행정실을 찾아가 별도로 부탁해야 하는 번거로운 상황을 겪으면서 이 입학 허가가 쉬운 일이 아니었음을 알게 되었다.

입학이 결정되고 학비 일부를 송금하고 최종 입학 승인서라 할 수 있는 CoE Confirmation of Enrolment를 받고 학생 비자와 가디언 비자를 신청했다. 모든 일이 거침없이 진행되었다.

반디는 초등학교를 졸업하고 만 2년 만에 해외 대학에 입학한 것이다. 반디가 대학을 마치면 반디 친구들은 대학 신입생이 된다. 처음 홈스쿨을 결정하고 계획했던 목표와는 다른 길에 접어들었다. 자신만의 그림을 그리고 자신만의 길을 만들다 보니 전혀 보이지 않던 새로운 길이 보이고 포기했던 일들이 가능해졌다. 누구나 가는 길에서는 만날 수 없는 일들이 구석구석 숨어 있으니 더욱 기쁘고 행복했다. 우리 모자는 대학 입학을 준비하며 정신없는 2012년 가을을 보내고 달랑 가방 두 개를 들고 2013년 1월 9일, 설렘과 두려움이 주는 긴장감을 안고 시드니 공항에 내렸다.

엄마표 영어로 영어 해방을 이루다

첫 번째 학기 13주가 지났다. 프레젠테이션, 개별 과제, 그룹 과제, 리포트, 테스트, 에세이 등 빼곡하게 채워져 있는 다이어리만큼 바쁜 날을 보내던 반디가 모처럼 2주간 휴식을 가졌다. 함께 공부하던 친구들은 아르바이트를 찾기도 하고 짧은 여행을 계획하기도 한다는데 아직 엄마의 보호가 필요한 미성년자 반디는 그 안에 끼지 못하고 조금은 따분한 방학을 보냈다. 온돌에 익숙한 우리에게 추운 시드니의 겨울은 달갑지 않았다. 외출도 번거롭고 심심해하던 어느 날, 반디에게 기분 좋은 메일이 한 통 들어왔다. 시티캠퍼스 학생총책임

자의 메일이다. 반디의 첫 학기 영어 시간에 후반부에 15분 분량의 프레젠테이션이 있었다. 그 수업을 듣는 학생 모두가 해야 하는 의무사항이었고 내용은 전부 개별 녹화가 진행되었다. 주제는 전공과 연결시켜 자유롭게 정할 수 있었다. 리서치하고 관련 사진 찾고 멘트를 정리하고 PPT를 만들었다. 의외로 멘트는 외우지 않고 전체의 흐름만 파악해서 준비했다. 15분 분량의 프레젠테이션 내용 전체를 암기한다는 것도 말이 안 되기는 했다. 반디는 프레젠테이션을 마치고 교수님께 지금까지 자신이 보았던 프레젠테이션 중 손꼽을 수 있을 만큼 잘했다는 칭찬을 받았다.

그 메일은 영어 선생님께서 반디의 프레젠테이션 녹화분을 추후 다른 학생들을 위한 강의 자료로 사용하고 싶은데 동의해줄 수 있느냐는 짧지만 정중한 메일이었다. 반디가 복사해온 동영상을 보았다. 화려한 언변은 아니지만 처음의 긴장 외에는 15분 동안 떨지도 않고 머뭇거림도 없었다. 집에서 엄마표로, 이어서 반디표로 영어를 했지만 이렇듯 오랜 시간 정식으로 말하는 것을 들어본 적이 없어서 몰랐는데 낮은 저음의 울림이 안정적인 억양으로 이야기를 이어나갔다.

적극적으로 동의 메일을 보냈는데, 이틀 후에 전화가 왔다. 반디가 미성년자여서 법적 효력이 없으니 보호자의 동의가 필요하단다. 곧바로 서류에 사인을 해서 보냈다. 솔직히 조금 번거로웠지만, 법적으로 꼭 지켜야 하는 절차임을 수긍했다. 잠시 다른 이야기이지만, 이후 호주에서 유학생활을 하면서 현지인들이 개인정보 동의, 초상권, 저작권 등 절차와 법에 대해 '깐깐한 태도'를 취하는 것을 볼 때마다 '보호자 동의 서류'를 떠올렸다. 지극히 상식적인 일들을 지키는 그들의 모습을 보며, '앞으로 문제가 될 수 있는 일이라면, 반드시 초반에 꼼꼼하고 확실하게 잡고 넘어가야지.' 하고 다짐하는 계기가 되었다.

　이 프레젠테이션을 기점으로 반디는 학습적으로 완벽한 독립을 이루었다. 처음 하는 프레젠테이션이고 경험도 별로 없는 반디의 준비가 엄마 눈에는 너무 어설퍼 보였다. 그래서 자꾸만 간섭을 하게 되었다. 반디는 PPT 화면은 최대한 간단하게 만들어야 앞에서 말하는 사람에게 집중할 수 있다고 했지만 너무 심플한 PPT가 마음에 걸려 잔소리했고, 반디는 전체적인 흐름만 파악하고 정확하게 전달되어야 하는 핵심 내용만 챙기면 된다고 했지만 내용 전체를 글로 정리해서 어느 정도 암기해야 하지 않을까 싶어 또 잔소리했다. 이런저런 잔소리에 반디가 머뭇거리다 말했다.
　"엄마, 몇 주에 걸쳐 진행되는 수업이라 먼저 한 친구들의 프레젠테이션을 보는 것도 큰 공부였어. 여기는 한국하고는 좀 분위기가 다른 것 같아. 그냥 내가 보고 이해했던 느낌으로 준비하고 싶어."
　뒤통수 크게 얻어맞은 기분이었다. 반디와 묶여 있던 끈이 툭 떨어져나가는 기분이랄까. 아, 지금이 아이를 완전히 놓아주어야 하는 때인가 보다 싶었다. 더구나 다른 문화에 와서는 한국에서 자라서 한국식 사고를 하는 엄마 생각으로 이렇다 저렇다 해서는 안 되는 거구나 싶었다. 죽을 만들든 밥을 만들든 이제 반디 스스로 이 길을 만들어야 하는 거구나 생각했다. 내게는 굉장한 전환점이 되어준 사건이었다. 이 사건을 계기로 아이의 학습 진행 상황이나 방향을 모르는 엄마, 모르니 세상 편한 엄마가 될 수 있었다. 또한 이 일이 중요한 전환점이 된 건 엄마만이 아니라는 것을 알았다.
　"엄마가 그때 별말 없이 인정해주고 알아서 하라고 맡겨준 거 정말 고마웠어. 그 일이 있고부터 훨씬 책임감도 강해진 것 같아."

때를 아는 부모, 그때를 놓치지 않는 부모가 되고 싶다고 그리 다짐했으면서도 쉽지 않은 일이었다. 돌이켜보니 잘 몰라서 오히려 놓아줄 수 있었던 것 같다. 한국이었다면 꽤 오래 간섭하는 엄마가 되었을지도 모른다.

결과적으로 반디의 엄마표 영어 8년 동안의 노력은 유학을 통해 꽃을 피우게 되었다. 엄마인 나도 눈으로 보고도 믿을 수 없는 일들을 경험했다. 시드니에 지인이 있어 도움을 받을 수 있는 형편도 아니었고 몇 년을 걸쳐 유학을 준비한 것도 아니었다. 달랑 가방 두 개를 들고 시드니에 도착한 우리 모자는 게스트 하우스에 머물면서 집을 빌리고 큰살림을 장만하고 전기·가스·인터넷 설치 등을 신청하는 기본적인 정착 서비스를 유학원 직원의 도움을 받으며 진행했다. 유학원, 메일을 통해서 소통하다 보니 의사가 잘못 전달되거나 민원접수가 늦어지는 불편함이 있었다. 또한 이곳 관공서는 일처리가 빠르지도 산뜻하지도 않아 신청한 내용이 완료되기까지 수차례 전화로 독촉하고 확인해야 했다. 빌린 집을 관리하는 부동산과의 관계나 RTA(자동차 등록소) 방문, 은행계좌 개설, 핸드폰 가입 등 자고 일어나면 지뢰밭을 걷는 듯 긴장이 함께했다.

전화기를 붙들고 씨름하고 일일이 관련 사무소를 찾아다니며 원하는 결과를 얻기까지 믿을 수 있는 건 반디뿐이었다. 나는 미리 말을 준비해서 전달하는 것은 가능했지만 예상 밖의 말들을 쏟아내는 상대편의 말을 알아들을 수가 없었다. 더 이상 엄마가 보호자가 아니었다. 반디가 나의 보호자가 되었다. 반디는 엄마의 전달 사항을 정확히 파악해서 이곳 사람들을 상대로 입씨름을 해야만 했다. 초등학교 저학년 때 잠깐 책을 소리 내어 읽거나, 혼자서 영어로 중얼거리는 소리를 들었던 것 이외에 반디가 영어로 말하는 모습을 볼 기회가 없었던 나는 아이가 전화를 붙들고 또는 관련 사무소 직원들을 대면해서 이런저런 이야기를 나누며 일을 해결하는 것을 눈으로 보면서도 쉽게 믿어지지 않았다.

나중에 반디가 말했다. 낯선 곳에서 낯선 상황에 부딪치며 언어가 자유롭지 못한 엄마가 더 이상 든든한 울타리가 될 수 없음을 알게 되었고 스스로 원하는 바를 해결해야 한다는 것을 깨달으며 전투적이 되었다는 것이다. 그 과정에서 자신의 영어가 이곳 사람들에게 거부감 없이 통한다는 것도 알게 되었고 한 가지, 한 가지 일이 해결되면서 영어에 대한 자신감도 상승했다는 것이다.

'지혜'는 익숙한 것에서 얻기보다는 새로운 것들과 충돌하면서 지적 긴장 상태에 놓였을 때 얻는다고 한다. 낯선 곳, 낯선 상황에서 의사소통을 할 수 있는 건 자신밖에 없다는 엄마의 절박함이 동기부여가 되었을 뿐 아니라 가지고 있는 능력 이상을 발휘했다고 생각된다. 그런 반디 덕에 우리는 유학원에서도 놀랄 정도로 짧은 시일 안에 시드니에서 무리 없이 정착했다.

학교생활도 기대 이상이었다. 학기를 시작하고 두 달쯤 뒤 반디가 선생님들이나 친구들에게 가장 많이 듣는 말은 "Only Two Month?" "Are you really fourteen?"이었다. 학교생활에 익숙해지고 친구를 사귀면서 이곳 나이로 열네 살이란 것이 알려지며 주변에서 많이 놀랐다고 한다. 발음도 완벽하고 영어에도 전혀 어려움이 없으며 수업도 적극적으로 참여해서 영어권에서 왔을 것이라 예상했다는 것이다. 반디의 발음은 미국 발음에 가까워서 해외 어디에서 얼마간 머물렀는지 묻고는 했는데 유학은 처음이고 두 달 전에 들어왔다는 대답에 누구나 믿을 수 없다는 듯 바라보았다는 것이다.

초등학교 1학년 때 엄마표 영어를 시작하면서 세운 목표는 '영어로부터 완벽하게 자유로워지기, 그를 통해 언어의 한계에 갇히지 않고 지식을 습득하기'였다. 이제 반디에게 영어는 목표가 아니라 지식 습득을 위한 수단이 되었다. 현지 수업에 참여한 지 3개월 만에 프레젠테이션을 제공할 수 있을 정도의 실력이 사교육 없이 스스로의 노력만으로도 가능하다는 것을 확인했다.

우리나라 영어 교육에 대해 하고 싶은 말이 많다. 투자 대비 가장 비효율적인 것이 영어 교육이 아닐까? 반디가 유치원에 다닐 무렵, 본격적인 영어 유치원 붐이 일었다. 그 뒤 어학원이라는 이름으로 대규모 학원들이 동네 구석구석에 들어서며 사교육 시장을 확장시켰다. 아이들은 초등학교 저학년부터 학교에서 영어 수업을 하고, 단기든 장기든 한 번쯤은 어학연수를 꿈꾸고 실천한다. 어느 날 누군가 영어를 배우기 위해 필리핀이나 캐나다로 떠나도 그리 새롭거나 놀라운 일이 아니었다.

생각해보자. 아이들에게 영어를 선택할 권리는 이미 없어진 것이 아닐까? 어른들이 학벌에 목매듯이 아이들은 영어 레벨에 목매고 있다. 하지만 내신이나 수능, 또는 각종 영어 공인시험에서 점수가 잘 나오는 것이 아이들에게 영어를 가르치는 궁극적인 목표인지 묻고 싶다. 만약 아이가 영어에서 자유로워져 세상에 널려 있는 지식을 원문으로 습득할 수 있기를 바란다면 학부모의 불안을 먹고 자란 영어 사교육 시장에서 과감히 벗어나라 권하고 싶다.

혹시라도 반디가 언어에 특별한 재능이 있어서 지금의 결과가 가능했다고 오해할 것 같아 걱정이 된다. 반디는 뛰어난 언어적 재능이나 천재적인 두뇌를 가진 아이가 아니다. 유일하게 가진 재능은 성실함이자 꾸준함이었던 것 같다. 이는 반디만이 가진 특별한 재능이 아니다. 우리 아이들 모두가 가지고 있는 재능이다. 비슷한 방법의 '엄마표 영어'로 성공한 사례를 쉽게 찾을 수 있다. 문제는 방법을 아는 것이 아니라 실천하는 것이다. 부모가 영어를 못해도 아이를 도울 수 있는 분명한 방법이다.

아이들 스스로의 노력만으로도 영어로부터 자유로워질 수 있다고 믿는다. 그것을 막는 걸림돌이 많다는 안타까움은 있다. 학부모의 불안을 부추기는 사교육 시장, 영어 채널처럼 활용성이 좋은 방송은 없애고 적자만 누적되는 영어 마을만 만드는 불필요한 영어 환경, 영어 활성화를 목적으로 실용성 없는 행정을 펼치는 교육 기관 등 걸림돌은 많기도 하다. 지역별로 영어 도서관을 만든다고 설레발칠 것이 아니라, 이미 있는 도서관을 지원해서 책장 가득 양질의 원서를 채우고, 아이들이 그 책에 관심을 가질 수 있도록 여유 있는 교육 시스템을 만든다면 세상이 어떻게 변할지 기대되지 않는가.

영어로 더 넓은 세상을 만나다

반디는 1년 동안 3학기로 나누어져 있는 파운데이션 스탠다드 트랙 Standard Track 과정을 진행했는데 두 학기가 지나면 피드백 점수를 토대로 일정 학점 이상 이수한 학생에게 마지막 학기 장학금을 신청할 수 있는 기회를 준다. 두 학기 동안 만족할 만한 피드백을 받았다고 생각하는 반디와는 달리, 비교 기준이 없는 엄마는 아이가 자신감을 넘어 자만한 것은 아닌지 늘 주의를 주어야 했다.

한 학기에 여섯 과목씩 다양한 평가 방법을 거친 피드백 결과를 놓고 아이와 엄마의 주장이 엇갈렸다. 정리해 보면 이렇다.

아이 : 전공이 다양한 친구들이 모여 있으니 특정 과목에서 나보다 높은 점수를 받는 친구들은 있지만 모든 과목에서 나처럼 고르게 높은 점수를 받기는 힘들다.

엄마 : 물론 기대 이상의 점수인 것은 인정한다. 하지만 자만과 자신은 종이 한 장 차이다. 네가 모든 친구를 알지도 못하고 또 그 친구들의 정확한 점수를 알 수 없지 않느냐. 믿을 수가 없다. 증거를 가져와라.

아이 : 좋다. 엄마에게 확실한 증거를 가져다주겠다.

두 학기를 마치고 방학을 맞았고 호주에 온 아빠를 만나기 전에 반디는 장학금을 신청했다. 2주간 모처럼 가족과 즐거운 시간을 보낸 후 아빠가 한국으로 돌아갈 때까지 신청 사실조차도 말하지 않고 결과를 기다렸다. 며칠 뒤 반디는 자신의 메일에 들어온 장학금 확인서를 당당하게 내밀며 '증거 제출'에 만족해했다. 결과를 받기 전까지 아이에게 인색할 수밖에 없었던 나도 어린아이처럼 좋아했다. 어리게만 생각했던 반디는 훌쩍 건너뛴 학교 과정만큼 마음도 성숙해 있었다.

"초등학교 때의 많은 상장과 영광 뒤에, 그리고 2년의 홈스쿨 동안 엄마의 조언과 도움이 있었다는 것은 분명한 사실이야. 하지만 이번 결과는 나 스스로 이뤄낸 것이기에 더욱 기분이 좋고 함께 공부한 친구들이 그것을 인정해주는 것이 무엇보다 기뻐. 학기 초에 엄마가 생각했던 방법과 내가 가고자 하는 방법이 달라 부딪쳤을 때, 전적으로 나를 믿고 내 생각대로 할 수 있게 해준 것이 너무 고마워. 비로소 모든 것을 내 책임과 의무로 가져오게 된 것 같아. 시행착오도 있고 더 좋은 피드백을 놓친 것도 있지만 내가 앞으로 어떻게 해야 하는

지 머릿속에 있던 생각이 정리가 되었어. 최선의 선택이 아니었어도 내가 선택한 것에 최선을 다하면, 최선을 넘어 최고를 만들 수 있다는 것을 알게 되었어."

엄마가 도움을 주지 못하는 환경이 마음 아팠고 어쩔 수 없이 놓아야 하는 부분은 불안감도 컸다. 하지만 아이와 학습적인 방법으로 마찰이 있을 때 부모가 잡고 있는 손을 놓지 못하면 아이는 딱 부모만큼의 성장에서 그칠 것이다. 그 손을 놓아야 부모 이상으로 성장할 수 있다. 그랬다. 내가 아이를 놓아야 했다. 반디가 아직 어리고 때가 아니라고 생각했는데 아이는 이미 부딪치고 깨질 준비가 되어 있었다.

반디는 자신의 삶이 온전히 자기 몫이 되었을 때 스스로를 들여다보고 자신이 어떤 사람인지 알 수 있었다고 한다. 무엇에 강하고 무엇에 약한지, 어떤 상황에서 자신의 능력이 발휘되는지, 앞으로 부딪칠 많은 일들 중 마음을 다치고 다리에 힘이 풀리는 상황이 왜 없겠는가. 하지만 그 순간을 어떤 마음으로 마주해야 하는지 이미 정리했다는 반디의 말을 듣고 나는 더 이상 걱정하지 않기로 마음먹었다.

어린 나이, 완벽하지 않은 언어 때문에 유학 자체를 포기할 수도 있지 않을까, 마음의 준비를 했었다. 그런 일이 생기면 서두른 것에 대한 대가라고 생각하고 미련 없이 아이와 한국으로 돌아가 다음을 준비하기로 결심했다. 하지만 다행히 그런 일은 생기지 않았고, 반디는 꾸준히 성장해나갔다.

2013년 파운데이션 과정 수석졸업자로 졸업 파티에서 인사를 하는 사람이 반디가 될 거라고는 상상조차 못했던 일이다. 지금까지 학교를 졸업한 친구들 중 가장 어린 나이라는 소개와 함께 친구들의 뜨거운 환호를 받으며 의젓하게 단상에 올랐던 것이 눈에 선하다. 규정에 예외를 적용하면서 자신의 가능성을 믿고 받아준 학교에 감사하다는 인사를 시작으로 자신의 소감을 담담하게 말하는 반디의 모습을 보니 눈물 나게 행복했다. 지난 한 해 동안 반디는 많은 일을 경험했고, 새롭게 큰 꿈을 가지게 되었고, 자신의 선택에 최선을 다해 최고로 만들어냈다.

반디는 유학 1년 차에 낯선 도시에서 스스로를 책임지는 방법을 찾고 기대 이상의 성과를 누릴 수 있었다. 엄마표 영어를 시작하며 분명한 목표로 새겼던 '자유로운 영어'가 아이를 어디로 이끌지, 기대도 예상도 못했던 일들이었다. 첫해 이후 3년 동안 반디는 자신의 '오늘'에 최선을 다하며 하루하루 시간을 채웠다. 그리고 그 끝에서 다시 선택의 기로에 놓였을 때 불가능했던 길이 선택 가능한 길이 되는 경험을 또 다시 하게 되었다.

엄마표 영어의 길에서
엄마의 최선은 무엇일까?

● 아이의 곁을 지켜주는 것

반디의 유학이 결정되고 선생님과의 마지막 고전 수업을 마친 뒤 선생님은 아이들의 드레스 코드를 '정장'으로 맞추고는 최고의 레스토랑에 데리고 가셨다. 주변 사람들의 낯선 시선에 아랑곳하지 않고 영어로 대화를 나누며 우아하게 반디를 송별해준 멋진 선생님이다.

이 선생님 덕분에 얼마 되지 않는 시간이었지만 좋은 파트너와 함께 우리가 원했던 방법으로 제 때에 적당한 자극을 받으며 인풋을 아웃풋으로 연결시킬 수 있게 되었다. 아이에게 필요한 부분이지만 부모가 원하는 방법을 수용해줄 수 있는 선생님이 얼마나 있을까? 가르치는 분에게도 처음인 방법이지만 믿고 맡길 수 있는 선생님이 가까이 있었다는 것은 분명 행운이었다. 또 함께하면 시너지가 폭발하는 친구가 있었다는 것 또한 큰 행운이었다.

필요에 의해 사교육을 받는 것은 망설일 필요가 없다. 하지만 학원이나 과외선생님의 커리큘럼에 전적으로 또 장기적으로 아이를 맡기는 것은 고민이 필요하다. 일단 보이는 학습을 경계해야 한다. 아이가 배운 것을 스스로 생각하고 익힐 수 있는 시간 없이 비슷한 유형의 반복적이고 형식적인 과제를 학습하는 건 위험하다.

사교육 없이도 충분히 듣기와 읽기에 집중 가능한 인풋 시기가 있다. 엄마가 아이의 영어에 적극적으로 관심을 가지고 지켜보면 영어를 몰라도 전체를 보는 시각이 생긴다. 그렇게 되면 아이에게 맞는 방법으로 꼭 필요한 도움을 줄 수 있는 선생님을 찾아 적극적으로 구애를 해볼 수도 있다. 지방 도시에서 우연히 이웃으로 만나 인연을 맺었던 분을 전문적인 지도 경력이 없음에도 믿을 수 있었던 것은 내 아이에게 필요한 부분, 내 아이에게 맞는 방법, 내 아이에게 필요한 때, 그것을 엄마가 정확히 알고 있었기 때문이 아닐까? 인풋이 쌓이는 5년 동안 가까이에서 지켜봤던 엄마니까 가능한 일이다. 지금 돌이켜보니 그런 생각이 든다.

엄마표 영어 8년 동안 엄마는 영어를 공부하지 않았다. 가야 할 길인 '제대로 엄마표 영어'에 대해 공부하고, 아이의 실천을 계획하고, 지루하고 쉽지 않은 시간 동안 함께 곁을 지켜주는 것! 엄마의 최선은 그것이었음을 엄마표 영어 8년을 정리하며 또 한 번 깨닫게 되었다.

영어, 엄마의 짝사랑이 되어서는 안 된다

여러 번 말했지만 가장 중요한 것은 충분한 인풋을 쌓기 위해 차고 넘치게 듣고 읽어야 한다는 것이다. 이 시기에는 사교육을 하지 않는 것이 시간 확보에도, 마음의 여유를 가지기에도 좋다. 충분한 인풋이 없는 상태에서 섣부르게 아웃풋을 기대하면 눈에 보이지 않는 발전 과정에 쉽게 포기하고 싶어진다. 엄마표로 시작해서 중도에 포기하는 대부분의 이유가 불안함과 조급함 때문이다. 에이브러햄 링컨이 남긴 말이 있다. "나무 베는 데 한 시간이 주어진다면, 도끼를 가는 데 45분을 쓰겠다!" 영어를 습득하기 위해 어떤 시간을 보내야 할까 고민 중일 때 이 말을 보았고 내 마음대로 고쳐서 기억으로 남겼다. "영어 습득을 완성하기 위해 한 시간이 필요하다면 45분은 인풋에 정성을 들이겠다!"

전문가들은 아이들의 영어 발전을 직선형이 아닌 계단형으로 정의한다. 정체기라 생각되는 수평선이 이어지다 계단 모양으로 상승한다는 것이다. 그 계단을 올라가는 시기가 눈에 보이지 않는다고 조급해하지 말고 한 단계 오른 다음 수평선이 이어질 때 "어! 우리 아이가 이런 것도 이해하네!"라고 발견할 수 있도록 기다렸으면 한다. 다만 어느 한 시기에 오래 머무르지 않도록 꾸준히 리딩 레벨을 올리고 끊임없이 독려하고 관심을 가져야 한다.

그리고 다시 한 번 강조한다. 그 무엇보다도 분명한 목적과 목표가 있어야 한다. "왜 영어를 잘하고 싶어?"라고 물었을 때 "잘하면 좋으니까." "잘해야만 하니까."는 안 된다. 목직과 방향을 분명히 해놓아야 길을 잃어버리지 않고, 그 길에서 벗어나지 않을 것이다. 이 책을 통해 털어놓은 글은 아이의 영어 목표를 학원 레벨 상승이나 내신, 수능에 맞춘 것이 아니라는 것을 다시 상기해주기 바란다. 그것이 목표였다면 좀 더 수월했을지도 모른다. 아니 어쩌면 더 어려웠을지도 모르겠다. 수월했어도 어려웠어도 결국에는 우리 세대가 그렇듯 지난 시간을 후회하지 않았을까?

이 길을 준비하고 진행 중인 모든 사람들에게 중요한 당부의 말을 하고 싶다. 엄마표 영어를 엄마만의 짝사랑으로 만들지 말라는 것이다. 아이에게도 방법이나 단계 등에 대해서 구체적으로 설명하고 이해시켜야 한다. 실천할 내용들도 함께 계획하고 아이 스스로도 이 길에 대한 믿음을 가질 수 있도록 해야 한다. 처음에는 엄마가 손잡고 이끌어주어도 머지않아 아이 혼자 가야 하는 길이다. 그렇기에 아이가 더욱 잘 알고 있어야 한다. 엄마는 엄마표 영어에 대한 공부가 꼭 필요하다. 전체의 흐름을 알지 못하고 확신도 없는 엄마가 아이를 이해시키고 설득해서 믿음을 주기란 어렵다. 매일의 실천을 꼭 지켜야 한다는 약속을 받기 위해 지금 견디는 시간이 어떤 기대 때문인지 희망을 심어주고, 달래기도 하고 겁을 주기도 하면서 아이가 가고 있는 길에 대해 함께 이야기해야 한다.

그렇게 몇 해가 지나면 아이 스스로도 게으름을 두려워하게 된다. 되돌리기 힘든 길이구나 깨닫는 것도 아이다. 이 길에서 끝을 보겠다는 믿음도 엄마와 아이가 함께 가지게 된다. 아이는 모르는 길, 엄마는 확신 없는 길로 이끌고 있다면 엄마의 불안을 아이가 먼저 눈치 챈다. 엄마가 흔들리면 아이도 함께 흔들린다. 미래의 자신이 부딪치게 될 한계의 영역을 무한히 넓힐 수 있도록, 영어에 완벽하게 자유로울 수 있다는 꿈을 아이 스스로 믿고 소망할 수 있게 해줘야 한다.

꿈을 이루기 위한 아이의 노력에 부응해 엄마는 길을 잃지 않도록 곁을 지켜주는 조력자가 되어야 한다. 그리 오랜 시간이 걸리지 않을 것이다. 걸음마 단계만 손잡고 가면 아이는 스스로 일어서 힘찬 발걸음으로 거침없이 나아갈 수 있다. 그것을 믿고 의심하지 않아도 좋다.

● 포기하고 싶지만 포기할 수는 없다

이놈의 영어. 공교육을 믿을 수도 없고 사교육에 맡기기도 어렵다. '제대로 엄마표'에 집중하자니 생각보다 쉽지 않은 길이란 것을 글을 읽을수록 눈치챘을 것이다. 어찌 보면 어설프게 시도한 이 이정표가 고민만 가중시키는 건 아닌지 걱정이 된다. 서로 얼굴을 마주 보고 물어볼 수 있으면 좋겠다 싶다. 지난 시간도 이야기하고 아이의 성향도 참고해서 좀 더 도움이 되는 계획을 세울 수 있도록 도와주고 싶다.

엄마표 영어를 하고자 하는 엄마들의 마음은 어느 정도 비슷하다. 아이가 영어를 놀이처럼 거부감 없고 부담 없이 접했으면 하는 것. 이러한 바람은 엄마표 영어를 실천하는 엄마들 마음속에 공통적으로 자리잡고 있다. 하지만 "나도 엄마표 영어를 할 수 있다!"라는 마음으로 용기 내어 이 길에 들어섰는데, 시간이 지날 수록 아이와의 밀당에 지쳐 힘이 빠질 것이다. 그때마다 '이 길이 내가 알고 있던 그 길이 맞을까?' 하는 생각에 회의감도 들 것이다. 실제로 블로그, 강연을 통해 엄마들이 많이 토로하는 이야기들이다.

의심과 불안의 지뢰밭을 걸어야 하고 간, 쓸개 빼놓고 아이와의 밀당도 필요하다. 의지가 약해지지 않으려 주변에 이야기를 털어놓았는데 의외로 곱지 않은 시선에 맘이 상한다. 영어 듣기 시간 확보를 위해 포기했던 많은 활동들이 아쉽다. 지금 아니면 안 될 것 같아서 하고는 있지만 '영어가 전부는 아닌데,' 하는 생각에 자꾸 불안하다. 게다가 열심히 인터넷을 뒤져도 유아기나 초등 저학년 이후에도 엄마표로 진행하는 사례를 만나기 어려운 걸 보면 결국 오래 지속될 수 없는 길인 것 같다. 어디가 시작인지 언제가 끝인지 도무지 감이 잡히지 않는다. 이 길에 들어서서 확신이 생기기 전까지 겪어야 하는 시간들이다.

수십 가지 실패의 핑계만 떠오르면 포기도 쉽고 사서 고생하는 길에 들어서지 않아도 될 것 같은데 포기하자고 들면 '포기할 수 없는 불안'이 발목을 잡는다. 학교에서 영어 시험을 보면 100점을 받아오니 '그럼 되는 거 아닌가?' 싶다가도 공교육만 믿다 발등 찍히는 건 아닐까 불안하다. '제대로 찍힌다'에 나는 한 표 던진다. 학원이나 과외에 맡기고 숙제만 관리해주면 차근차근 레벨을 올릴 수 있으니 '그럼 되는 거 아닌가?' 싶다가도 이 방법이 정답이면 과외하고 학원 다니는 친구들 모두 쑥쑥 발전해야 하는데 그게 아니다. 게다가 제대로 엄마표 영어 잠깐이면 따라잡을 수 있는 수준을 위해 시간, 노력, 비용을 얼마나 쏟아붓고 있는지 너무 잘 보인다.

엄마표 영어를 해도 중학교 이후로는 한 가지 방법, 한 가지 목표일 것이 뻔한데 '헛고생하는 것이 아닐까?' 싶다가도 '그래서 초등 6년에 전력 질주하라는 것이구나.' 깨닫게 된다.

'초등 1학년이 적기라는데 우리 아이는 이미 지났으니 너무 늦었을 거야. 계속 뒤만 쫓으면 무슨 소용 있겠어?' 싶어 돌아보면 초등 4학년 2학기에도, 5학년 2학기에도 시작하는 아이들이 보인다. 절실함과 간절함, 남다른 노력이 있으면 가능하다는데, 그냥 포기가 안 된다. '우리 형편상 무슨 영어야?' '직장맘에, 다둥이맘이니 나는 안 되겠지?' 하는 생각으로 합리화해버릴 때도 있다. 그러다가도 한편으로는 '몇 년만 엄마가 도와주면 아이가 혼자 일어설 수 있는 때를 만날 텐데…' 하고 엄마 스스로 최선을 다해 계획하고 실천했는지 반성도 하게 된다.

이 모든 고민과 불안은 '어설프게' 엄마표 영어에 발 걸치고 있는 엄마들보다 '제대로' 실천하는 분들이 더 심하게 느끼고 있을 것이다. 이 모든 것은 그 당시 나도 느꼈던 고민이다. 어디 이것뿐일까? 포기하고 싶은 이유는 셀 수 없이 많고, 포기할 수 없는 이유는 더 많았다.

영어를 꿈의 수단으로 만들기

내신 성적 잘 받고 수능시험 잘 보고를 '끝'으로 본다면 이 힘든 길에서 고생하지 않아도 된다. '믿고 보자, 공교육! + 매달리자, 사교육!' 이 안에서 해결된다. 그 끝에 맞는 길, 그 끝에 맞는 최선은 쉽게 찾을 수 있고 도움도 받을 수 있다. 중학교만 가도 내신 성적을 관리해주는 학교별 맞춤 학원이 운영된다. 덕분에 학부모는 허리가 휜다. 수능을 위해 무료로 교육 방송을 제공하는 나라다. 덕분에 학교 수업 시간은 엉망이 되었다. 아파트 한 동에도 전문 과외 선생님이 몇 명씩 있고 원어민과 소통하는 방법도 쉽게 찾을 수 있는 나라다. 덕분에 진짜 전문가를 구분할 수 없게 되었다. 아이들이 얼마나 잘 따라가느냐는 그쪽 길에서도 '변수'로 작용하겠지만 적어도 엄마가 사서 고생하지는 않아도 된다.

일상 회화 정도로 만족한다면 이 또한 힘든 길에서 고생하지 않아도 된다. 일본 애니메이션에 빠져 일본어 회화가 가능한 아이, 미드나 영드에 빠져 별다른 교육 없이도 간단한 의사소통 가능한 학생들을 보았다. 관심과 필요만 적절히 맞으면 시간, 노력, 비용을 투자하지 않아도 어느 정도의 회화는 가능하다. 현지에서 모국어로 영어를 사용하는 사람들도 실력이 천차만별이지만 의사소통에는 무리 없으니까.

필요한 정보나 지식에 접근할 때 우리말의 '한계'에 갇히지 않는 것. 수많은 정보를 원문 그대로 이해해서 내 것으로 만드는 것. 이 두 가지 목표, 즉 '도구'로서 영어를 사용하고 싶다는 야무진 꿈이 문제인 것이다. 만나는 사람이 누구든 상대방이 전달하려는 의미나 의도를 왜곡 없이 받아들이고 자신의 의사를 정확하게 전달할 수 있는 것을 넘어서 자신의 의견을 논리 정연하게 펼쳐 상대방을 설득하여 일을 관철시키고 더 나아가 상대의 마음에 감동을 선사할 수 있는 언어가 우리말에 더해 영어까지라면? 참 근사한 꿈 아닌가. 어려운 꿈이기도 하다.

여러 번 강조했지만 반디가 실천했던 '제대로 엄마표 영어'는 마지막 꿈에 근접하는 방법이다. 엄마는 전체의 흐름을 볼 수 있어야 하고 아이는 스스로 욕심을 부려야 한다. 차근차근 성실하게 쌓아가는 동안, 믿고 기다려야 하는 그 시간 동안 서로가 의지가 되어야 한다.

놀이처럼 쉽게 접근해서 하루에 10분, 30분이면 영어가 해결될 것처럼 말하는 광고에 현혹되어서는 안 된다. 그만한 노력, 그만한 시간 투자로 '영어로부터의 자유'를 얻을 수 있다고 생각한다면 분명한 오산이다. 그러니 제대로 사서 고생을 할 것인지 욕심 없이 좀 편하게 갈 것인지는 결국 선택의 문제다.

그런데 이 선택 또한 엄마가 아니라 아이가 하는 것이 무엇보다 중요하다. 엄마 혼자 속앓이하지 말라는 것이다. 이런 이야기를 아이와 나눠보면 어떤 경우 반전의 희열을 느끼기도 한다. 잘 보이지 않는 아이 마음속 불씨에 불을 붙일 수도 있기 때문이다. 불만 붙어준다면 어떻게 해야 하는지는 이 글을 읽고 있는 모든 분들이 잘 알 것이라 생각한다.

부록

레벨별·분야별
엄마표 영어책
완벽 분석

1. 챕터북 시리즈 레벨별 추천 리스트

그림책과 리더스북의 다음 단계로 주로 접하게 되는 것이 챕터북 시리즈이다. 아동·청소년용 단행본 소설을 만나기 전 단계이기도 하다. 적게는 몇 권, 많게는 수십 권으로 구성된 챕터북 시리즈는 장르, 주제 또한 다양하다. PART2에서 챕터북 시리즈가 가지고 있는 장점을 이야기했었다. 그런 이유로 그림책과 리더스북으로 워밍업을 한 뒤 집중듣기에 제대로 몰입해야 하는 시기에 활용하기에는 챕터북 시리즈가 도움이 된다.

챕터북 시리즈에서 가지고 있는 BL은 원어민 학년 기준 2학년에서 4학년까지인, BL 2.0~4.0대가 대부분이다. 원어민 또래와 같은 수준으로 자신의 연령에 맞는 리딩 레벨로 지속적인 업그레이드가 되기 위해서는 해마다 채워야 하는 듣기, 읽기의 '절대 필요량'이 있다고 했다. 지금부터 소개하는 시리즈 목록은 그 절대 필요량을 채우기 위해 2~4학년까지 활용하기 적당한 책들만 엄선한 것이다. 제목, 레벨, 저자, 장르, 주요내용 등 책을 고르는 데 참고할 수 있는 최소한의 정보를 담았다.

링크 주소로 밝힌 웹 사이트들은 시리즈 또는 작가의 홈페이지이다. 추가적인 책 정보와 활동을 참고할 수 있으니 적극적으로 방문해볼 것을 추천한다. 영어로 되어 있는 원문 사이트이지만, 누구나 쉽게 활용할 수 있다. 엄마들은 유용한 정보와 워크지를 얻을 수 있고, 아이들도 책 이상의 재미를 느낄 수 있다. 본문에서 언급한 시리즈는 이곳 리스트에 포함되어 있지 않다.

BL 2.7~3.6

Nate the Great
Marjorie Weinman Sharmat 지음 | 추리, 탐정
소년 탐정 Nate의 일상
http://www.randomhousekids.com/brand/nate-the-great/

BL 2.4~3.8

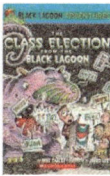

Black Lagoon Adventures
Mike Thaler, Jared Lee 지음 | 엽기, 유머, 친구, 학교생활
절대 일어나지 않을 어이없는 걱정거리와 고민이 극대화된
엽기 유머
http://www.mikethaler.com/

BL 2.6~5.1

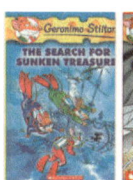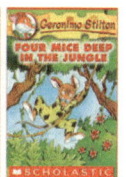

Geronimo Stilton
Geronimo Stilton 지음 | 추리, 탐정, 모험, 액션
신문사를 운영하는 영향력 있는 쥐 제로니모가 들려주는
세상 이야기
http://geronimostilton.com/portal/WW/en/home/

BL 2.6~4.9

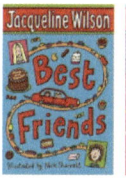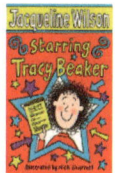

Jacqueline Wilson Series
Jacqueline Wilson 지음
작가 제클린 윌슨의 다양한 시리즈를 만날 수 있다
https://www.jacquelinewilson.co.uk/

BL 2.7~3.9

Zack Files
Dan Greenburg 지음 | 현실과 환상을 오가는 판타지
10살 소년 Zack 에게만 일어나는 과학적으로
설명하기 힘든 일들

BL 2.7~3.6

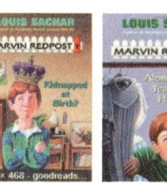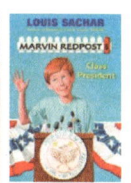

Marvin Redpost
Louis Sachar 지음 | 친구, 학교, 일상
누구나 한번쯤 해봤을 엉뚱한 상상이 주특기인
Marvin의 일상
http://www.louissachar.com/marvin-redpost-series.html

부록

BL 2.8~3.1

  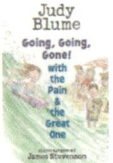

Pain and the Great One
Judy Blume 지음 | 일상
뭐든 잘하는 3학년 누나와 샘 많은 1학년 동생의 티격태격 일상
http://www.judyblume.com/

BL 2.8~3.1

Rotten School
R. L. Stine 지음 | 친구, 학교생활, 일상
이름에 걸맞게 100년이 넘은 오랜 전통의 학교, 최고의 교육 방침이 말썽꾸러기 Brenie Bridges에게 통할까?

BL 2.8~4.0

Fly Guy Presents
Tedd Arnold 지음 | 논픽션, 지식, 정보
역사, 문화, 과학, 예술 등 다양한 분야를 소개해주는 파리 Fly Guy

BL 2.8~3.6

 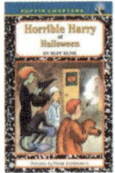 

Horrible Harry
Suzy Kline 지음 | 친구, 학교생활, 일상
온갖 엉뚱한 짓을 다하는 초등학교 2학년 Harry와 친구들의 이야기
http://www.suzykline.com/

BL 3.0~3.4

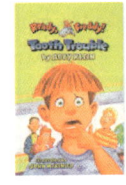  

Ready, Freddy
Abby Klein 지음 | 가족, 친구, 학교생활, 일상
평범한, 조금은 소심한 초등 1학년 Freddy의 일상

BL 2.9~4.4

The Secrets of Droon
Tony Abbott 지음 | 판타지, 공상, 매직
늘 붙어 다니는 삼총사 Eric, Neal, Julie이 Eric네 집 지하실 작은 문을 통해 새로운 세계 Droon으로의 모험을 떠나는 이야기
http://www.scholastic.com/droon/series.htm

BL 3.0~

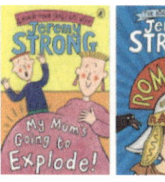 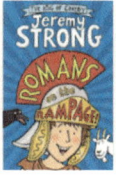 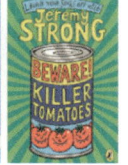

Jeremy Strong Series
Jeremy Strong 지음 | 일상, 유머
작가 제레미 스트롱의 다양한 시리즈를 만날 수 있다.
http://www.jeremystrong.co.uk/

BL 3.0~

Goosebumps HorrorLand
R.L. Stine 지음 | 모험, 공포, 유머
9살에서 13살 또래의 아이들이 으스스한 낡은 저택 등에서 겪는 모험
http://goosebumps.scholastic.com/books

BL 3.1~3.5

 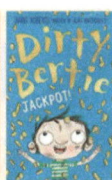 

Dirty Bertie
David Roberts 지음 | 일상, 유머
기발한 상상력 가득한 재치 있는 말썽꾸러기 Bertie의 일상

BL 3.1~3.4

Freaky Joe Club
P. J. McMahon 지음 | 추리, 탐정
Conor, Timmy, Jack 세 명의 주인공이 탐정단을 결성 주변에서 일어나는 미스터리 한 사건을 해결
http://www.freakyjoeclub.com/

BL 3.1~5.0

Seriously Silly Stories
Laurence Anholt 지음 | 동화 패러디
우리에게 친숙한 명작동화들을 원작의 큰 틀은 유지하면서 현대적 느낌으로 재해석한 패러디 동화
http://www.anholt.co.uk/seriously-silly-stories/

BL 3.1~3.8

 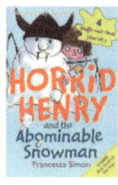 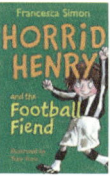

Horrid Henry
Francesca Simon 지음 | 가족, 친구, 학교, 일상
장난 끝판 왕, 말썽꾸러기 엽기소년 Henry의 일상
http://www.horridhenry.co.uk/the-books.asp

BL 3.2~4.2

The Boxcar Children
Gertrude Chandler Warner 지음 | 모험, 추리
부모가 돌아가시고 남겨진 4명의 아이들이 버려진 기차
화물칸에서 함께 살게 되며 겪는 모험 이야기
https://www.boxcarchildren.com/meet-the-boxcar-children/

BL 3.3~3.4

Sideways Stories from Wayside School
Louis Sachar 지음 | 친구, 학교생활
한 층에 한 반씩, 총 30개 반이 30층 건물에 있는 학교에서
벌어지는 엉뚱한 친구들의 엉뚱한 이야기
http://www.louissachar.com/wayside-school-series.html

BL 3.3~3.6

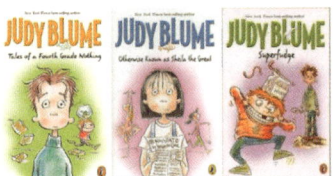

Judy Blume Fudge Series
Judy Blume 지음 | 학교생활, 일상
미국 뉴욕에 사는 4학년, Peter 그리고 그의 남동생 3살,
Fudge가 성장기 아동이 겪을 수 있는 부모, 형제, 친구들과
의 관계 속에서 벌어지는 에피소드
http://www.judyblume.com/books/fudge.php

BL 3.3~3.6

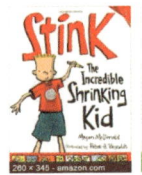 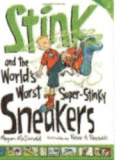 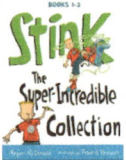

Stink Moody
Megan Mcdonald 지음 | 일상
모두가 Stink 라고 부르는 Judy Moody의 남동생 James
Moody의 코믹하고 우스꽝스러운, 때로는 엽기적인 일상
이야기
http://www.stinkmoody.com/

BL 3.3~4.0

Andrew Lost
J. C. Greenburg 지음 | 과학, 지식, 정보, 모험
Andrew가 친구들과 함께 겪는 기상천외한 모험을 통해
알아가는 신기한 과학의 세계
http://www.andrewlost.com/

BL 3.3~4.3

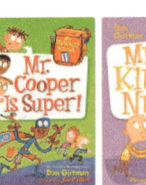 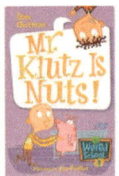 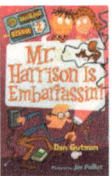

My Weird School
Dan Gutman 지음 | 친구, 학교생활
주인공 AJ를 둘러싼 친구들과 괴짜 선생님들의 별스러운
학교생활
http://www.myweirdclassroomclub.com/my-weird-school-books

BL 3.4~3.9

 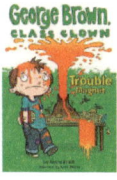 

George Brown, Class Clown
Nancy Krulik 지음 | 일상, 친구, 학교생활
지극히 평범한 아이 George Brown이 시도 때도 없이
터져 나오는 트림 때문에 겪게 되는 사건사고들.

http://www.penguin.com/static/packages/us/yreaders/georgebrown/

BL 3.5~4.2

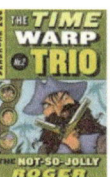 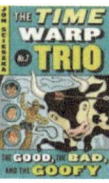 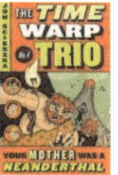

The Time Warp Trio
Jon Scieszka 지음 | 시대물, 역사, 모험
Joe, Fred, Sam 세 명의 소년이 함께하는 모험과 환상의
시간여행 이야기.

http://www.timewarptrio.com/

BL 3.5~4.3

 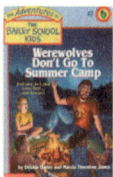 

The Bailey School Kids
Debbie Dadey, Marcia Jones 지음 | 미스터리, 친구,
학교생활
현실에서는 보기 힘든 초자연적인 존재를 만나게 되는 이상
한 일이 일어나는 Bailey School 의 3학년 아이들 이야기

https://www.debbiedadey.com/Books/index.php?gid=17

BL 3.6~

Animorphs
K. A. Applegate 지음 | SF
외계인으로부터 부여 받은 동물로 변신할 수 있는 능력을
가진 다섯 주인공들이 지구 정복을 꿈꾸는 또 다른
외계족으로부터 지구를 수호하는 이야기~~

http://www.scholastic.com/animorphs/books/

BL 3.6~4.6

 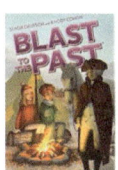 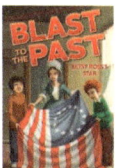

Blast to the Past
Stacia Deutsch, Rhody Cohon 지음 | 시대물, 역사배경,
모험, 액션
조지 워싱턴, 링컨, 월트 디즈니, 그레이엄 벨, 마틴루터 킹
등 8명의 위인을 만나기 위한 시간여행

http://www.staciadeutsch.com/

BL 3.6~5.5

Hank the Cowdog
John R. Erickson 지음 | 동물
스스로는 순종임을 주장하지만 사실은 잡종인 Cowdog,
Hank가 목장에서 벌어지는 모든 일을 자기 중심적으로
해석하는 뻔뻔함이 유머 포인트인 이야기

http://www.hankthecowdog.com/

BL 3.7~4.4

Captain Awesome
Stan Kirby 지음 | 판타지, 공상
악당들로부터 정의를 지키기 위해 다양한 슈퍼파워를 사용할 수 있는 능력자 Captain Awesome과 슈퍼 영웅을 좋아하는 평범한 8살 소년 Eugene은 어떤 관계?
http://simonandschusterpublishing.com/captain-awesome/

BL 3.8~4.2

Cracked Classics
Tony Abbott 지음 | 모험, 리텔링
두 주인공이 도서관에 있는 미스터리한 문을 통해서 세계적인 문학 작품 속으로 들어가 모험을 겪는 이야기

BL 3.9~4.4

The Spiderwick Chronicles
Tony DiTerlizzi 지음 | 판타지, 공상, 매직
뉴욕에 살던 남매가 부모님의 이혼으로 먼 친척 할머니 집에 살게 되면서 그 곳의 비밀스러운 방에서 발견한 책을 통해 판타지 세계의 모험 속으로
http://spiderwick.wikia.com/wiki/Main_Page

BL 3.9~4.8

Encyclopedia Brown
Donald J. Sobol 지음 | 추리, 탐정
백과사전을 통째로 외워버린 미스터리 탐정 해결사 10살 소년 Brown 이야기

BL 4.0~

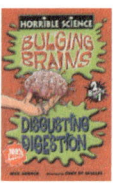

Horrible Science
Nick Arnold 지음 | 논픽션 과학, 지식, 정보
〈앗!〉 시리즈의 과학 영문판
http://www.nickarnold-website.com/

BL 4.0~

Horrible Histories Blood-Curdling
Terry Deary, Peter Hepplewhite 지음 | 논픽션 과학, 지식, 정보
〈앗!〉 시리즈의 역사 영문판
http://horrible-histories.co.uk/

BL 4.0~5.3

The 39 Clues
Rick Riordan 지음 | 모험, 추리, 탐정
가문의 비밀을 풀기 위해 14세 소녀 Amy 와 11세 소년 Dan 남매가 39개의 단서를 찾아가는 이야기
http://the39clues.scholastic.com/

BL 4.0~5.8

Bunnicula
James Howe 지음 | 공상, 모험, 뱀파이어
순하고 귀여운 애완토끼가 사실은 Dracula 같은 흡혈토끼라면?

BL 4.1~5.1

Flat Stanley's Worldwide Adventures
Jeff Brown 지음 | 모험, 액션, 공상
0.5인치의 두께로 납작해진 Stanley가 세계 곳곳을 다니며 펼치는 모험 이야기
https://www.flatstanley.com/

BL 4.1~6.1

Who Was
Catherine Gourley 외 지음 | 논픽션, 역사, 위인, 전기
Albert Einstein, John F. Kennedy, Mark Twain 등등의 위인 이야기
http://www.whowasbookseries.com/

BL 4.3~5.3

Captain Underpants
Dav Pilkey 지음 | 친구, 학교생활
엄격한 규칙을 강요하는 교장선생님이 최면에 걸려 팬티만 입고 악당을 물리치는 기발하고 통쾌한 이야기
http://www.pilkey.com/

BL 4.3~6.3

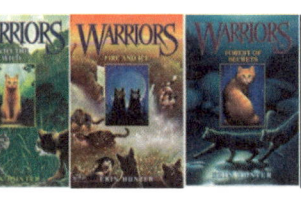

Warriors
Erin Hunter 지음 | 판타지, 공상, 매직
한 마리의 고양이가 비열한 음모와 배신 등 온갖 추악함을 불굴의 의지로 극복해 숲에서 최고의 전사가 되는 과정을 그린 이야기
http://www.warriorcats.com

BL 4.5~5.1

Charlie Bone
Jenny Nimmo 지음 | 판타지, 공상, 매직
Red King 가문의 후예, 아홉 살 소년 Charlie Bone이 사진 속 사람들의 대화를 들을 수 있는 신기한 능력을 각성한 뒤 벌어지는 모험 이야기
http://www.scholastic.com/charliebone/books.htm
http://www.jennynimmo.me.uk/

BL 4.5~5.0

Franny K. Stein, Mad Scientist
Jim Benton 지음 | 과학, 모험, 상상
평범함을 거부하는 꼬마 소녀 과학자 Franny 의 좌충우돌 과학 실험 이야기
http://www.frannykstein.com/

BL 4.6~6.3

What Was
Jim O Connor외 지음 | 논픽션, 시대물, 역사적 사실
미국의 중요한 역사적 사건들 이야기
http://www.whowasbookseries.com/

BL 4.6~5.2

 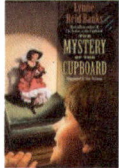 

The Indian in the Cupboard
Lynne Reid Banks 지음 | 역사적 배경, 판타지
생일선물로 받은 Cupboard에 넣어두었던 작은 장난감 인디언 인형이 살아나며 개구쟁이 Omri가 겪게 되는 모험 이야기
http://www.lynnereidbanks.com/books/indian.html

BL 4.8~5.4

The Sisters Grimm
Michael Buckley 지음 | 패러디, 판타지, 모험
우리에게 친숙한 그림형제의 전래동화 속 주인공들이 현실 세계속에서 전혀 예상치 못한 모습으로 실제로 존재한다면?
http://sistersgrimm.wikia.com/wiki/Sisters_Grimm_Wiki

BL 5.2~5.6

 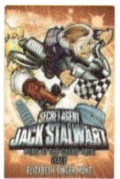

Jack Stalwart
Elizabeth Singer Hunt 지음 | 탐험, 모험, 액션
비밀 요원 Jack이 미션 수행 중 사라진 형 Max를 찾아서 세계를 무대로 비밀 임무를 수행하는 이야기
http://www.jackstalwart.com/

BL 5.2~5.8

  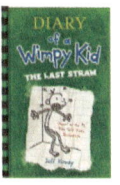

Diary of a Wimpy Kid
Jeff Kinney 지음 | 친구, 학교
중학생 Greg의 학교와 친구, 집과 가족 등 일상적인 이야기를 솔직하게 보여주는 일기 형식의 챕터북
http://www.wimpykid.com/

BL 5.4~

  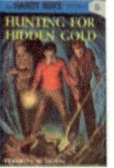

The Hardy boys
H Franklin W Dixon 지음 | 탐정, 추리, 모험
국제적으로 유명한 탐정을 아빠로 둔 두 형제 Frank 와 Joe 가 때로는 경쟁하고 때로는 도우며 진짜 탐정이 되어가는 이야기
http://www.hardyboysonline.net/

여자아이가 주인공인 챕터북 시리즈 레벨별 추천

혹시나 성별에 따라 호불호가 분명히 갈리는 성향의 아이들이 있을 것 같았다. 그래서 여자아이들이 주인공인 시리즈들을 별도로 만들었다.

BL 2.1~2.3

  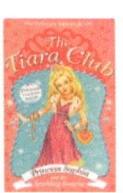

The Tiara Club
Vivian French, Sarah Gibb 지음 | 공주 학교 이야기
완벽한 공주가 될 준비를 하는 공주학교에서 벌어지는 이야기
http://www.tiaraclub.co.uk/

BL 2.9~3.7

Katie Kazoo, Switcheroo
Nancy E. Krulik 지음 | 일상, 공상, 판타지, 마법
마법의 바람과 함께 필요에 따라 다른 사람으로 변할 수 있는 능력을 가진 Katie, 과연 그것이 좋은 일이기만 할까?
http://www.katiekazoo.com/

BL 3.0~3.5

Critter Club
Callie Barkley 지음 | 추리, 탐정, 친구
Amy와 친구들이 함께 만든 동물 보호소 Critter club
http://www.simonandschusterpublishing.com/critter-club/

BL 3.0~3.7

Judy Moody
Megan McDonald 지음 | 친구, 일상
천방지축 오르락 내리락 하는 변덕쟁이 기분파 Judy의 성장 이야기
http://www.judymoody.com/

BL 3.1~3.9

Ivy and Bean
Annie Barrows 지음 | 일상, 친구
겉보기에는 완전히 판이한 성격을 가진 두 소녀 Ivy와 Bean의 우정 이야기
http://www.chroniclebooks.com/landing-pages/ivyandbean/index.html

BL 3.1~3.9

Heidi Heckelbeck
Wanda Coven 지음 | 친구, 학교생활, 마법
8살 Heidi의 마법 능력은 가족 외에는 아무도 모른다. Heidi의 학교생활은 어떤 모습일까?
http://www.simonandschusterpublishing.com/heidi-heckelbeck/

BL 3.1~4.6

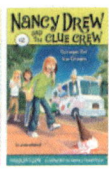

Nancy Drew and the Clue Crew
Carolyn Keene 지음 | 추리, 탐정
타고난 추리력으로 멋지게 사건을 해결하는 스마트한 Nancy의 대활약 이야기
http://www.nancydrewsleuth.com/thecluecrew.html

BL 3.2~3.9

Cam Jansen
David A. Adler 지음 | 추리, 탐정
카메라로 사진을 찍듯, 그 순간을 모두 기억해 내는 능력을 가진 5학년 Jennifer의 사건 해결 스토리
http://www.camjansen.com/

BL 3.2~4.3

Nancy Clancy
Jane O'Connor 지음 | 일상, 탐정
리더스북 〈Fancy Nancy〉의 주인공, Nancy가 나중에 커서
탐정사무소를 차리고 사건을 해결하는 이야기
http://www.fancynancyworld.com/books/

BL 3.3~5.1

Rainbow Magic
Daisy Meadows 지음 | 요정, 판타지, 마법
일곱 빛깔 무지개 요정들 이야기
http://play.rainbowmagiconline.com/

BL 3.4~4.1

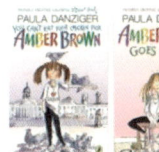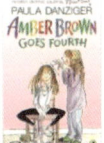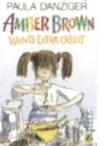

Amber Brown
Paula Danziger 지음 | 가족, 친구, 학교생활
평범한 10대 소녀 Amber가 부모의 이혼,
친구와의 이별 등을 겪으며 성장해 나가는 이야기

BL 3.7~4.1

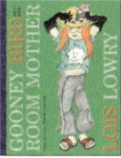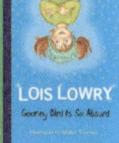

Gooney Bird
Lois Lowry 지음 | 친구, 학교생활
반에서 최고의 이야기꾼인 Gooney Bird의 특별한 학교생활
(뉴베리 상을 두 번 수상한 Lois Lowry의 작품)
http://www.loislowry.com/

BL 3.7~4.7

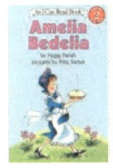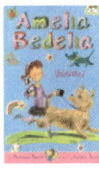

Amelia Bedelia Chapter Books
Peggy Parish 지음 | 일상
영어를 못하는 주인공 Amelia가 미국의 한 가정에
가사도우미로 일하게 되면서 벌어지는 좌충우돌 이야기
http://www.ameliabedeliabooks.com/

BL 3.9~4.7

Clementine
Sara Pennypacker 지음 | 일상
자유로운 영혼의 Clementine는 어른들의 기준으로는 착한
아이가 아니다. 그녀의 독특하고 창의적인 사고방식 이야기
http://www.sarapennypacker.com/

BL 4.0~

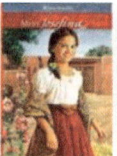  

American Girls
Susan Adler외 지음 | 역사, 시대물
1700~1900년대, 제각각 다른 시대를 살았던 12명의 여자 아이들 이야기
http://www.americangirl.com/shop/bookstore

BL 4.1~4.7

The Rescue Princesses
Paula Harrison 지음 | 공주, 모험, 동물
동갑내기 4명의 공주들이 어려움에 처한 동물들을 돌보기 위해 만든 모임 'Rescue Princesses' 이야기

BL 4.2~5.3

Just Grace
Charise Mericle Harper 지음 | 가족, 친구, 학교생활
'Just Grace'라고 불리는 주인공과 함께 하는 우정, 가족, 환경문제 등의 교훈적 이야기
http://www.hmhbooks.com/books/justgrace/

BL 4.2~5.4

  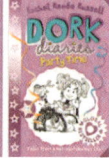

Dork Diaries
Rachel Renee Russell 지음 | 친구, 학교생활
중학교 1학년 Nikki의 일상을 솔직하게 보여주는 일기 형식의 챕터북
http://dorkdiaries.com/

2. 칼데콧 수상작 레벨별 추천 리스트

반디는 영어 습득을 위해 초등학교 1학년부터 원서를 보기 시작했다. 하지만 1년차, 즉 그림책과 리더스북 단계에 집중해야 할 이 시기에는 실질적으로 책을 직접 구입한 적이 별로 없다. 매일 1시간씩 책을 통한 집중듣기를 실천하고 있는데, 그림책만으로 인풋의 양을 채우기란 경제적 부담이 너무 컸기 때문이다(그림책은 하드커버에 컬러, 적은 페이지, 높은 종이질 때문에 가격이 높은 편이다). 더구나 반디는 반복을 너무 싫어하는 성향이라 같은 책을 두 번 보는 일도 드물었다. 그래서 1년 차에는 대체할 수 있는 방법으로 천 권 정도의 동화가 담겨 있는 멀티미디어 동화사이트를 이용했던 것이다.

세계적으로 유명한 그림책들의 경우에는 도서관을 이용하며 번역본으로 보았다(유명한 그림책은 대부분 우리말로 번역되어 있다). 앞서도 말했듯이 취학 전에 영어 노출을 완전히 배제하고 우리말 책을 몰아보았던 것은 우리말 실력이 탄탄할 때 영어 습득에도 힘이 되어 준다는 걸 믿었기 때문이다. 그렇다 보니 이 책에는 영어 그림책에 대한 내용이 드물다. '8살부터 시작하는 엄마표 영어'이기 때문에 그림책, 리더스북보다는 '챕터북'에 집중되어 있다.

나와 반디의 실천은 그랬지만 그림책 또한 원서로 접근하고 싶은 엄마들, 번역본이지만 좀 더 꼼꼼하게 책을 고르고 싶은 엄마들을 위한 '그림책 리스트'를 정리해보고 싶었다. 바로 그림책을 가까이 하는 부모들, 아이들이 잘 알고 있는 '칼데콧 수상작품'들이다. 그 양이 워낙 방대해서 우리말 번역본으로 출판된 것만 모았다. 번역되지 않은 작품, 수상연도가 많이 지난 작품들은 국내에서 구하기도 쉽지 않은 듯하다. 그림책이라고 해서 취학 전에만 봐야 하는 것은 아니다. 챕터북 시리즈 이상의 BL을 가지고 있는 책들도 다수 있다. 그래서 함께 참고할 수 있도록 WC$^{Word\ Count}$(단어수)도 담아 놓았다. 글자가 거의 없는 그림책의 경우 BL과 WC를 매기기 어려워, '글자 거의 없음'으로 표시했다.

Leave Me Alone!
(날 좀 그냥 내버려 둬!)
Vera Brosgol 지음 | 2017 Honor

They All Saw a Cat
(어떤 고양이가 보이니?)
Brendan Wenzel 지음 | 2017 Honor

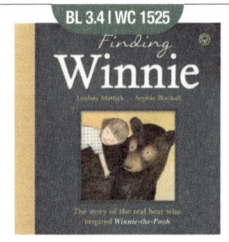

Finding Winnie: The True Story of the World's Most Famous Bear
(위니를 찾아서)
Sophie Blackall(그림), Lindsay Mattick(글) 지음 | 2016 Winner

Waiting
(조금만 기다려봐)
Kevin Henkes 지음 | 2016 Honor

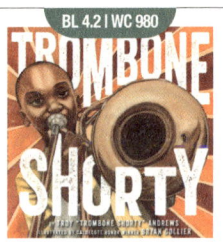

Trombone Shorty
(세상 모든 소리를 연주하는 트롬본 쇼티)
Bryan Collier(그림), Troy Andrews and published(글) 지음 | 2016 Honor

Last Stop on Market Street
(행복을 나르는 버스)
Christian Robinson(그림), Matt de la Pena(글) 지음 | 2016 Honor

The Adventures of Beekle : The Unimaginary Friend
(비클의 모험)
Dan Santat 지음 | 2015 Winner

Viva Frida
(프리다 칼로 나는 살아 있어요)
Yuyi Morales 지음 | 2015 Honor

Sam & Dave Dig a Hole
(샘과 데이브가 땅을 팠어요)
Jon Klassen(그림), Mac Barnett(글) 지음 | 2015 Honor

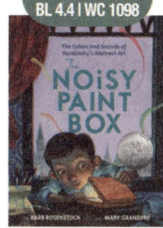

The Noisy Paint Box : The Colors and Sounds of Kandinsky's Abstract Art
(소리나는 물감 상자)
Mary GrandPre(그림), Barb Rosenstock(글) 지음 | 2015 Honor

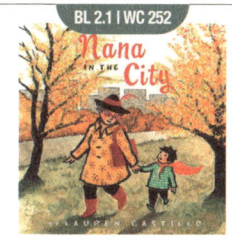

Nana in the City
(도시에 사는 우리 할머니)
Lauren Castillo 지음 | 2015 Honor

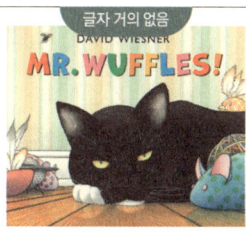

Mr. Wuffles!
(이봐요 까망씨)
David Wiesner 지음 | 2014 Honor

Journey
(머나먼 여행)
Aaron Becker 지음 | 2014 Honor

This is Not My Hat
(이건 내 모자가 아니야)
Jon Klassen 지음 | 2013 Winner

Creepy Carrots!
(오싹오싹 당근)
Peter Brown(그림), Aaron Reynolds(글) 지음 | 2013 Honor

Extra Yarn
(애너벨과 신기한 털실)

Jon Klassen(그림), Mac Barnett(글) 지음 | 2013 Honor

Green
(세상의 많고 많은 초록들)

Laura Vaccaro Seeger 지음 | 2013 Honor

One Cool Friend
(엘리엇에게 엉뚱한 친구가 생겼어요)

David Small(그림), Toni Buzzeo(글) 지음 | 2013 Honor

Sleep Like a Tiger
(깊은 밤 호랑이처럼)

Pamela Zagarenski(그림), Mary Logue(글) 지음 | 2013 Honor

A Ball for Daisy
(빨강 파랑 강아지 공)

Chris Raschka 지음 | 2012 Winner

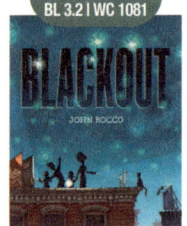

Blackout
(앗 깜깜해)

John Rocco 지음 | 2012 Honor

Grandpa Green
(할아버지의 이야기 나무)

Lane Smith 지음 | 2012 Honor

Me… Jane
(내 친구 제인)

Patrick McDonnell 지음 | 2012 Honor

A Sick Day for Amos McGee
(아모스 할아버지가 아픈 날)

Erin E. Stead(그림), Philip C. Stead(글) 지음 | 2011 Winner

Interrupting Chicken
(아빠 더 읽어 주세요)
David Ezra Stein 지음 | 2011 Honor

The Lion and the Mouse
(사자와 생쥐)
Jerry Pinkney 지음 | 2010 Winner

All the World
(온 세상을 노래해)
Marla Frazee(그림), Liz Garton Scanlon(글) 지음 | 2010 Honor

Red Sings from Treetops : A Year in Colors
(빨강이 나무에서 노래해요)
Pamela Zagarenski(그림), Joyce Sidman(글) 지음 | 2010 Honor

The House in the Night
(한밤에 우리 집은)
Beth Krommes(그림), Susan Marie Swanson(글) 지음 | 2009 Winner

A Couple of Boys Have the Best Week Ever
(최고로 멋진 놀이였어!)
Marla Frazee 지음 | 2009 Honor

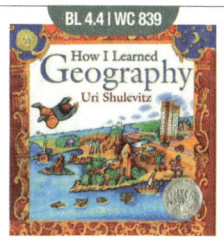

How I Learned Geography
(내가 만난 꿈의 지도)
Uri Shulevitz 지음 | 2009 Honor

A River of Words : The Story of William Carlos Williams
(시가 흐르는 강)
Melissa Sweet(그림), Jen Bryant(글) 지음 | 2009 Honor

The Invention of Hugo Cabret
(위고 카브레 : 자동인형을 깨워라)
Brian Selznick 지음 | 2008 Winner

Henry's Freedom Box
(헨리의 자유 상자)
Kadir Nelson(그림), Ellen Levine(글) 지음 | 2008 Honor

First the Egg
(무엇이 무엇이 먼저일까)
Laura Vaccaro Seeger 지음 | 2008 Honor

The Wall
(장벽)
Peter Sis 지음 | 2008 Honor

Knuffle Bunny Too : A Case of Mistaken Identity
(내 토끼가 사라졌어!)
Mo Willems 지음 | 2008 Honor

Flotsam
(시간 상자)
David Wiesner 지음 | 2007 Winner

Moses : When Harriet Tubman Led Her People to Freedom
(모세-세상을 바꾼 용감한 여성 해리엇 터브먼)
Kadir Nelson(그림), Carole Boston Weatherford(글) 지음 | 2007 Honor

The Hello, Goodbye Window
(안녕 빠이 빠이 창문)
Chris Raschka(그림), Norton Juster(글) 지음 | 2006 Winner

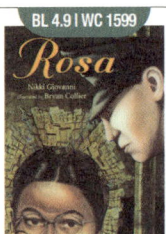

Rosa
(일어나요, 로자)
Bryan Collier(그림), Nikki Giovanni(글) 지음 | 2006 Honor

Zen Shorts
(달을 줄 걸 그랬어)
Jon J. Muth 지음 | 2006 Honor

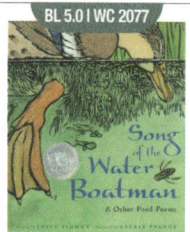

Hot Air : The Mostly True Story of the First Hot-Air Balloon Ride
(동물들은 왜 열기구를 탔을까)
Marjorie Priceman 지음 | 2006 Honor

Song of the Water Boatman and Other Pond Poems
(연못 이야기(봄 여름 가을 겨울))
Beckie Prange(그림), Joyce Sidman(글) 지음 | 2006 Honor

Kitten's First Full Moon
(달을 먹은 아기 고양이)
Kevin Henkes 지음 | 2005 Winner

The Red Book
(내가 나의 빨강 책)
Barbara Lehman 지음 | 2005 Honor

Coming on Home Soon
(엄마의 약속)
E.B, Lewis(그림), Jacqueline Woodson(글) 지음 | 2005 Honor

Knuffle Bunny : A Cautionary Tale
(내 토끼 어딨어? / 꼼므토끼)
Mo Willems 지음 | 2005 Honor

The Man Who Walked Between the Towers
(쌍둥이 빌딩 사이를 걸어간 남자)
Mordicai Gerstein 지음 | 2004 Winner

Ella Sarah Gets Dressed
(오늘은 무슨 옷을 입을까)
Margaret Chodos-Irvine 지음 | 2004 Honor

What Do You Do With a Tail Like This?
(이렇게 생긴 꼬리로 무엇을 할까요?)
Steve Jenkins, Robin Page 지음 | 2004 Honor

Don't Let the Pigeon Drive the Bus
(비둘기에게 버스 운전은 맡기지 마세요!)
Mo Willems 지음 | 2004 Honor

My Friend Rabbit
(내 친구 깡총이 / 날마다 말썽 하나!)
Eric Rohmann 지음 | 2003 Winner

The Spider and the Fly
(거미와 파리)
Tony DiTerlizzi(그림), Mary Howitt(글) 지음 | 2003 Honor

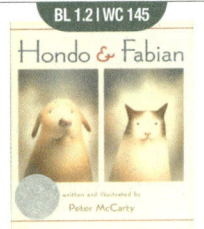

Hondo and Fabian
(바둑이와 야옹이 / 누렁이와 야옹이)
Peter McCarty 지음 | 2003 Honor

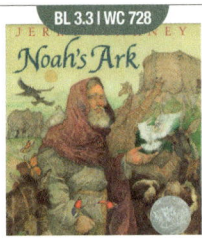

Noah's Ark
(노아의 방주)
Jerry Pinkney 지음 | 2003 Honor

The Three Pigs
(아기 돼지 세 마리)
by David Wiesner 지음 | 2002 Winner

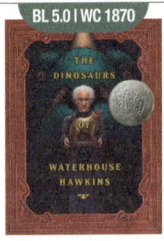

The Dinosaurs of Waterhouse Hawkins
(공룡을 사랑한 할아버지)
Brian Selznick(그림), Barbara Kerley(글) 지음 | 2002 Honor

Martin's Big Words: The Life of Dr. Martin Luther King, Jr.
(마틴 루터 킹)
Bryan Collier(그림), Doreen Rappaport(글) 지음 | 2002 Honor

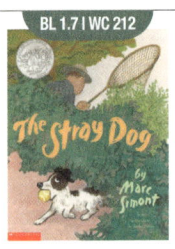

The Stray Dog : From a True Story by Reiko Sassa
(떠돌이 개)
Marc Simont 지음 | 2002 Honor

So You Want to Be President?
(대통령이 되고 싶다고?)
David Small(그림), Judith St. George(글) 지음 | 2001 Winner

Click, Clack, Moo: Cows that Type
(탁탁 톡톡 음매~ 젖소가 편지를 쓴대요)
Betsy Lewin(그림), Doreen Cronin(글) 지음 | 2001 Honor

Olivia
(그래도 엄마는 너를 사랑한단다)
Ian Falconer 지음 | 2001 Honor

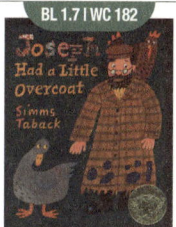

Joseph Had a Little Overcoat
(요셉의 작고 낡은 오버코트)
Simms Taback 지음 | 2000 Winner

A Child's Calendar
(어린이의 열두 달)
Trina Schart Hyman(그림), John Updike(글) 지음 | 2000 Honor

Sector 7
(구름공항)
David Wiesner 지음 | 2000 Honor

When Sophie Gets Angry : Really, Really Angry
(쏘피가 화나면 정말 정말 화나면)
Molly Bang 지음 | 2000 Honor

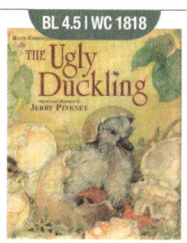

The Ugly Duckling
(미운 오리 새끼)
Jerry Pinkney(그림), Hans Christian Andersen(글) 지음 | 2000 Honor

Snowflake Bentley
(눈송이 박사 벤틀리)
Mary Azarian(그림), Jacqueline Briggs Martin(글) 지음 | 1999 Winner

Snow
(눈송이)
Uri Shulevitz 지음 | 1999 Honor

No, David!
(안돼, 데이빗)
U David Shannon 지음 | 1999 Honor

Tibet : Through the Red Box
(티베트)
Peter Sis 지음 | 1999 Honor

The Gardener
(리디아의 정원)
David Small(그림), Sarah Stewart(글) 지음 | 1998 Honor

There was an Old Lady Who Swallowed a Fly
(옛날 옛날에 파리 한 마리를 꿀꺽 삼킨 할머니가 살았는데요)
Simms Taback 지음 | 1998 Honor

Golem
(진흙 거인 골렘)
David Wisniewski 지음 | 1997 Winner

Hush! A Thai Lullaby
(쉿!)
Holly Meade(그림), Minfong Ho(글) 지음 | 1997 Honor

Starry Messenger : Galileo Galilei
(갈릴레오 갈릴레이)
Peter Sis 지음 | 1997 Honor

The Paperboy
(신문배달 소년)
Dav Pilkey 지음 | 1997 Honor

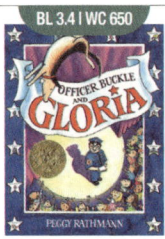
Officer Buckle and Gloria
(버클 경관과 글로리아)
Peggy Rathmann 지음 |
1996 Winner

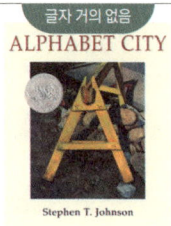
Alphabet City
(알파벳 도시)
Stephen T. Johnson 지음 |
1996 Honor

Zin! Zin! Zin! a Violin
(징! 징! 징! 바이올린)
Marjorie Priceman(그림),
Lloyd Moss(글) 지음 | 1996 Honor

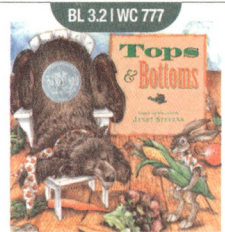
Tops and Bottoms
(위에 있는 것과 아래 있는 것)
Janet Stevens 지음 | 1996 Honor

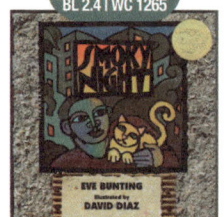
Smoky Night
(연기 자욱한 밤)
David Diaz(그림), Eve Bunting(글) 지음 | 1995 Winner

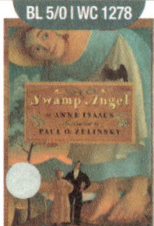
Swamp Angel
(세상에서 가장 큰 여자 아이 안젤리카)
Paul O. Zelinsky(그림),
Anne Issacs(글) 지음 | 1995 Honor

Time Flies
(이상한 자연사 박물관)
Eric Rohmann 지음 | 1995 Honor

Grandfather's Journey
(할아버지의 긴 여행)
Allen Say(그림), Walter Lorraine(글) 지음 | 1994 Winner

Peppe the Lamplighter
(페페, 가로등을 켜는 아이)
Ted Lewin(그림), Elisa Bartone(글) 지음 | 1994 Honor

In the Small, Small Pond
(조그맣고 조그만 연못에서)
Denise Fleming 지음 | 1994 Honor

Raven : A trickster Tale from the Pacific Northwest
(빛을 가져온 갈까마귀 : 북서태평양 옛이야기)
Gerald McDermott 지음 | 1994 Honor

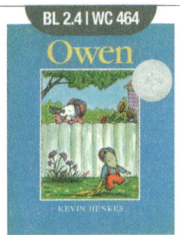

Owen
(내사랑 뿌뿌)
Kevin Henkes 지음 | 1994 Honor

Yo! Yes?
(친구는 좋아)
Chris Raschka(그림), Richard Jackson(글) 지음 | 1994 Honor

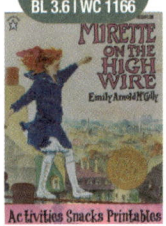

Mirette on the High Wire
(줄타기 곡예사 미레트)
Emily Arnold McCully 지음 | 1993 Winner

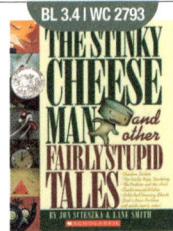

The Stinky Cheese Man and Other Fairly Stupid Tales
(냄새 고약한 치즈맨과 멍청한 이야기들)
Lane Smith(그림), Jon Scieszka(글) 지음 | 1993 Honor

Seven Blind Mice
(일곱 마리 눈먼 생쥐)
Ed Young 지음 | 1993 Honor

Tuesday
(이상한 화요일)
David Wiesner 지음 | 1992 Winner

Black and White
(검정과 하양)
David Macaulay 지음 | 1991 Winner

Puss in Boots
(장화 신은 고양이)
Fred Marcellin(그림), Charles Perraul(글) 지음 | 1991 Honor

"More More More" Said the Baby
(또, 또, 또 해주세요)
Vera B. Williams 지음 | 1991 Honor

Lon Po Po: A Red-Riding Hood Story from China
(론포포 : 중국의 빨간모자 이야기)
Ed Young 지음 | 1990 Winner

Color Zoo
(알록달록 동물원)
Lois Ehlert 지음 | 1990 Honor

Song and Dance Man
(멋쟁이 우리 할아버지)
Stephen Gammell(그림), Karen Ackerman(글) 지음 | 1989 Winner

Free Fall
(자유 낙하)
David Wiesner 지음 | 1989 Honor

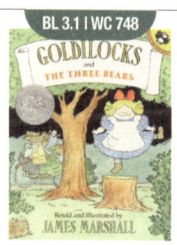

Goldilocks and the Three Bears
(골디락과 세 마리의 곰)
James Marshall 지음 | 1989 Honor

Mirandy and Brother Wind
(미랜디와 바람오빠)
Jerry Pinkney(그림), Patricia C. McKissack(글) 지음 | 1989 Honor

Owl Moon
(부엉이와 보름달)
John Schoenherr(그림), Jane Yolen(글) 지음 | 1988 Winner

Mufaro's Beautiful Daughters: An African Tale
(무파로의 아름다운 딸들)
John Steptoe 지음 | 1988 Winner

Hey, Al
(새가 된 청소부)
Richard Egielski(그림), Arthur Yorinks(글) 지음 | 1987 Winner

The Village of Round and Square Houses
(둥글고 네모난 집들이 있는 마을)
Ann Grifalconi 지음 | 1987 Honor

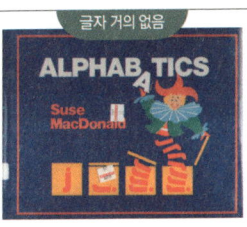

Alphabatics
(알파벳은 요술쟁이)
Suse MacDonald 지음 | 1987 Honor

Rumpelstiltskin
(룸펠슈틸츠헨)
Paul O. Zelinsky 지음 | 1987 Honor

The Polar Express
(북극으로 가는 기차)
Chris Van Allsburg 지음 | 1986 Winner

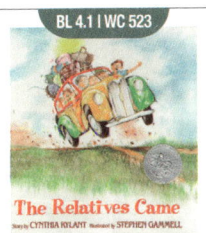

The Relatives Came
(친척들이 온대요)
Stephen Gammell(그림), Cynthia Rylant(글) 지음 | 1996 Honor

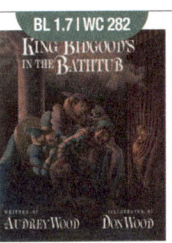

King Bidgood's in the Bathtub
(그런데 임금님이 꿈쩍도 안 해요!)
Don Wood(그림), Audrey Wood(글) 지음 | 1986 Honor

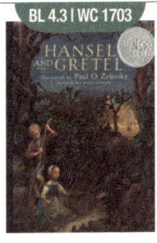

Hansel and Gretel
(헨젤과 그레텔)
Paul O. Zelinsky(그림), Rika Lesser(글) 지음 | 1985 Honor

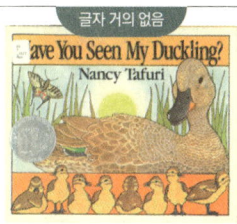

Have You Seen My Duckling?
(아기 오리는 어디로 갔을까요)
Nancy Tafuri 지음 | 1985 Honor

The Story of Jumping Mouse: A Native American Legend
(높이 뛰어라 생쥐)
John Steptoe 지음 | 1985 Honor

The Glorious Flight: Across the Channel with Louis Bleriot
(위대한 비행)
Alice & Martin Provensen 지음 | 1984 Winner

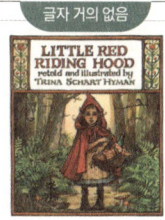

Little Red Riding Hood
(빨간 모자)
Trina Schart Hyman 지음 | 1984 Honor

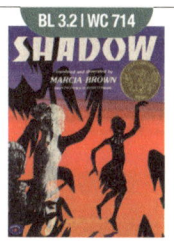

Shadow
(그림자)
Marcia Brown(그림), Blaise Cendrars(글) 지음 | 1983 Winner

A Chair for My Mother
(엄마의 의자)
Vera B. Williams 지음 | 1983 Honor

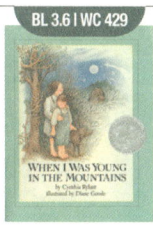

When I Was Young in the Mountains
(어릴 적 산골에서)
Diane Goode(그림), Cynthia Rylant(글) 지음 | 1983 Hono

Jumanji
(주만지)
Chris Van Allsburg 지음 | 1982 Winner

Where the Buffaloes Begin
(들소 소년)
Stephen Gammell(그림), Olaf Baker(글) 지음 | 1982 Honor

Outside Over There
(잃어버린 동생을 찾아서)
Maurice Sendak 지음 | 1982 Honor

Fables
(아놀드 로벨 우화)
Arnold Lobel 지음 | 1981 Winner

The Bremen-Town Musicians
(브레멘 음악대)
Ilse Plume 지음 | 1981 Honor

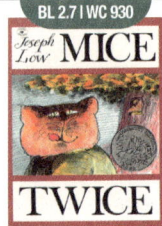

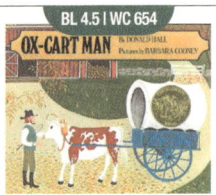

Mice Twice
(생쥐를 초대합니다)
Joseph Low 지음 | 1981 Honor

Truck
(트럭)
Donald Crews 지음 | 1999 Honor

Ox-Cart Man
(달구지를 끌고)
Barbara Cooney(그림), Donald Hall(글) 지음 | 1980 Winner

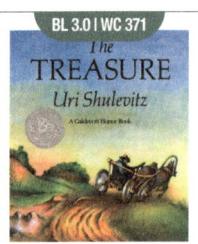

Ben's Trumpet
(벤의 트럼펫)
Rachel Isadora 지음 | 1980 Honor

The Garden Of Abdul Gasazi
(압둘 가사지의 정원)
Chris Van Allsburg 지음 | 1980 Honor

The Treasure
(보물)
Uri Shulevitz 지음 | 1980 Honor

The Girl Who Loved Wild Horses
(야생마를 사랑한 소녀)
Paul Goble 지음 | 1979 Winner

Freight Train
(화물열차)
Donald Crews 지음 | 1799 Honor

Noah's Ark
(노아의 방주)
Peter Spier 지음 | 1978 Winner

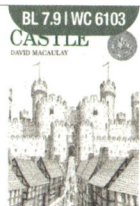

Castle
(성)
David Macaulay 지음 | 1978 Honor

It Could Always Be Worse
(우리 집은 너무 좁아)
Margot Zemach 지음 | 1978 Honor

The Amazing Bone
(멋진 뼈다귀)
William Steig 지음 | 1977 Honor

Why Mosquitoes Buzz in People's Ears
(모기는 왜 귓가에서 앵앵거릴까?)
Leo & Diane Dillon(그림), Verna Aardema(글) 지음 | 1976 Winner

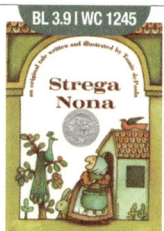

Strega Nona
(스트레가 노나)
Tomie de Paola 지음 | 1976 Honor

Arrow to the Sun
(태양으로 날아간 화살)
Gerald McDermott 지음 | 1975 Winner

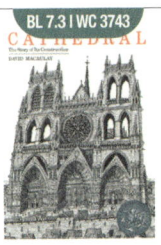

Cathedral
(고딕성당)
David Macaulay 지음 | 1974 Honor

The Funny Little Woman
(별나게 웃음 많은 아줌마)
Blair Lent(그림), Arlene Mosel(글) 지음 | 1973 Winner

Anansi the Spider: A Tale from the Ashanti
(거미 아난시)
Gerald McDermott 지음 | 1973 Honor

Snow-White and the Seven Dwarfs
(백설 공주와 일곱 난쟁이)
Nancy Ekholm Burkert(그림), Randall Jarrell 외 1명(글) 지음 | 1973 Honor

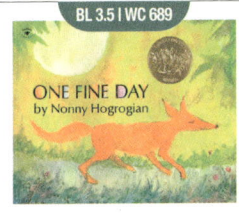

One Fine Day
(꼬리를 돌려 주세요)
Nonny Hogrogian 지음 | 1972 Winner

Hildilid's Night
(힐드리드 할머니와 밤)
Arnold Lobel(그림), Cheli Duran Ryan(글) 지음 | 1972 Honor

If All the Seas Were One Sea
(만일 이 세상 바다가 하나가 된다면)
Janina Domanska 지음 | 1972 Honor

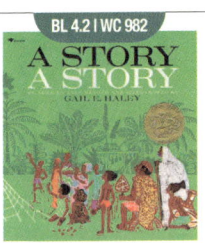

A Story A Story
(이야기 이야기)
Gail E. Haley 지음 | 1971 Winner

Frog and Toad are Friends
(개구리와 두꺼비는 친구)
Arnold Lobel 지음 | 1971 Honor

In the Night Kitchen
(깊은 밤 부엌에서)
Maurice Sendak 지음 | 1971 Honor

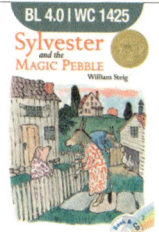
Sylvester and the Magic Pebble
(당나귀 실베스터와 요술 조약돌)
William Steig 지음 | 1970 Winner

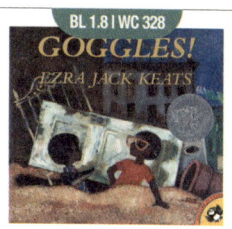
Goggles!
(피터의 안경)
Ezra Jack Keats 지음 | 1970 Honor

Alexander and the Wind-Up Mouse
(새앙쥐와 태엽쥐)
Leo Lionni 지음 | 1970 Honor

Thy Friend, Obadiah
(갈매기의 친구 오바디아)
Brinton Turkle 지음 | 1970 Honor

The Judge: An Untrue Tale
(어리석은 판사)
Margot Zemach(그림), Harve Zemach(글) 지음 | 1970 Honor

The Fool of the World and the Flying Ship
(세상에 둘도 없는 바보와 하늘을 나는 배)
Uri Shulevitz(그림), Arthur Ransome(글) 지음 | 1969 Winner

Drummer Hoff
(둥둥둥 북치는 병정!)
Ed Emberley(그림), Barbara Emberley(글) 지음 | 1968 Winner

Frederick
(프레드릭)
Leo Lionni 지음 | 1968 Honor

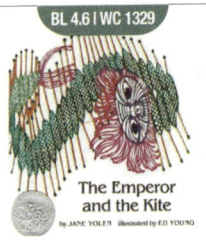

The Emperor and the Kite
(황제와 연)
Ed Young(그림), Jane Yolen(글) 지음 | 1968 Honor

Sam, Bangs & Moonshine
(고양이 뱅스가 사라진 날)
Evaline Ness 지음 | 1967 Winner

Always Room for One More
(세상에서 제일 넓은 집)
Nonny Hogrogian(그림), Sorche Nic Leodhas 외 1명(글) 지음 | 1966 Winner

Just Me
(바로 나처럼)
Marie Hall Ets 지음 | 1966 Honor

May I Bring a Friend?
(친구를 데려가도 될까요)
Beni Montresor(그림), Beatrice Schenk de Regniers(글) 지음 | 1965 Winner

Rain Makes Applesauce
(비는 사과 소스를 만들어요)
Marvin Bileck(그림), Julian Scheer(글) 지음 | 1965 Honor

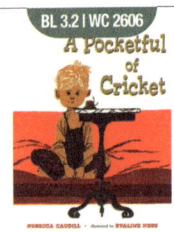

A Pocketful of Cricket
(호주머니 속의 귀뚜라미)
Evaline Ness(그림), Rebecca Caudill(글) 지음 | 1965 Honor

Where the Wild Things Are
(괴물들이 사는 나라)
Maurice Sendak 지음 | 1964 Winner

Swimmy
(으뜸 헤엄이)
Leo Lionni 지음 | 1964 Honor

The Snowy Day
(눈 오는 날)
Ezra Jack Keats 지음 | 1963 Winner

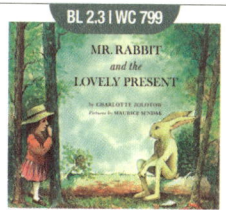

Mr. Rabbit and the Lovely Present
(토끼 아저씨와 멋진 생일 선물)
Maurice Sendak(그림), Charlotte(글) 지음 | 1963 Honor

Once a Mouse
(옛날에 생쥐 한 마리가 있었는데)
Marcia Brown 지음 | 1962 Winner

Fox Went out on a Chilly Night: An Old Song
(추운 밤에 여우가)
Peter Spier 지음 | 1962 Honor

Little Bear's Visit
(꼬마 곰의 방문)
Maurice Sendak(그림), Else H. Minarik(글) 지음 | 1962 Honor

Inch by Inch
(꼼틀꼼틀 자벌레)
Leo Lionni 지음 | 1961 Honor

Nine Days to Christmas
(크리스마스까지 아홉 밤)
Marie Hall Ets(그림, 글), Aurora Labastida(글) 지음 | 1960 Winner

Chanticleer and the Fox
(챈티클리어와 여우)
Barbara Cooney(그림), Chaucer's Canterbury Tales by Barbara Cooney(글) 지음 | 1959 Winner

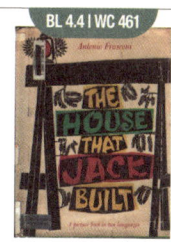

The House that Jack Built: La Maison Que Jacques A Batie
(잭이 지은 집에서 도대체 무슨 일이 일어났을까?)
Antonio Frasconi 지음 | 1959 Honor

What Do You Say, Dear?
(뭐라고 말해야 할까요?)
Maurice Sendak(그림), Sesyle Joslin(글) 지음 | 1959 Honor

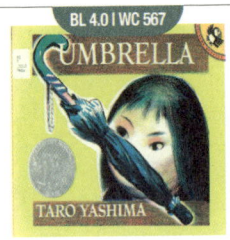
Umbrella
(우산)
Taro Yashim 지음 | 1959 Honor

Time of Wonder
(기적의 시간)
Robert McCloskey 지음 | 1958 Winner

Fly High, Fly Low
(날아라 함께!)
Don Freeman 지음 | 1958 Honor

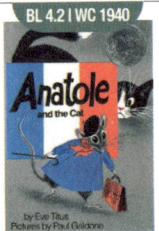
Anatole and the Cat
(아나톨과 고양이)
Paul Galdone(그림), Eve Titus(글) 지음 | 1958 Honor

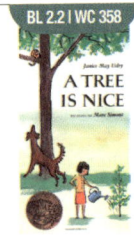
A Tree is Nice
(나무는 좋다)
Marc Simon(그림), Janice Udry(글) 지음 | 1957 Winner

1 is One
(1은 하나)
Tasha Tudor 지음 | 1957 Honor

Play With Me
(나랑 같이 놀자)
Marie Hall Ets 지음 | 1956 Honor

Crow Boy
(까마귀 소년)
Taro Yashima 지음 | 5699 Honor

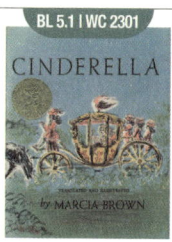

Cinderella, or the Little Glass Slipper
(신데렐라)
Marcia Brown(그림), Charles Perrault by Marcia Brown(글) 지음 | 1955 Winner

Madeline's Rescue
(마들린느와 쥬네비브)
Ludwig Bemelmans 지음 | 1954 Winner

A Very Special House
(아주아주 특별한 집)
Maurice Sendak(그림), Ruth Krauss(글) 지음 | 1954 Honor

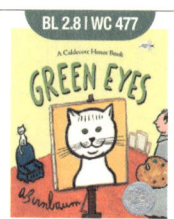

Green Eyes
(하양 고양이 초롱이)
A. Birnbaum 지음 | 1954 Honor

The Biggest Bear
(세상에서 가장 커다란 곰)
Lynd Ward 지음 | 1953 Winner

One Morning in Maine
(어느 날 아침)
Robert McCloskey 지음 | 1953 Honor

The Storm Book
(폭풍우가 몰려와요)
Margaret Bloy Graham(그림), Charlotte Zolotow(글) 지음 | 1953 Honor

Finders Keepers
(내 뼈다귀야!)
Nicolas, pseud(그림), Will, pseud(글) 지음 | 1952 Winner

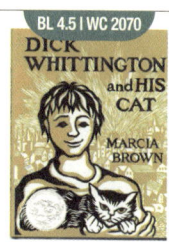

Dick Whittington and his Cat
(휘팅턴과 고양이)
Marcia Brown 지음 | 1951 Honor

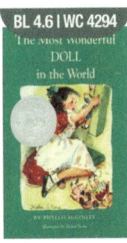

The Most Wonderful Doll in the World
(내 인형을 잃어버렸어요)
Helen Stone(그림), Phyllis McGinley(글) 지음 | 1951 Honor

The Happy Day
(코를 '쿵쿵')
Marc Simont(그림), Ruth Krauss(글) 지음 | 1950 Honor

The Big Snow
(큰 눈 내린 숲 속에는)
Berta & Elmer Hader 지음 | 1949 Winner

White Snow, Bright Snow
(하얀 눈 환한 눈)
Roger Duvoisin (그림) Alvin Tresselt (글) 지음 | 1948 Winner

Stone Soup
(돌멩이 수프)
Marcia Brown 지음 | 1948 Honor

Prayer for a Child
(어린이를 위한 기도)
Elizabeth Orton Jones(그림), Rachel Field(글) 지음 |
1945 Winner

In the Forest
(숲 속에서)
Marie Hall Ets 지음 | 1945 Honor

Many Moons
(아주 아주 많은 달)
Louis Slobodkin(그림), James Thurber(글) 지음 | 1944 Winner

A Child's Good Night Book
(모두 잠이 들어요)
Jean Charlot(그림), Margaret Wise Brown(글) 지음 | 1944 Honor

The Little House
(작은 집 이야기)
Virginia Lee Burton 지음 |
1943 Winner

Marshmallow
(작은 토끼 마시멜로)
Clare Turlay Newberry 지음 |
1943 Honor

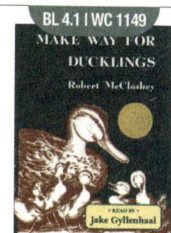

Make Way for Ducklings
(아기 오리들한테 길을 비켜 주세요)
Robert McCloskey 지음 |
1942 Winner

Nothing At All
(투명 강아지 아무개의 마법)
Wanda Gag 지음 | 1942 Honor

April's Kittens
(에이프릴의 고양이)
Clare Turlay Newberry 지음 |
1941 Honor

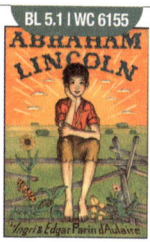

Abraham Lincoln
(에이브러햄 링컨)
Ingri & Edgar Parin d'Aulaire 지음 |
1940 Winner

Madeline
(씩씩한 마들린느)
Ludwig Bemelmans 지음 | 1940
Honor

Andy and the Lion
(앤디와 사자)
James Daugherty 지음 | 1939
Honor

3. 미국 공영라디오방송이 선정한 9~14세 필독서 100권

미국은 때대로 공신력 있는 기관, 대형 온라인 서점 등에서 다양한 주제로 'Top 100 Books List'를 발표한다. '제대로 엄마표 영어'를 진행하기 위해서는 긴 시간 아이들이 제 나이에 맞는 책으로 좋은 문장을 담은 책(원서)을 골라 매일매일 꾸준히 읽어주는 것이 무엇보다 중요하다. 영어를 직접 가르칠 수 없는 엄마, 영어를 못하는 엄마이지만 아이에게 좋은 영어책을 골라주는 정도는 할 수 있다. 아이의 성향이나 독서 능력을 고려해서 책을 골라줄 수 있는 사람은 바로 '엄마'가 적격이다.

원서 전문 서점 사이트를 방문하거나 언론에 발표되는 리스트들을 참고하면 눈에 자주 뜨이는 책들이 생길 것이다. 또한 꼬리에 꼬리를 무는 검색을 하다 보면 '내 아이에게 맞는 책'을 고르는 요령을 터득하게 될 것이다.

지금부터 '내 아이만을 위한 추천도서 목록'을 만들 때 요긴하게 참고할 수 있는 리스트들을 소개한다. 먼저 첫 번째로 '미국 공영 라디오 방송이 선정한 9~14세 필독서'NPR 100 Must-Reads for Kids 9-14' 100권 목록이다. NPR National Public Radio(미국 공영 라디오 방송)에서는 다양한 버전의 필독서를 선정해서 발표하고 있다. 이 책에서 소개하는 리스트는 2013년 8월에 발표한 원어민 기준 9~14세까지의 아이들을 위한 필독서 100권이다. 장르별로 책을 구분해 놓았고 뉴베리 수상작품이 다수 포함되어 있다.

American Stories

미국의 다양한 모습을 배경으로 한 이야기

The Absolutely True Diary of a Part-Time Indian
(짝퉁 인디언의 생짜 일기)
Sherman Alexie 지음 | 229쪽

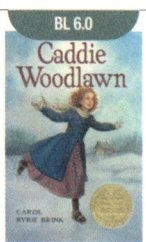

Caddie Woodlawn
(말괄량이 서부 소녀 캐디)
Carol Ryrie Brink 지음 | 1936 뉴베리상 | 275쪽

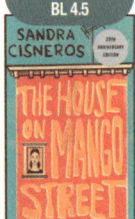

The House on Mango Street
(망고 스트리트)
Sandra Cisneros 지음 | 110쪽

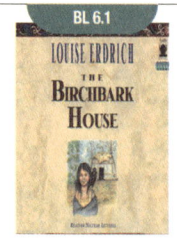

The Birchbark House
Louise Erdrich 지음 | 244쪽

To Kill a Mockingbird
(앵무새 죽이기)
Harper Lee 지음 | 323쪽

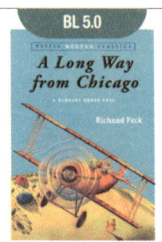

A Long Way from Chicago
(일곱 번의 여름과 괴짜 할머니)
Richard Peck 지음 | 1999 뉴베리상 | 148쪽

Esperanza Rising
(에스페란사의 골짜기)
Pam Munoz Ryan 지음 | 262쪽

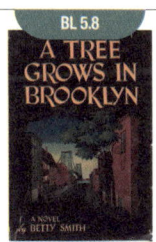

A Tree Grows in Brooklyn
(나를 있게 한 모든 것들)
Betty Smith 지음 | 493쪽

The Witch of Blackbird Pond
(검정새 연못의 마녀)
Elizabeth George Speare 지음 | 1959 뉴베리상 | 249쪽

Roll Of Thunder, Hear My Cry
(천둥아, 내 외침을 들어라!)
Mildred D. Taylor 지음 | 1977 뉴베리상 | 276쪽

All-Of-A-Kind Family Series 5권
Sydney Taylor 지음 | 시리즈물

Little House Series 9권
(초원의 집)
Laura Ingalls Wilder 지음 | 시리즈물

Animal Kingdom

동물이 주인공인 이야기

Watership Down
(워터십 다운의 열한 마리 토끼)
Richard Adams 지음 | 476쪽

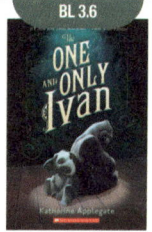

The One and Only Ivan
(세상에 단 하나뿐인 아이반)
Katherine Applegate 지음 | 305쪽

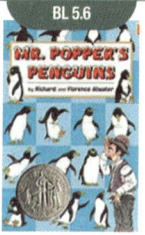

Mr. Popper's Penguins
(파퍼 씨의 12마리 펭귄)
Richard Atwater 외 1명 지음 | 1939 뉴베리상 | 138쪽

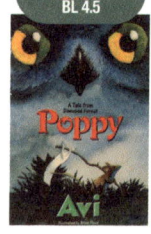

Poppy
(어두운 숲 속에서)
Avi 지음 | 147쪽

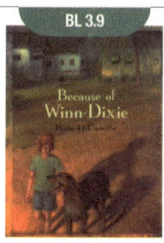

Because of Winn-Dixie
(내 친구 윈딕시)
Kate DiCamillo 지음 | 2001 뉴베리상 | 182쪽

Misty of Chincoteague
(미스티 – 신커티그 섬의 안개)
Marguerite Henry 지음 | 1948 뉴베리상 | 173쪽

Bunnicula : A Rabbit-Tale of Mystery
James Howe 외 1명 지음 | 96쪽

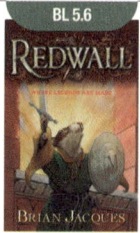

The Redwall
Brian Jacques 지음 | 351쪽

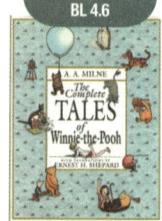

Complete Tales of Winnie the Pooh
(위니 더 푸우)
A. A. Milne 지음 | 344쪽

Mrs. Frisby and the Rats of NIMH
(니임의 비밀)
Robert C. O'Brien 지음 | 1972 뉴베리상 | 233쪽

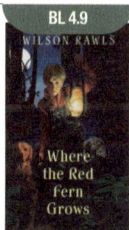

Where the Red Fern Grows
(나의 올드 댄 나의 리틀 앤)
Wilson Rawls 지음 | 212쪽

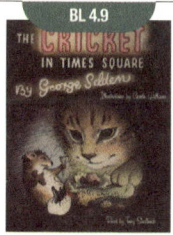

The Cricket in Times Square
(뉴욕에 간 귀뚜라미 체스터)
George Selden and Garth Williams 지음 | 1961 뉴베리상 | 149쪽

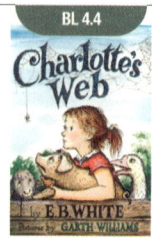

Charlotte's Web
(샬롯의 거미줄)
E. B. White 지음 | 1953 뉴베리상 | 184쪽

Everyday Magic

주인공의 마법 때문에 벌어지는 신비한 이야기

Tuck Everlasting
Natalie Babbitt 지음 | 148쪽

James and the Giant Peach
(제임스와 슈퍼 복숭아)
Roald Dahl 지음 | 146쪽

Half Magic
(반쪽 마법)
Edward Eager 지음 | 192쪽

The Graveyard Book
(그레이브야드 북)
Neil Gaiman 지음 | 2009 뉴베리상 | 336쪽

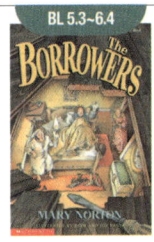

The Borrowers Series 5권
(마루 밑 바로우어즈)
Mary Norton 지음 | 시리즈물

Harry Potter series 7권
(해리포터)
J.K. Rowling 지음 | 시리즈물

A Series of Unfortunate Events Books 13
(레모니 스니켓의 위험한 대결)
Lemony Snicket 지음 | 시리즈물

Mary Poppins
(우산 타고 날아온 메리 포핀스)
P. L. Travers 지음 | 202쪽

Fantasy Worlds

아이의 상상력을 키워주는 판타지 소설

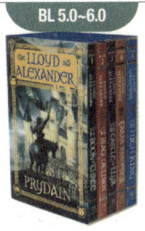

The Chronicles of Prydain series 5권
Lloyd Alexander 지음 | 1966 뉴베리상(2권) / 시리즈물

Peter Pan
(피터팬)
J. M. Barrie 지음 | 288쪽

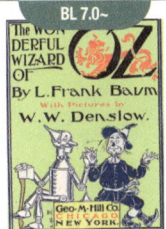

Oz series 5권
(오즈의 마법사)
L. Frank Baum 지음 | 시리즈물

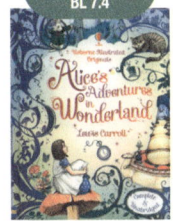

Alice's Adventures in Wonderland
(이상한 나라의 앨리스)
Lewis Carroll 지음 | 176쪽

The City of Ember
(시티 오브 엠버)
Jeanne Duprau 지음 | 270쪽

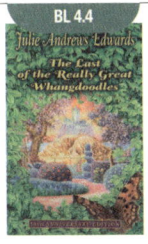

The Last of the Really Great Whangdoodles
(황두들)
Julie Edwards 지음 | 277쪽

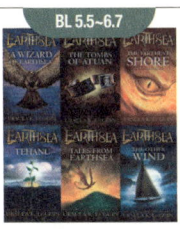

The Earthsea Cycle series 6권
(어스시 연대기)
Ursula K. Le Guin 지음 | 시리즈물

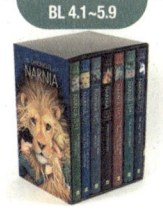

Chronicles of Narnia series 7권
(나니아 연대기)
C.S. Lewis 지음 | 시리즈물

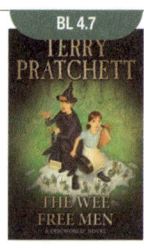

The Giver
(기억의 전달자)
Lois Lowry 지음 | 1994 뉴베리상 | 179쪽

The Wee Free Men
(꼬마 마녀 티파니)
Terry Pratchett 지음 | 375쪽

His Dark Materials series 3권
(황금 나침반)
Philip Pullman 지음 | 시리즈물

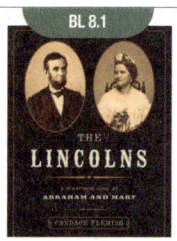

The Hobbit
(호빗)
J.R.R. Tolkien 지음 | 320쪽

Biography, History
역사적으로 길이 기억되는 위인 이야기

The Lincolns ; A Scrapbook Look at Abraham and Mary
Candace Fleming 지음 | 181쪽

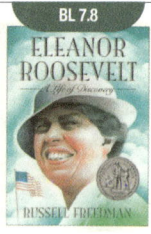

Anne Frank: The Diary of a Young Girl
(안네의 일기)
Anne Frank 지음 | 283쪽

Eleanor Roosevelt : A Life of Discovery
Russell Freedman 지음 | 198쪽

Bomb
(원자폭탄)
Steve Sheinkin 지음 | 266쪽

Graphic Novels

만화와 소설의
중간 형식으로
텍스트가 적은 책

The Bone Series
Jeff Smith 지음

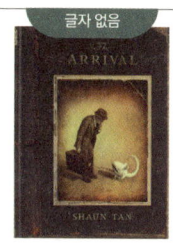

The Arrival
(도착)
Shaun Tan 지음

American Born Chinese
(진과 대니)
Gene Luen Yang 지음 | 233쪽

Good for a Laugh

웃음이 터지는
재미있는 이야기

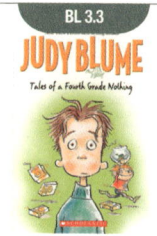

Tales of a Fourth Grade Nothing
(별 볼 일 없는 4학년)
Judy Blume 지음 | 120쪽

Matilda
(마틸다)
Roald Dahl 지음 | 232쪽

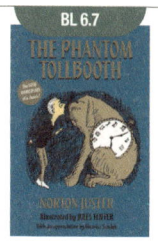

The Phantom Tollbooth
(팬텀 톨부스)
Norton Juster and Jules Feiffer 지음 | 256쪽

Diary of a Wimpy Kid series 6권
(윔피키드)
Jeff Kinney 지음

● 부록

369

Myths, Fairy Tales

아이를 환상의
세계로 초대하는
신화 동화

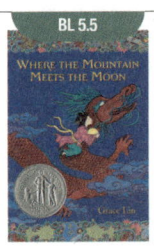
BL 5.5

Where the Mountain Meets the Moon
(산과 달이 만나는 곳)
Grace Lin 지음 | 2010 뉴베리상 | 278쪽

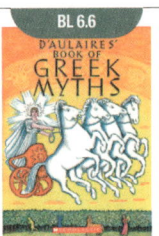
BL 6.6

D'Aulaires' Book of Greek Myths
(그리스 신화)
Ingri D'Aulaire 외 1명 지음 | 192쪽

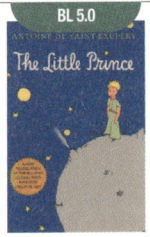
BL 5.0

The Little Prince
(어린 왕자)
Antoine de Saint-Exupery 지음 | 83p

BL 5.6

Ella Enchanted
(마법에 걸린 엘라)
Gail Carson Levine 지음 | 1998 뉴베리상 | 232쪽

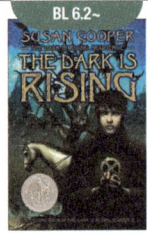
BL 6.2~

The Dark is Rising series 5권
(어둠이 떠오른다)
Susan Cooper 지음 | 시리즈물

BL 4.1~4.7

Percy Jackson and the Olympians series 5권
(퍼시 잭슨과 올림포스의 신)
Rick Riordan 지음 | 시리즈물

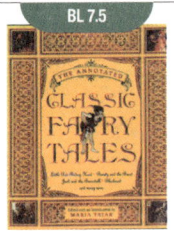
BL 7.5

The Annotated Classic Fairy Tales
(주석 달린 고전 동화집)
Maria Tatar 지음 | 445p

BL 7.5

The Sword in the Stone
T.H. White 지음 | 256쪽

Mysteries Thrillers

아이의
호기심을 자극하는
미스터리물

The Wolves of Willoughby Chase
(윌러비 언덕의 늑대들)
Joan Aiken 지음 | 168쪽

The House with a Clock in Its Walls
John Bellairs 지음 | 179쪽

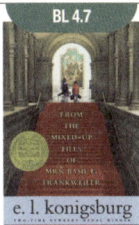

From the Mixed-Up Files of Mrs. Basil E. Frankweiler
(클로디아의 비밀)
E.L. Konigsburg 지음 | 1968 뉴베리상 | 162쪽

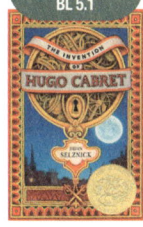

The Invention of Hugo Cabret : A Novel in Words and Pictures
(위고 카브레)
Brian Selznick 지음 | 533쪽

When You Reach Me
(어느 날 미란다에서 생긴 일)
Rebecca Stead 지음 | 2010 뉴베리상 | 199쪽

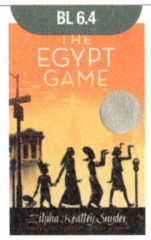

The Egypt Game
(이집트 게임)
Zilpha Keatley Snyder 지음 | 1968 뉴베리상 | 215쪽

Friendships and Finding Your Place

일상의 소중함,
우정을 다시 되새기는
이야기

The Strange Case of Origami Yoda
(종이인형 요다)
Tom Angleberger 지음 | 141쪽

부록

371

Are You There God? It's Me, Margaret
(안녕하세요 하느님? 저 마거릿이에요)
Judy Blume 지음 | 149쪽

The Secret Garden
(비밀의 정원)
Frances Hodgson Burnett 지음 | 320쪽

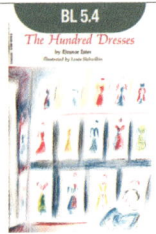

The Hundred Dresses
(내겐 드레스 백 벌이 있어)
Sherman Alexie 지음 | 1945 뉴베리상 | 80쪽

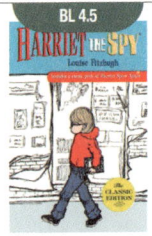

Harriet the Spy
(탐정 해리엇)
Louise Fitzhugh 지음 | 200쪽

Wonder
(아름다운 아이)
R.J. Palacio 지음 | 315쪽

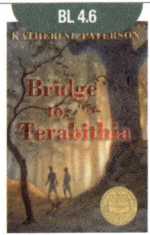

Bridge to Terabithia
(비밀의 숲 테라비시아)
Katherine Patterson 지음 | 1978 뉴베리상 | 128쪽

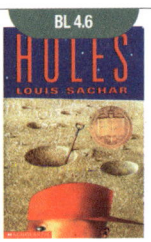

Holes
(구덩이)
Louis Sachar 지음 | 1999 뉴베리상 | 233쪽

Okay for Now
(그래도 오케이!)
Gary D. Schmidt 지음 | 360쪽

Maniac Magee
(하늘을 달리는 아이)
Jerry Spinelli 지음 | 1991 뉴베리상 | 184쪽

Survival and Adventure

아이가 푹 빠져
재미있게 읽는
모험 이야기

My Side of the Mountain
(나의 산에서)
Jean Craighead George 지음 |
1960 뉴베리상 | 177쪽

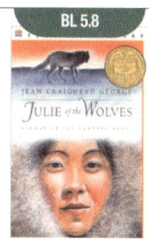

Julie of the Wolves
(줄리와 늑대)
Jean Craighead George 지음 |1973
뉴베리상 | 170쪽

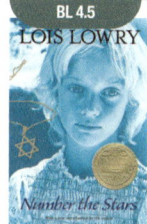

Number the Stars
(별을 헤아리며)
Lois Lowry 지음 | 1990 뉴베리상 |
137쪽

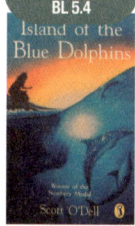

Island of the Blue Dolphins
(푸른 돌고래 섬)
Scott O'Dell 지음 | 1961 뉴베리상 |
177쪽

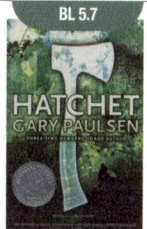

Hatchet
(손도끼)
Gary Paulsen 지음 | 1988 뉴베리 |
186쪽

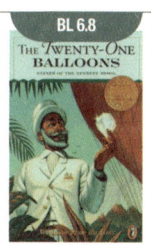

The Twenty-one Balloons
(21개의 열기구)
William Pene Du Bois 지음 | 1948
뉴베리상 | 179쪽

Family Life

가족을
돌아보게 해주는
이야기

Little Women
(작은 아씨들)
Louisa May Alcott 지음 | 537쪽

One Crazy Summer
Rita Williams-Garcia 지음 | 2011 뉴베리상 | 218쪽

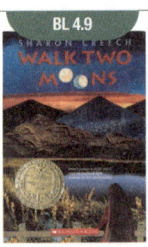

Walk Two Moons
(두 개의 달 위를 걷다)
Sharon Creech 지음 | 1995 뉴베리상 | 280쪽

The Watsons Go to Birmingham 1963
(왓슨 가족, 버밍햄에 가다)
Christopher Paul Curtis 지음 | 1996 뉴베리상 | 210쪽

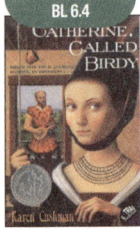

Catherine, Called Birdy
(소녀, 발칙하다)
Karen Cushman 지음 | 1995 뉴베리상 | 169쪽

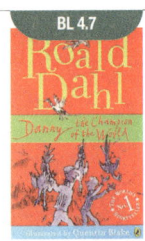

Danny the Champion of the World
(우리의 챔피언 대니)
Roald Dahl 지음 | ?205쪽

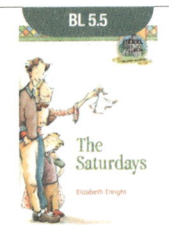

The Saturdays
Elizabeth Enright 지음 | 177쪽

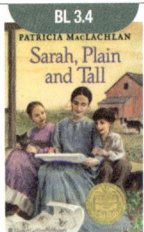

Sarah, Plain and Tall
(키가 크고 수수한 새라 아줌마)
Patricia MacLachlan 지음 | 1986 뉴베리상 | 58쪽

Anne of Green Gables series 8권
(그린 게이블즈 빨강머리 앤)
L.M. Montgomery 지음 | 시리즈물

Ramona series 8권
Beverly Cleary 지음 | 1978, 1982 뉴베리상 | 시리즈물

Science Fiction, Poetry

탐구력을 길러주는
과학 이야기와
감수성을 자극하는 시

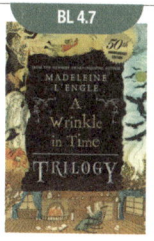

A Wrinkle in Time
(시간의 주름)
Madeleine L'Engle 지음 | 1963 뉴베리 | 245쪽

Ender's Game Series 9권
(엔더의 게임)
Orson Scott Card 지음 | 시리즈물

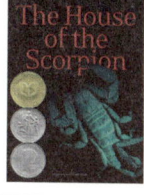

The House of the Scorpion
(전갈의 아이)
Nancy Farmer 지음 | 2003 뉴베리상 | 380쪽

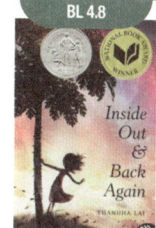

Inside Out & Back Again
Thanhha Lai 지음 | 262쪽

미국 공영라디오방송이 선정한 9~14세 필독서 전체 보기

https://www.npr.org/templates/story/story.php?storyId=207315023

4. 타임지가 선정한 청소년책 100권

타임지가 청소년과 어린이를 위한 최고의 책을 각각 100권씩 선정해서 발표했다. 먼저 청소년을 위한 리스트 Time_The 100 Best Young Adult Books of All Time를 소개한다. 국내 미출간된 책들은 원서 제목만 밝혔다. 앞서 소개한 '미국 공영 라디오방송 선정 9~14세 필독서'와 중복되는 책들이 많이 보인다. 중복되는 책들은 모든 필독서 리스트에 빠지지 않고 등장하는 책들이니 가능한 꼭 챙겨보길 추천한다. 이곳 리스트에는 중복된 43편을 제외한 나머지 57편을 정리했다. 중복된 43편은 제목만 정리했으므로, 앞장에 소개한 미국 공영 라디오방송 필독서를 참고하길 바란다. 이밖에도 미국 최대 규모의 교원단체인 '전미 교육 협회NEA : National Education Association', 아이들 책 추천사에 빠지지 않고 등장하는 'School Library Journal' 등에서 추천하는 도서 목록도 큰 도움이 된다.

The Book Thief
(책도둑)
Markus Zusak 지음 | 552쪽

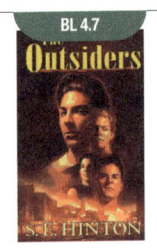

The Outsiders
(아웃사이더)
S.E. Hinton 지음 | 180쪽

Monster
Walter Dean Myers 지음 | 279쪽

Looking For Alaska
(알래스카를 찾아서)
John Green 지음 | 221쪽

The Curious Incident of the Dog in the Night–Time
(한밤중에 개에게 일어난 의문의 사건)
Mark Haddon 지음 | 226쪽

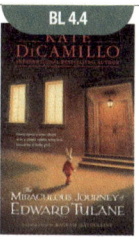

The Miraculous Journey of Edward Tulane
(에드워드 툴레인의 신기한 여행)
Kate DiCamillo 지음 | 198쪽

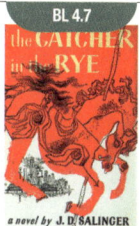

The Catcher in the Rye
(호밀밭의 파수꾼)
J.D. Salinger 지음 | 214쪽

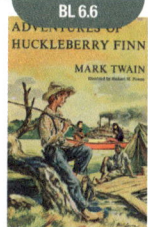

The Adventures of Huckleberry Finn
(허클베리 핀의 모험)
Twain, Mark 지음 | 279쪽

Lord of the Flies
(파리대왕)
William Golding 지음 | 187쪽

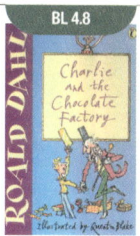

Charlie and the Chocolate Factory
(찰리와 초콜릿 공장)
Roald Dahl 지음 | 176쪽

The Call of the Wild
(황야의 부루짖음)
Jack London 지음 | 260쪽

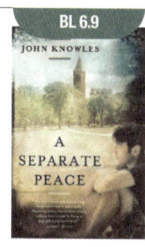

A Separate Peace
(분리된 평화)
John Knowles 지음 | 196쪽

The Chocolate War
(초콜릿 전쟁)
Robert Cormier 지음 | 191쪽

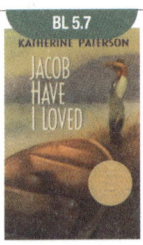

Jacob Have I Loved
(내가 사랑한 야곱)
Katherine Paterson 지음 | 1981 뉴베리상 | 224쪽

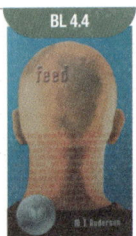

Feed
(피드)
M.T. Anderson 지음 | 237쪽

The Alchemyst
Michael Scott 지음 | 375쪽

The Princess Bride
(공주를 찾아서)
William Goldman 지음 | 339쪽

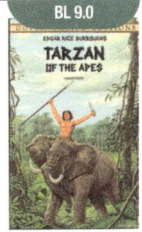

Tarzan of the Apes
Edgar Rice Burroughs 지음 | 280쪽

Johnny Tremain
Esther Forbes 지음 | 293쪽

The Westing Game
(웨스팅 게임)
Ellen Raskin 지음 | 216쪽

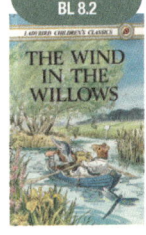

The Wind in the Willows
(버드나무에 부는 바람)
Kenneth Grahame 지음 | 305쪽

Speak
(말해 봐)
Laurie Halse Anderson 지음 | 198쪽

The Fault in Our Stars
(잘못은 우리 별에 있어)
John Green 지음 | 318쪽

A Northern Light
Jennifer Donnelly 지음 | 389쪽

The Yearling
(아기사슴 플랙)
Marjorie Rawlings 지음 | 509쪽

Hunger Games Trilogy
(헝거 게임)
Suzanne Collins 지음 | 374쪽

For Freedom
Kimberly Brubaker Bradley 지음 | 181쪽

A Monster Calls
(몬스터 콜스)
Patrick Ness 지음 | 205쪽

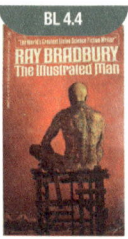

The Illustrated Man
(일러스트레이티드 맨)
Ray Bradbury 지음 | 275쪽

A Wreath for Emmett Till
Marilyn Nelson 지음 | 40쪽

● 부록

Every Day
David Levithan 지음 | 324쪽

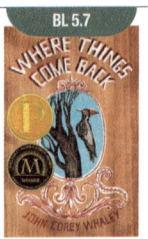

Where Things Come Back
(모든 것이 돌아오는 곳)
John Corey Whaley 지음 | 228쪽

Blankets
Craig Thompson 지음 | 582쪽

Private Peaceful
(굿바이, 찰리 피스풀)
Michael Morpurgo 지음 | 202쪽

Dangerous Angels
Francesca Lia Block 지음 | 486p

Frindle
(프린들 주세요)
Andrew Clements 지음 | 105쪽

Boxers and Saints
Gene Luen Yang 지음 | 336p

City of the Beasts
(야수의 도시)
Isabel Allende 지음 | 406쪽

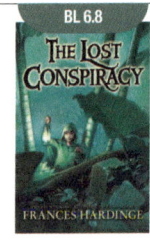

The Lost Conspiracy
Frances Hardinge 지음 | 568쪽

Dogsbody
Diana Wynne Jones 지음 | 261쪽

The Pigman
Paul Zindel 지음 | 158쪽

Alabama Moon
Watt Key 지음 | 294쪽

The Knife of Never Letting Go
(절대 놓을 수 없는 칼)
Patrick Ness 지음 | 479쪽

Boy Proof
Cecil Castellucci 지음 | 203쪽

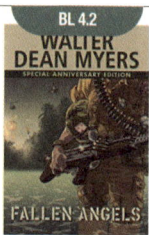

Fallen Angels
Walter Dean Myers 지음 | 309쪽

The Tiger Rising
(날아오르는 호랑이처럼)
Kate DiCamillo 지음 | 116쪽

Saffy's Angel
(새피의 천사)
Hilary McKay 지음 | 152쪽

The Thief Lord
Cornelia Funke 지음 | 349쪽

The Mysterious Benedict Society
Trenton Lee Stewart 지음 | 485쪽

Sabriel
(고왕국기)
Garth Nix 지음 | 491쪽

Tiger Lily
Jodi Lynn Anderson 지음 | 292쪽

Secret Series
Pseudonymous Bosch 지음

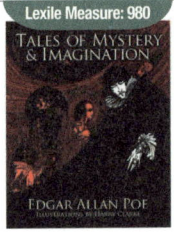

Tales of Mystery and Imagination
Edgar Allan Poe 지음

Whale Talk
Chris Crutcher 지음 | 220쪽

Twilight
(트와일라잇)
Stephenie Meyer 지음 | 498쪽

A High Wind in Jamaica
Richard Hughes 지음 | 279쪽

Lord of the Rings
(반지의 제왕)
J.R.R. Tolkien 지음 | 시리즈물

미국 공영라디오방송이 선정한 9~14세 필독서 리스트와 중복되는 책 43권

- The Absolutely True Diary of a Part-Time Indian (짝퉁 인디언의 생짜 일기)
- Harry Potter and the Philosopher's Stone (해리포터)
- A Wrinkle in Time (시간의 주름)
- Charlotte's Web (샬롯의 거미줄)
- Holes (구덩이)
- Matilda (마틸다)
- The Phantom Tollbooth (팬텀 톨부스)
- The Giver (기억의 전달자)
- Are You There God? It's Me, Margare (안녕하세요 하느님? 저 마거릿이에요)
- To Kill a Mockingbird (앵무새 죽이기)
- Roll Of Thunder, Hear My Cry (천둥아, 내 외침을 들어라!)
- Anne of Green Gables (그린 게이블즈 빨강머리 앤)
- The Chronicles of Narnia (나니아 연대기)
- The Golden Compass
- Anne Frank: The Diary of a Young Girl (안네의 일기)
- From the Mixed-Up Files of Mrs. Basil E. Frankweiler (클로디아의 비밀)
- Little House on the Prairie
- Wonder (아름다운 아이)
- The Sword in the Stone
- Little Women (작은 아씨들)

- The Hobbit (호빗)
- The Wonderful Wizard of Oz (오즈의 마법사)
- Alice's Adventures in Wonderland (이상한 나라의 앨리스)
- Bridge to Terabithia (비밀의 숲 테라비시아)
- Harriet the Spy (탐정 해리엇)
- A Series of Unfortunate Event Series
- Hatchet (손도끼)
- Beezus and Ramona
- Mary Poppins (우산 타고 날아온 메리 포핀스)
- The Wall: Growing Up Behind the Iron Curtain
- Percy Jackson and the Olympians (퍼시 잭슨과 올림포스의 신)
- Number the Stars (별을 헤아리며)
- The Witch of Blackbird Pond (검정새 연못의 마녀)
- The Graveyard Book (그레이브야드 북)
- American Born Chinese (진과 대니)
- Esperanza Rising (에스페란사의 골짜기)
- When You Reach Me (어느 날 미란다에서 생긴 일)
- The Grey King
- Mrs. Frisby and the Rats of NIMH (니임의 비밀)
- The Invention of Hugo Cabret (위고 카브레 : 자동인형을 깨워라)
- The Wizard of Earth Sea
- The Chronicles of Prydian

• Danny, the Champion of the World

타임지가 선정한 청소년책 100권 전체 보기

 http://time.com/100-best-young-adult-books/

5. 타임지가 선정한 어린이책 100권

타임지가 선정한 어린이책 100권 리스트Time_The 100 Best Children's Books of All Time를 소개한다. 앞서 소개한 '칼데콧 수상작'과 중복되는 책들이 많이 보인다. 이곳 리스트에는 중복된 24편을 제외한 나머지 76편을 정리했다. 중복된 24편은 제목만 정리했으므로, 앞장에 소개한 칼데콧 수상작 리스트를 함께 참고하길 바란다. 국내 미출간된 책들은 원서 제목만 밝혔다.

Goodnight Moon
(잘자요, 달님)
Margaret Wise Brown 지음

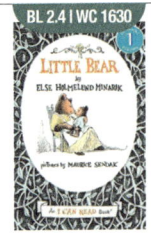

Little Bear
(꼬마곰)
Minarik, Else Holmelund 지음

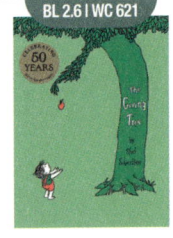

The Giving Tree
(아낌없이 주는 나무)
Shel Silverstein 지음

The True Story of the Three Little Pigs
(늑대가 들려주는 아기돼지 삼형제 이야기)
Jon Scieszka 지음

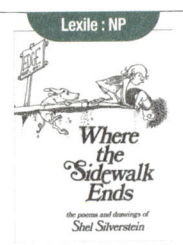

Where the Sidewalk Ends
(골목길이 끝나는 곳)
Shel Silverstein 지음

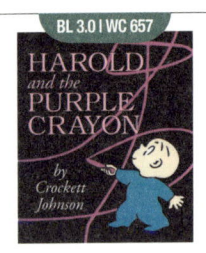

Harold and the Purple Crayon
Crockett Johnson 지음

Anno's Journey
Anno Mitsumasa 지음

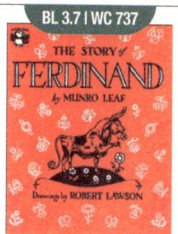
The Story of Ferdinand
Leaf, Munro 지음

The Lorax
Dr. Seuss 지음

Corduroy
(꼬마 곰 코듀로이)
Don Freeman 지음

I Want My Hat
(내 모자 어디 갔을까?)
Klassen, Jon 지음

Miss Rumphius
(미스 럼피우스)
Barbara Cooney 지음

Brave Irene
(용감한 아이린)
Steig, William 지음

Alexander and the Terrible, Horrible, No Good, Very Bad Day
(난 지구 반대편 나라로 가버릴테야)
Judith Viorst 지음

The Cat in the Hat
Dr. Seuss지음

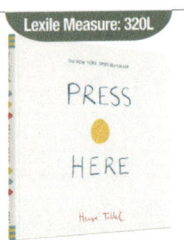

Press Here
Herve Tullet 지음

The Day the Crayons Quit
(크레용이 화났어!)
Drew Daywalt 지음

Whistle for Willie
(휘파람을 불어요)
Ezra Jack Keats 지음

Yertle the Turtle and Other Stories
Dr. Seuss 지음

Millions of Cats
(백만 마리 고양이)
Wanda Gag 지음

Chicka Chicka Boom Boom
(치카치카 붐붐)
Bill Martin Jr.지음

A Bear Called Paddington
(내이름은 패딩턴)
Michael Bond 지음

The Tale of Peter Rabbit
(피터 래빗 이야기)
Beatrix Potter지음

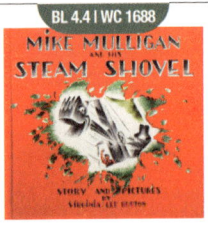

Mike Mulligan
(마이크 멀리건과 증기 삽차)
Virginia Lee Burton 지음

Go, Dog, Go!
Eastman, P.D 지음

Mama Don't Allow
Thacher Hurd 지음

Eloise
Kay Thompson 지음

Bread and Jam for Francis
Russell Hoban 지음

Amelia Bedelia
Parish, Peggy 지음

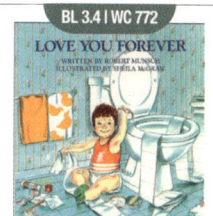
Love You Forever
(언제까지나 너를 사랑해)
Robert N. Munsch 지음

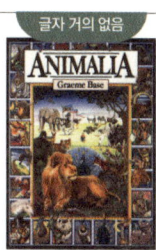
Animalia
Graeme Base 지음

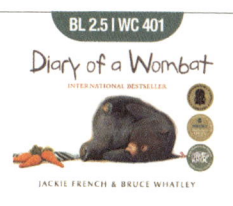
Diary of a Wombat
(우리 집은 어디 있을까?)
Jackie French 지음

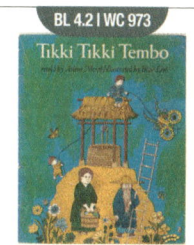
Tikki Tikki Tembo
(티키 티키 템보)
Arlene Mosel 지음

Good Dog, Carl
Alexandra Day 지음

My Father's Dragon
(엘머의 모험)
Ruth Stiles Gannett 지음 | 96쪽

Hello, Rock
Roger Bradfield 지음

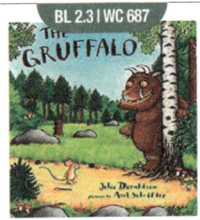

The Gruffalo
(괴물 그루팔로)
Julia Donaldson 지음

The Important Book
(중요한 사실)
Margaret Wise Brown 지음

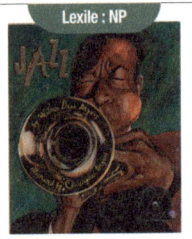

Jazz
Walter Dean Myers 지음

The Stranger
(나그네의 선물)
Chris Van Allsburg 지음

The Very Hungry Caterpillar
(배고픈 애벌레)
Eric Carle 지음

We Are in a Book
Mo Willems 지음

Grade : 유치원~4학년

Jenny and the Cat Club
Esther Holden Averill 지음

BL 2.7 | WC 404

The Runaway Bunny
(아기토끼 버니)
Margaret Wise Brown 지음

BL 5.2 | WC 26522

Pippi Longstocking
(내 이름은 삐삐 롱스타킹)
Astrid Lindgren 지음

BL 1.5 | WC 769

Green Eggs and Ham
Dr. Seuss 지음

BL 4.0 | WC 1871

The Red Balloon
Albert Lamorisse 지음

BL 1.9 | WC 274

Little Owl's Night
Divya Srinivasan 지음

BL 2.9 | WC 707

Katy and the Big Snow
Virginia Lee Burton 지음

BL 2.2 | WC 224

Slow Loris
Deacon, Alexis 지음

BL 3.5 | WC 641

The Color Kittens
(색깔을 만드는 아기 고양이)
Margaret Wise Brown 지음

● 부록

The Fantastic Flying Books of Mr. Morris Lessmore
William Joyce 지음

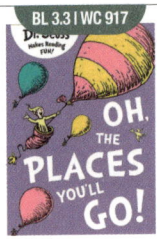

Oh, the Places You'll Go
(축하합니다 오늘은 당신의 날)
Dr. Seuss 지음

The little engine that could
Watty Piper 지음

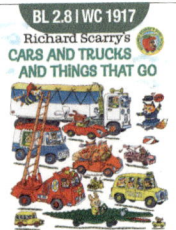

Cars and Trucks and Things That Go
(부릉부릉 자동차가 좋아)
Scarry, Richard 지음

The New Kid on the Block
Jack Prelutsky 지음

How Rocket Learned to Read
Tad Hills 지음

The Story of Babar
Jean de Brunhoff 지음

The Three Questions
Jon J. Muth 지음

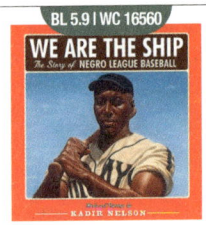

We Are the Ship
(위대한 야구 이야기)
Nelson, Kadir 지음

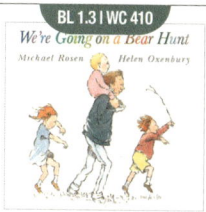

We're Going on a Bear Hunt
(곰 사냥을 떠나자)
Michael J. Rosen 지음

Arthur's Nose
Marc Brown 지음

If You Give a Mouse a Cookie
Laura Numeroff 지음

Sayonara, Mrs. Kackleman
Maira Kalman 지음

Miss Nelson is Missing
(선생님을 찾습니다)
Allard, Harry 지음

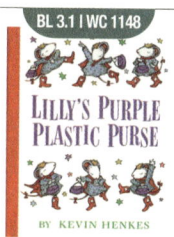

Lilly's Purple Plastic Purse
(릴리의 멋진 날)
Kevin Henkes 지음

Alligator Pie
Dennis Lee 지음

Everyone Poops
Taro Gomi 지음

The Bernstein Bears Go to School
Stan & Jan Berenstain 지음

● 부록

393

Library Lion
(도서관에 간 사자)
Michelle Knudsen 지음

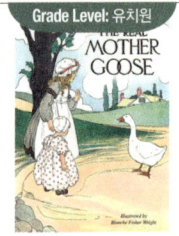
The real mother goose
Blanche Fisher Wright 지음

Harry the Dirty Dog
(개구쟁이 해리 : 목욕은 정말 싫어요)
Gene Zion 지음

Out of my mind
Sharon M. Draper 지음

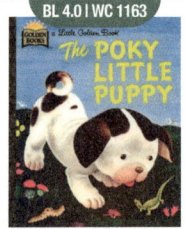
The Poky Little Puppy
Lowrey, Janette 지음

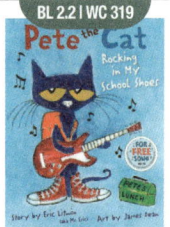
Pete the Cat Rocking in My School Shoes
Eric Litwin 지음

Stellaluna
(스텔라루나)
Janell Cannon 지음

칼데콧 수상작과 중복되는 책 24권

- Where the Wild Things Are (괴물들이 사는 나라)
- The Snowy Day (눈 오는 날)
- Blueberries for Sal
- Owl Moon (부엉이와 보름달)
- Tuesday (이상한 화요일)
- Make Way for Ducklings (아기 오리들한테 길을 비켜 주세요)
- Olivia (그래도 엄마는 너를 사랑한단다)
- Madeline (씩씩한 마들린느)
- Frog and Toad are Friends (개구리와 두꺼비는 친구)
- Click, Clack, Moo: Cows that Type (탁탁 톡톡 음매~ 젖소가 편지를 쓴대요)
- Don't Let The Pigeon Drive The Bus!
- The Garden Of Abdul Gasazi (압둘 가사지의 정원)
- Winnie the Pooh (위니 더 푸우)
- In the Night Kitchen (깊은 밤 부엌에서)
- Extra Yarn (애너벨과 신기한 털실)
- Sylvester and the Magic Pebble (당나귀 실베스터와 요술 조약돌)
- Journey (머나먼 여행)
- Paddle to the Sea
- A Sick Day for Amos McGee (아모스 할아버지가 아픈 날)
- The Stinky Cheese Man and Other Fairly Stupid Tales (냄새 고약한 치즈

맨과 멍청한 이야기들)

- Grandfather's Journey (할아버지의 긴 여행)
- Rain Makes Applesauce (비는 사과 소스를 만들어요)
- Lon Po Po: A Red-Riding Hood Story from China (론포포 : 중국의 빨간모자 이야기)
- Mr. Popper's Penguins (파퍼 씨의 12 마리 펭귄)

타임지가 선정한 어린이책 100권 전체 보기

http://time.com/100-best-childrens-books

| 에필로그 |

늦었다고 생각할 때
아이 영어는 가장 빠르게 자란다

Now I have come to the crossroads in my life.

이제 나는 인생의 갈림길에 섰다.

I always knew what the right path was. Without exception, I knew.

난 언제나 옳은 길이 무엇인지 잘 알고 있다. 예외 없이, 알고 있다.

But I never took it. You know why?

하지만 난 절대 그 길을 받아들이지 않았다. 그 이유가 무엇인지 아는가?

It was too damn hard.

너무 어려웠기 때문이다.

- 영화 〈여인의 향기〉 중에서

영화 〈여인의 향기〉에서 알 파치노 Al Pacino 가 했던 연설의 일부이다. 내가 엄마표 홈스쿨의 길을 걸으며 자주 떠올리던 말이다. 삶을 살아가다 보면 눈앞에 놓여있는 갈림길을 수도 없이 만나게 된다. 옳은 길, 바른 길이 어느 쪽인지 잘 알고 있지만 모두가 같은 길을 선택하지는 않는다. 왜냐하면 그 길은 너무 어렵기 때문이다. 그렇다면 옳은 길, 바른 길의 반대말은 무엇일까? 나쁜 길? 잘못된 길? 누구도 처음부터 나쁜 길, 잘못된 길을 선택하지는 않는다. 단지 옳은 길이 너무 어려워 보여 '쉬운 길'을 선택하는 것이다. 그래서 옳은 길의 반대는 쉬운 길이고 우리는 계속해서 쉬운 길의 유혹과 싸워야만 한다.

내 아이의 '영어 해방'을 위해 전력질주하면서, 늘 내 앞에는 두 갈래 길이 놓여 있었다. 옳은 길과 쉬운 길 중에 하나를 선택해야 했다.

나는 늘 우리나라 영어 교육 시스템에 대한 문제 의식을 가지고 있었다. 내 아이가 성장하는 동안에는 결코 그 문제가 해결될 것 같지 않았다. 내 손으로 선택을 해야 했다. 물론 '순응'하고 학원을 보내면 좀 쉬워질 것이다. 학원에 의지한다고 해서 '나쁜 길'도 아니다. '어쩔 수 없어.' 하며 위안하고 현실에 타협해도 괜찮다. 누구나 자신만의 길이 있기 때문이다. 나는 나와 아이를 기관보다 더 믿어보기로 했다. 간절함과 절실함을 담아 아이와 '엄마표 홈스쿨'을 실천하기로 마음을 다잡았다.

언어 습득의 적기에 제대로 방향을 잡고 엄마가 조금만 애써주면, 아이는 사교육에서 벗어나 스스로의 힘으로 나아갈 수 있다. 아이들이 언어의 한계를 벗어나 세계를 무대로 성장할 수 있는 방법은 분명 엄마표 영어에 있다.

입학 전, 영어 때문에 고민하는 엄마들이 참 많다. 우리 아이만 영어가 늦었다고. 초등학교 때 영어 배우면 이미 늦은 거 아니냐고. 학원이나 과외 중 뭐가 더 좋냐고. 엄마들은 마음이 조급해진다.

여덟 살부터 열세 살까지, 다시는 돌아오지 않는 소중한 시간이다. 나는 엄마들이 이 시간을 자신의 교육방식에 대한 확신 없이 어정쩡하게 흘려보내지 않기를 바란다. 그리고 엄마 자신과 아이에게 '나도 모르는 무한한 잠재력'이 숨어 있다는 것도 기억했으면 좋겠다. 늦었다고 생각할 때 아이 영어는 가장 빠르게 자란다. 아직 언어 습득의 적기를 지나가고 있는 내 아이에게 엄마표 영어가 날개를 달아줄 수 있을 것이다.

엄마표 영어와 홈스쿨을 마무리한 지금, 쉽지 않은 길이었지만 옳은 길이었다는 확신이 든다. 한국으로 돌아온 이후, 도서관에서 오프라인 강의를 통해 많은 엄마들과 경험을 나누고 있다. 조심스럽게 이 길에서 첫 발을 내딛는 그들의 시작에 확신을 주고 용기를 주면서 적극적인 안내자가 되어주고 싶었다. 나만의 확신이 또 다른 누군가에게 전해지고, 그러면서 반디의 경험 이상으로 발전하는 아이들도 하나둘 보이기 시작한다. 그 모습을 보면 엄마표에 대한 확신이 더욱 강해진다. 나는 앞으로도 '엄마표 전력질주'를 지속적으로 지켜보며 응원할 것이다. 더 많은 엄마들이 자신과 아이에 대한 가능성을 발견할 수 있도록 내 자리에서 최선을 다하고 싶다.

언어만큼은 교육정책 변화에 일희일비하지 말자. 서둘러 시작하지 않아도, 비싼 사교육에 허리가 휘청거리지 않아도, 조기유학을 부러워하지 않아도, 초등학교 때 제대로 전력질주 하면 그 어떤 변화에도 흔들림 없는 내공 탄탄한 아이로 성장할 수 있다. 더불어 완벽한 '영어 해방'이 이루어질 것이다!

7세까지 영어 노출 제로, 16세에 해외 대학 입학한 비밀
엄마표 영어 이제 시작합니다

1판 1쇄 발행 2018년 2월 20일
1판 13쇄 발행 2021년 1월 15일

지은이 누리보듬(한진희)
펴낸이 고병욱

기획편집 이새봄 이미현
마케팅 이일권 한동우 김윤성 김재욱 이애주 오정민 **디자인** 공희 진미나 백은주
외서기획 이슬 **제작** 김기창 **관리** 주동은 조재언 **총무** 문준기 노재경 송민진

펴낸곳 청림출판(주)
등록 제1989-000026호

본사 06048 서울시 강남구 도산대로 38길 11 청림출판(주) (논현동 63)
제2사옥 10881 경기도 파주시 회동길 173 청림아트스페이스 (문발동 518-6)
전화 02-546-4341 **팩스** 02-546-8053
홈페이지 www.chungrim.com **이메일** life@chungrim.com
블로그 blog.naver.com/chungrimlife **페이스북** www.facebook.com/chungrimlife

ⓒ 누리보듬(한진희), 2018

ISBN 979-11-88700-07-3 (13590)

※ 이 책은 저작권법에 따라 보호를 받는 저작물이므로 무단 전재와 무단 복제를 금합니다.
※ 책값은 뒤표지에 있습니다. 잘못된 책은 구입하신 서점에서 바꾸어 드립니다.
※ 청림Life는 청림출판㈜의 논픽션·실용도서 전문 브랜드입니다.
※ 이 도서의 국립중앙도서관 출판예정도서목록(CIP)은 서지정보유통지원시스템 홈페이지(http://seoji.nl.go.kr)와
  국가자료공동목록시스템(http://www.nl.go.kr/kolisnet)에서 이용하실 수 있습니다.(CIP제어번호: CIP2018002119)